高等职业教育新形态精品教材

大学生就业指导

主　审　李秀英　马晓天

主　编　吴新华　部宗娜

副主编　侯文雪　景　广　李国春　张喜伟

参　编　杨正朴　任家辉　牛乐炎　刘象赢

明宗超　田大川　刘发全　马熙正

韩　聪　王珊珊　蓝鹏程　高雅孟

李　冉　徐　晖

北京理工大学出版社

BEIJING INSTITUTE OF TECHNOLOGY PRESS

内 容 提 要

本书从高等院校实际情况出发，有针对性地对高等院校学生就业、求职与创业进行深入阐述，帮助学生了解国家的政策方针，对大学生的就业、求职、创业都有着重要的意义。全书共分为八章，主要内容包括浅说大学生就业指导，就业观与就业心理调适，漫谈就业程序与途径，求职材料与招聘的准备，求职自荐、笔试与面试，毕业生的权益保护，角色转变与生涯管理，大学生创业指导。本书不仅知识全面，还有大量典型案例可供学习、参考。

本书可作为高等院校各类专业的教学用书，也可作为从事就业指导相关人员的参考用书。

图书在版编目（CIP）数据

大学生就业指导 / 吴新华，部宗娜主编. -- 北京:
北京理工大学出版社，2024.1
ISBN 978-7-5763-2570-6

Ⅰ.①大… Ⅱ.①吴… ②部… Ⅲ.①大学生－职业选择 Ⅳ.①G647.38

中国国家版本馆CIP数据核字（2023）第126540号

责任编辑：武君丽　　**文案编辑**：武君丽
责任校对：周瑞红　　**责任印制**：王美丽

出版发行 / 北京理工大学出版社有限责任公司
社　　址 / 北京市丰台区四合庄路 6 号
邮　　编 / 100070
电　　话 / （010）68914026（教材售后服务热线）
（010）68944437（课件资源服务热线）
网　　址 / http：//www.bitpress.com.cn

版 印 次 / 2024 年 1 月第 1 版第 1 次印刷
印　　刷 / 河北鑫彩博图印刷有限公司
开　　本 / 787 mm × 1092 mm　1/16
印　　张 / 16
字　　数 / 349 千字
定　　价 / 45.00 元

FOREWORD 前言

教育是国之大计、党之大计。习近平总书记所作的党的二十大报告，通篇贯穿习近平新时代中国特色社会主义思想，描绘了全面建设社会主义现代化国家、实现第二个百年奋斗目标的宏伟蓝图，是我们党开启新时代新征程的政治宣言和行动纲领。报告从“实施科教兴国战略，强化现代化建设人才支撑”的高度，对“办好人民满意的教育”做出专门部署，凸显了教育的基础性、先导性、全局性地位，彰显了以人民为中心发展教育的价值追求，为推动教育改革发展指明了方向。

全面提高人才自主培养质量，着力造就拔尖创新人才，聚天下英才而用之，是教育、科技、人才强国建设协调推进的共同任务。围绕人力资源深度开发和创新驱动发展，加快建设世界重要人才中心和创新高地，重点是统筹职业教育、高等教育、继续教育协同创新，推进职普融通、产教融合、科教融汇，优化职业教育类型定位。10多年来，我国教育普及水平实现历史性跨越，建成了世界上规模最大的教育体系，每年职业院校和高等学校向社会输送数以千万计专业技术人才后备力量，从业人员接受继续教育培训上亿人次，全社会研发经费支出居世界第二位，研发人员总量居世界首位，基础研究和原始创新不断加强，关键核心技术实现了重大突破，我国进入了创新型国家行列。

党的二十大报告提出，促进高质量充分就业。这是党中央牢牢把握我国发展的阶段性特征，根据新形势新任务明确的目标要求。围绕这一目标要求，习近平总书记在党的二十大报告中对实施就业优先战略的重点任务进行了新的重大部署。

为了拓宽高校毕业生市场化社会化就业渠道，强化高校毕业生就业服务，加大对离校未就业、困难毕业生的帮扶力度，帮助毕业生更好择业、更快就业，我们编写了本书，引领学生真正理解自己的实际情况，了解自己能够更好地掌握怎样的技能，从而清楚所喜欢的且可以适应的职业与工作，形成初步职业定位。

作为指导大学生就业、求职与创业的教材，本书具有以下特点：

（1）具有系统性和全面性。本书内容丰富全面、层次分明，按照就业、求职与创业分解为若干章节，并构建教材的结构体系。本书的第一章至第三章涉及的主要是就业方面的内容，第四章至第七章涉及的主要是求职方面的内容，剩余章节为创业方面的内容，书中涵盖了大学生从就业到求职，再到创业多个层面，由于加入党的二十大精神的相关内容，本书的条理明了、逻辑清晰。

（2）具有实用性和实践性。本书从高等院校学生自身特点和实际的发展情况出发，所介绍的就业、求职与创业的相关知识符合用人单位对学生的实际需求，所列政策、文件、数据尽可能选用最近的年份，尤其是反映党的二十大精神的相关内容的加入，使全书内容贴合实际，为大学生提供了丰富的就业、求职与创业的相关技巧，具有较强的可操作性，有助于大学生的角色转变。

（3）具有新颖性和可读性。每章都有典型案例配套阅读，拓展学生的思维广度。章节后的课后习题可以帮助学生巩固章节的相关知识。典型案例后的案例分析有助于加深大学生的思维深度，有利于提高大学生的学习兴趣。值得注意的是，为了响应党的二十大中“推进教育数字化，建设全民终身学习的学习型社会、学习型大国”这一要求，我们在书中创造性地加入了二维码形式的拓展阅读。

在本书的编写过程中，参考、借鉴了一些同仁的研究成果和资料，在此特向他们表示感谢。由于时间仓促且编者水平有限，书中难免存在不妥之处，敬请专家和读者批评指正。

编　者

CONTENTS 目录

第一章 浅说大学生就业指导

学习目标

知识目标：

1. 了解就业指导的作用与方法。
2. 了解当前就业形势与政策。

能力目标：

1. 能够认识到自身的不足。
2. 加深对党的二十大报告中“就业是最基本的民生”的理解。
3. 掌握国家最新的就业政策及法规。

素养目标：

培养大学生就业形势严峻的危机意识。

第一节 就业指导概述

一、就业指导的含义

要想了解什么是就业指导，首先应解释什么是就业。

就业，是指劳动者与生产资料相结合，从事一定的社会劳动，并以此取得劳动报酬（或经济收入）的活动。它应具备的基本条件包括：要从事一定的社会活动，要取得劳动报酬（或经济收入），要得到社会的认可。凡符合这三点，才能算作就业。

党的二十大报告中指出，就业是最基本的民生。强化就业优先政策，健全就业促进机制，促进高质量充分就业。健全就业公共服务体系，完善重点群体就业支持体系，加强困难群体就业兜底帮扶。统筹城乡就业政策体系，破除妨碍劳动力、人才流动的体制和政策弊端，消除影响平等就业的不合理限制和就业歧视，使人人都有通过勤奋劳动实现自身发

展的机会。健全终身职业技能培训制度，推动解决结构性就业矛盾。完善促进创业、带动就业的保障制度，支持和规范发展新就业形态。健全劳动法律法规，完善劳动关系协商协调机制，完善劳动者权益保障制度，加强灵活就业和新就业形态劳动者的权益保障。

二十大速递

实施就业优先战略

就业是最基本的民生。党的二十大报告着眼于新时代新征程，针对新形势新情况，对实施就业优先战略做出新的全面部署，明确就业优先的战略任务，提出一系列新要求，充分体现了我们党增进民生福祉的价值追求，充分体现了以习近平同志为核心的党中央深厚的为民情怀，具有十分重要的意义。

新时代十年我国就业取得显著成就

党的十八大以来，中国特色社会主义进入新时代。以习近平同志为核心的党中央高度重视就业问题，始终把促进就业摆在优先位置，做出了一系列决策部署，各地区、各部门坚决抓好贯彻落实，推动我国就业工作取得历史性重大成就，就业局势保持总体稳定，在14亿多人口的大国实现了比较充分的就业，就业质量稳步提高，成为经济发展、民生改善的重要支撑。

（1）城镇就业规模持续扩大，就业结构不断优化。城镇就业人数由2012年的37 287万人增加到2021年的46 773万人，城镇新增就业人数年均超过1 300万人。城镇调查失业率总体低于预期调控目标。城乡就业格局发生了历史性的转变，2013年城镇就业人员比例首次超过乡村，2021年占比达到62.7%，比2012年提高了13.8%。第三产业吸纳就业能力提高，一、二、三产业从业人员占比从2012年的33.5%、30.4%和36.1%调整为2021年的22.9%、29.1%和48%。就业质量进一步提升，2021年城镇单位就业人员工资水平较2012年翻了一倍。

（2）重点群体就业平稳。在高校毕业生人数连年增长的情况下，实现了就业水平总体稳定。进城务工人员总量从2012年的26 261万人增至2021年的29 251万人。加强兜底帮扶，累计实现失业人员再就业5 501万人，就业困难人员就业1 768万人。退役军人就业创业能力得到提升，就业渠道不断拓宽，创业环境持续优化。

（3）就业帮扶成效显著。把提升技能、增加就业作为最有效最直接的脱贫方式，从资金、政策、服务等方面给予倾斜支持，贫困人口务工规模从2015年的1 227万人增加到2020年的3 243万人，三分之二以上建档立卡贫困人口主要靠外出务工和产业脱贫。持续巩固就业帮扶成果，促进乡村振兴。2021年年底，全国脱贫人口务工规模为3 145万人，其中160个重点帮扶县脱贫人口务工规模为628万人。

（4）劳动者职业技能素质持续提升。截至2021年年底，我国技能劳动者总量增至2亿人以上，其中高技能人才超过6 000万人。实施2019—2021年职业技能提升三年行动，从失业保险基金结余中拿出1 000亿元，采取多种形式，累计开展补贴性职业技能培训 8 300 多万人次，劳动者稳定就业和转换岗位能力不断增强。

（5）就业服务体系日臻完善。公共就业服务体系建设持续推进，覆盖省、市、县、街道（乡镇）、社区（村）的五级公共就业服务网络逐步完善，标准化、智慧化、专业化建设进一步加强。各级公共就业和人才服务机构年均为 8 000 万人次劳动者、5 000 万户次用人单位提供招聘服务。人力资源服务业规模日益壮大，截至 2021 年年底全国已有各类人力资源服务机构 5.91 万家，有效增加了就业服务供给。

（6）劳动者权益得到有效维护。中国特色和谐劳动关系体制机制基本形成，劳动关系法律法规体系进一步健全。完善省、市、县三级监察执法网络，对各类用人单位执行法律法规情况进行监督检查，健全劳动关系协调和劳动争议调解仲裁机制，规范用工行为，保护劳动者利益，劳动关系总体保持和谐稳定。

充分认识实施就业优先战略的重要意义

习近平总书记指出，就业是永恒的课题，牵动着千家万户的生活，任何时候都要抓好；要把做好就业工作摆到突出位置。这些重要论述，深刻阐述了做好就业工作在党和国家事业发展全局中的重要地位和作用。我们必须站在全面建设社会主义现代化国家、实现中华民族伟大复兴的历史高度，把促进就业作为推动实现共同富裕的重要基础，充分认识实施就业优先战略的重要意义。

（1）实施就业优先战略是巩固我们党的执政基础的必然要求。民心是最大的政治，民生连着民心。解决好就业问题，是社会和谐稳定的“压舱石”和国家长治久安的重要支撑。劳动者只有拥有一份职业、一份工作，才能平等融入社会生活，也才更有尊严。充分就业则民心安、社会稳。如果就业出了问题，大规模失业则民心浮、社会乱。实施就业优先战略，把就业摆在经济社会发展优先位置，是我国政治制度和社会制度的题中之义，具有鲜明的政治意义，有利于更好地体现我们制度的优越性，巩固党执政的群众基础和社会基础。

（2）实施就业优先战略是适应我国基本国情和发展阶段的必然选择。我国有 14 亿多人口、9 亿多劳动年龄人口，丰富的劳动力资源始终是我国发展的一大优势，同时解决好就业问题也是我国长期面对的一项重大任务。“十四五”时期，需在城镇就业的劳动力年均 2 500 万人以上，还有大量新转移农业富余劳动力。同时，就业结构性矛盾突出，“就业难”与“招工难”并存，就业质量也有待提高。实施就业优先战略，持续把促进就业作为开发利用劳动力资源的基本途径，是推动我国就业扩容提质的需要，有利于充分发挥劳动力资源作用，最大限度地激发社会活力和创造力，促进人们各尽其能、各得其所，形成更为充足的人力资本红利。

（3）实施就业优先战略是推进经济高质量发展的重要措施。就业是经济发展的基本条件和重要目标。充分就业与经济增长、物价稳定、国际收支平衡是宏观经济的主要指标。就业状况是经济发展的“晴雨表”，是衡量经济发展合理性的重要基准，稳住就业能够为改革发展提供充足的回旋空间。从经济大循环看，就业是沟通社会需求和供给的桥梁，是连接生产、交换、分配和消费的纽带，是支撑宏观经济和微观经济运

行的“基本盘”。实施就业优先战略，把充分就业摆在经济发展目标的优先位置，是转变经济发展方式、推进高质量发展的内在要求，有利于确保经济在合理区间运行，促进经济社会协调发展，形成经济发展与扩大就业的良性互动。

（4）实施就业优先战略是保障和改善民生的根本举措。就业是民生之本，是劳动者赖以生存和发展的基础、共享经济发展成果的基本条件，关系到亿万劳动者及其家庭的切身利益。解决好就业问题，是民生改善的“温度计”。没有就业，就没有收入，就无法保障基本生活，更谈不上家庭幸福和实现人的全面发展。实施就业优先战略，突出就业作为基本民生的重要作用，有利于不断扩大就业容量，创造和增加收入、改善人民生活品质，让人民群众的获得感、幸福感、安全感更加充实、更有保障、更可持续。

全面落实实施就业优先战略的各项重点任务

党的二十大报告提出，促进高质量充分就业。这是党中央牢牢把握我国发展的阶段性特征，根据新形势新任务明确的目标要求。充分就业，就要千方百计创造更多的就业机会，扩大就业容量。充分就业又是高质量的，就是要增强就业的适配性、稳定性，稳步增加劳动者工资性收入，维护劳动者权益，提供更加可靠的社会保障。围绕这一目标要求，习近平总书记在党的二十大报告中对实施就业优先战略的重点任务进行了新的重大部署。

（1）强化就业优先政策。强化就业优先政策，健全就业促进机制，就是要突出经济发展的就业导向，立足我国特殊的资源禀赋，充分发挥人力资源丰富的巨大优势，推动形成高质量发展与就业扩容提质互促共进的良性循环。一是坚持目标导向优先。把就业作为经济发展的优先目标，优先发展吸纳就业能力强的行业、产业、企业，促进制造业高质量就业，扩大服务业就业，拓展农业就业空间，支持中小微企业和个体工商户持续稳定发展，增加就业，促进数字经济领域就业创业，不断培育就业新的增长极。二是坚持宏观政策支持优先。强化财政、货币、投资、消费、产业、区域等政策支持就业的导向，实现与就业政策协同联动。三是健全就业影响评估机制。制定实施宏观政策时，将对就业量的带动和质的提高作为重要考量，提升重大政策规划、重大工程项目、重大生产力布局对就业的促进作用。四是健全监测预警机制。完善就业失业统计监测调查体系，加快构建系统完备、立体化的就业失业监测网络，完善就业统计指标体系和调查统计方法，推进大数据在就业统计监测领域的应用，为宏观决策和制定政策措施提供有力支持。五是健全就业目标考核机制，建立促进高质量充分就业的评价体系，纳入经济高质量发展考核体系，充分调动各方面的积极性。

（2）健全就业公共服务体系。健全就业公共服务体系，就是要着力打造覆盖全民、贯穿全程、辐射全域、便捷高效的全方位就业公共服务体系，提升劳动力市场匹配效率。一是完善公共就业服务制度。健全户籍地、常住地、参保地、就业地公共就业服务供给机制，推动公共就业服务向农村延伸，缩小公共就业服务水平和质量在不同区域之间的差距。二是加强公共就业服务体系建设。完善街道（乡镇）、社区（村）服务平台，构建覆盖城乡的公共就业服务网络，合理配置公共就业服务机构人员，加强专业化职业化建设。三是增强公共就业服务能力。加强公共就业服务标准体系建设，推进信息服务智慧化。构建精准识别、精细分类、专业指导的公共就业服务模式。同时，加快人力资源服务业高质量发展，提高人力资源市场规范化水平，提供更多市场化就业服务供给。

（3）完善重点群体就业支持体系。完善重点群体就业支持体系，加强困难群体就业兜底帮扶，就是要聚焦高校毕业生等重点群体，坚持市场化社会化就业与政府帮扶相结合，促进多渠道就业创业。一是持续做好高校毕业生等青年就业工作。拓宽高校毕业生市场化社会化就业渠道，强化高校毕业生就业服务，加大对离校未就业、困难毕业生的帮扶力度，帮助毕业生更好择业、更快就业。为城镇青年创造多样化就业机会，增强城镇青年职业发展能力。二是推进农村劳动力转移就业。稳定和扩大农村劳动力外出就业规模，促进农村劳动力就地就近就业，加快农业转移人口市民化，发展带动就业效果好的劳务品牌，稳定脱贫人口就业。三是加强退役军人就业保障。改革完善退役军人安置制度，支持退役军人自主就业。四是加强困难群体就业兜底帮扶。健全就业援助制度，完善就业困难人员认定办法，对零就业家庭人员、残疾人等困难群体提供“一人一档”“一人一策”精细化服务，扩大公益性岗位托底安置。落实残疾人按比例就业制度。同时，统筹做好下岗失业人员、去产能职工等再就业工作。

（4）统筹城乡就业政策体系。统筹城乡就业政策体系，破除妨碍劳动力、人才流动的体制和政策弊端，消除影响平等就业的不合理限制和就业歧视，使人人都有通过勤奋劳动实现自身发展的机会，就是要促进劳动者合理有序流动，健全城乡劳动者平等参与市场竞争的就业机制。一是推进城乡就业服务均等化。推动就业创业政策咨询、就业失业登记、职业介绍等覆盖全体城乡劳动者，实行农民工在就业地平等享受就业服务政策，营造城乡一体化公平就业环境。二是畅通劳动者社会性流动渠道。深化劳动力要素市场化配置改革，同步推进户籍制度、用人制度、档案服务改革，加快破除妨碍劳动者市场化配置和自由流动的障碍，形成合理、公正、畅通、有序的社会性流动格局。三是努力消除就业歧视。逐步消除性别、户籍、身份等各类影响平等就业的不合理限制或就业歧视，增强劳动力市场包容性。保障妇女在就业创业、技能培训、劳动报酬、职业健康与安全等方面的权益。

（5）推动解决结构性就业矛盾。健全终身职业技能培训制度，推动解决结构性就业矛盾，就是要加快提升劳动者技能素质，更好地适应市场需求和经济社会高质量发展需要。一是健全终身职业技能培训制度。完善职业技能培训政策体系，开展常态化大规模、多层次职业技能培训，稳步扩大针对不同群体的培训规模，支持企业开展职工在岗培训，突出技能人才培训、急需紧缺人才培训、转岗转业培训、储备技能培训、通用职业素质培训。完善职业技能竞赛体系。二是多元化推进职业技能培训供给。构建以公共实训基地、职业院校、技工院校、职业技能培训机构和行业企业为主的多元培训载体，充分发挥企业职业技能培训主体作用和院校培训资源优势，健全职业技能培训共建共享机制。三是提升职业技能培训质量。引导培训资源向市场急需、企业生产必需的领域集中，规范开展订单式培训，健全培训监督评价考核机制，增强培训针对性和实效性。四是完善技能人才培养、使用、评价和激励机制。推进职业资格制度改革，完善职业技能等级制度，推行社会化职业技能等级认定，畅通技能人才职业发展通道，完善技能人才薪酬、表彰等激励政策。五是提高劳动者职业素养。大力弘扬劳模精神、劳动精神、工匠精神，营造劳动光荣的社会风尚和精益求精的敬业风气。加强职业道德教育，引导劳动者树立正确的人生观、价值观、就业观，培养敬业精神和工作责任意识。

（6）完善促进创业带动就业的保障制度。完善促进创业带动就业的保障制度，支持和规范发展新就业形态，就是要营造有利于创新、创业、创造的良好发展环境，激发市场活力和社会创造力，培育接续有力的就业新动能，放大就业倍增效应。一是不断优化创业环境。深化创业领域“放管服”改革，实施全国统一的市场准入负面清单制度，提升企业开办标准化、规范化、便利化水平，持续优化营商环境。二是加强创业政策支持。加大对初创实体支持力度，进一步降低创业成本，提升初创企业持续发展能力。提供场地支持、租金减免、税收优惠、创业补贴等政策扶持。加强培训学习、创业实践、咨询指导、跟踪帮扶，打造全生态、专业化、多层次的创业服务体系。三是激发劳动者创业积极性、主动性。培育农村创新创业带头人，支持大学生创业，支持留学人员回国创业，鼓励引导有创业意愿和创业能力的农民工、大学生、退役军人等人员返乡入乡创业。四是支持和规范发展新就业形态。加快发展数字经济，催生更多新产业新业态新商业模式，培育多元化多层次就业需求，带动更多劳动者依托平台就业创业。打造就业容量大的数字产业集群，推进传统线下业态数字化转型赋能，创造更多数字经济领域就业机会。健全职业分类动态调整机制，持续开发新职业，发布新职业标准。

（7）完善劳动者权益保障制度。健全劳动法律法规，健全劳动关系协商协调机制，完善劳动者权益保障制度，加强灵活就业和新就业形态。劳动者权益保障，就是要优化劳动者就业环境，提升劳动者收入和权益保障水平。一是完善政府、工会、企业共同参与的协商协调机制。健全劳动法律法规体系，完善劳动关系工作体制，深入推进和谐劳动关系创建活动，构建规范有序、公正合理、互利共赢、和谐稳定的中国特色和谐劳动关系。二是改善劳动者就业条件。健全工资决定、合理增长和支付保障机制，完善最低工资标准调整机制，增加劳动者特别是一线劳动者劳动报酬。三是维护劳动者合法权益。加强劳动争议调处，强化劳动保障监察执法，加强对劳动密集型企业、中小微企业用工指导，依法查处招聘过程中的虚假、欺诈现象，强化劳务派遣用工监管，督促企业落实工时、休息休假等劳动标准，完善欠薪治理长效机制。四是加强劳动者社会保障。持续推进全民参保计划，稳步提高社会保险统筹层次和待遇水平。完善全国统一的社会保险公共服务平台，优化社会保险关系转移接续。五是加强灵活就业和新就业形态劳动者权益保障。加快落实维护新就业形态劳动者劳动权益保障的政策措施，建立完善适应灵活就业和新就业形态的劳动者权益保障制度，提高灵活就业人员和新就业形态劳动者社会保障水平。规范平台企业用工，明确平台企业劳动保护责任。

就业指导作为一种专门性的社会服务工作和研究课题，最早起源于美国。其含义有狭义与广义之分。从狭义上来讲，就业指导是指给有要求就业的劳动者传递就业信息和经验，提供就业建议，并为劳动者与用人单位提供沟通的桥梁。从广义上来讲，就业指导是指开展与就业相关的综合性社会咨询、服务活动。例如，调查人力资源市场、汇集和传递就业信息、预测劳动力资源和社会需求量、培养劳动技能、组织（或介绍、推荐）招聘等。在我国，就业指导还应包括就业政策引导、思想教育工作等。

二、我国就业指导的发展历程

我国的就业指导工作可追溯到 20 年代初期，历程如下。

1916 年，清华大学校长周诒春先生首次指导学生选择职业，并邀请社会名流进校演讲。此时，距离美国加利福尼亚州工艺学校推行就业指导（最早）过去了 22 年。

1919 年，黄炎培等老一辈革命家、教育家在中华职业教育社的《教育与职业》杂志上发表了文章，介绍了西方国家职业指导的理论和经验。

1920 年，中华职业教育社成立职业指导部，开展一系列职业指导活动。

1923 年，中华职业教育社在职业指导部的基础上设立了职业指导委员会。

1925 年，清华大学庄泽宣教授编写了《职业指导实施》一书，并于翌年由上海商务印书馆出版。

1927 年，中华职业教育社创办了我国第一个为社会服务的组织——上海职业指导所。

1929 年，中华职业教育社成立了海外职业指导部。同年，南京国民政府全国教育会议通过了《设立职业指导所及厉行职业指导案》。之后，各地纷纷设立了职业指导所。

中华人民共和国成立后，由于实行计划经济和就业统包统配等制度，一直到 70 年代末期，就业指导工作一直没得到足够的重视。

20 世纪 80 年代中期，北京东城区和上海卢湾区（现黄浦区）为帮助学生顺利就业，开始试行就业指导。

1986 年，原劳动人事部培训就业局编写了《就业指导》，供各地求职人员培训使用。同年，深圳大学成立了大学生就业指导中心，为学生开展就业咨询服务，此后，各大高校陆续开设就业指导课程。

1989 年，筹建原全国高等学校毕业生就业指导中心。

1993 年，原全国高等学校毕业生就业指导中心创办了《中国大学生就业》刊物，并成立了毕业生就业指导专业委员会。

1995 年，原全国高等学校毕业生就业指导中心编写并出版了《大学生就业指导》教材。

2008 年，教育部提出，高校要按照“全程化、全员化、信息化、专业化”的要求，将就业指导课程切实纳入高校教学计划，鼓励和提倡所有高校从 2008 年起开设就业指导必修课或必选课。因此，本课程的重要性也显现出来。

三、就业指导的内容

大学生就业指导的核心是提高大学生就业能力，目的是实现大学生高质量就业。大学生就业指导是贯穿大学教育全过程的教育指导，包括以下几个方面的内容。

1. 就业形势指导

就业形势是大学生就业时面临的总体就业状况，诸如社会需求情况、求职者规模情况、供需比例、薪酬行情等。就业形势指导是为了指导学生在毕业求职前，准确掌握和理智认知就业形势，了解就业的工作程序，提高信息收集的质量及处理的效率。

2. 就业观念指导

就业观念指导是就业指导的主要内容。其是对大学生进行必要的思想教育，引导其树立正确的“三观”，即就业观、人才观、人生观，助力大学生客观理性地对待就业。帮助大学生分析影响大学生就业的相关因素，树立正确的就业观；引导大学生从实际出发，主动服从社会和国家的需要，把个人的理想与国家的需求相结合，避免和纠正就业时的短视行为，抵制眼前功利的诱惑，真正做到以事业为重，以国家利益为重，勇于到基层建功立业，建立正确的人才观；帮助大学生树立高尚的求职道德，正确处理社会需求与个人理想、成才与发展、事业与生活、集体与个人、他人与自我的关系，提高思想境界，以积极的态度就业，进而在工作岗位上充分实现其自身价值，确立正确的人生观。

3. 就业技巧指导

就业是一门艺术，有许多技术和技巧，就业技巧的好坏有时对大学生能否成功就业产生直接的影响，对就业技巧进行指导，具有较强的实用性。指导大学生正确地认识自己的就业条件，准备好求职材料，直面求职；使大学生掌握求职的相关礼仪、自我推荐的方式、应聘的技巧，了解面试的基本形式和要求，把握笔试的类型和注意事项，提高求职的成功率。就业技巧指导包括自荐技巧、笔试技巧、面试技巧、礼仪技巧等。

4. 就业信息指导

对就业信息的及时掌握有利于大学生找到满意的工作，在一定程度上影响大学生的事业发展。学校通过多元化渠道，收集并掌握就业需求信息，通过归纳分析，筛选出有效的就业信息并传递给大学生。就业信息指导包括对国家宏观就业形式的分析指导、对收集具体就业信息的指导。

5. 就业心理指导

就业心理指导是指通过就业心理辅导与咨询，消除大学生在就业时出现的消极心态，如担心焦虑、过度依赖、畏惧怯场等，指导做好就业心理准备，树立求职信心，掌握心理调节方式，积极直面就业挑战。

6. 职场适应指导

大学生刚刚结束学习生涯步入社会，由于环境发生了变化，在行为习惯和思维习惯上都需要一个适应的过程。在这个变化的过程中，需要完成角色的转变，如何尽快适应职场环境、调节工作中的心理状态，是就业指导亟须解决的问题。因此，需要指导学生进行职场适应，引导学生做好进入职业角色的准备，使其了解影响职业发展的因素，实现从学生到职场人的转变，并让学生学会有效地管理自己的职业生涯。

7. 就业权益及政策法规指导

即将步入社会的大学毕业生，往往由于社会经验不足，自我保护意识较差，加之就业竞争激烈、就业市场不够规范等多种原因，一部分大学生在就业的道路上遇到形形色色的就业陷阱。因此，要加强大学生就业权益指导，使大学生了解就业过程中的基本权益与常见的侵权行为，掌握权益保护的方法与途径，维护个人的合法权益。同时，要通过向大学生贯彻最新的就业政策和法规，帮助大学生在就业政策和法规允许的范围内自由就业，避免大学生因对政策和法规的误解而产生就业问题。

四、就业指导的作用

大学生是国家宝贵的人力资源财富，妥善处理好大学生的就业问题是国家的一项重要工作。人的一生绝大部分精力都用在工作上，如果所从事的职业与自己的兴趣相投，与自己的能力相符，就会乐此不疲、不断努力、奋发成才，在职业实践中实现自己的价值；否则，如果对自己所从事的职业不感兴趣，工作就不可能安心，更谈不上事业的发展和个人的成就。因此，做好大学生就业指导工作，不管对于大学生本人还是对于国家，都有十分重要的作用。

（一）就业指导能帮助大学生正确认识自我

大学毕业生涉世不深、社会经验不足，对国情缺乏深刻的了解和认知，对自己究竟适合什么工作缺乏客观理性的分析和判断，以致面对眼花缭乱的就业岗位举棋不定、无所适从。因此，大学生应树立正确的就业观，正确认识自我，处理好以下几方面的关系。

1. 事业与谋生的关系

就业是人们谋生的基本手段，然而，就业也不单单是为了谋生，应将自己所从事的职业与国家、社会的需要相结合，以极大的工作热情去实现职业理想，奠定就业的坚实基础。因此，在两者的关系中，事业优于谋生。

2. 奉献与索取的关系

就业要通过自己的社会劳动索取一定的劳动报酬（或经济收入），然而，社会要进步，每个人的需要要得到满足，这就需要每个人都为社会做出贡献，承担起应尽的社会责任。职业岗位是我们对社会做贡献的渠道和途径，大学生应树立奉献优于索取的观念。

3. 未来与当下的关系

如今一些大学生在就业时往往盯住当下，总想刚走出校门就能找到一个令自己满意的工作岗位，而对一些条件较差、较艰苦的工作岗位有抵触情绪，这实际上是没有处理好未

来与当下的关系。未来优于当下，大学生的视野应更加宽广一些，不能只看到当下，要从长远发展的角度选择自己的工作岗位。

（二）就业指导能帮助大学生进行有效的职业选择

职业选择是指求职者根据自己的职业意向、职业兴趣、职业能力、个性特点和社会需要等，从众多的职业岗位中选择适合自己的职业岗位的过程。它包括求职者对用人单位的选择，以及用人单位对求职者的选择。求职者在选择就业岗位时，是基于不同的兴趣爱好，结合自身条件对职业岗位做出的选择。一般来说，个人在选择职业时考虑的因素主要有：职业的社会地位、劳动报酬、福利待遇、工作环境、工作条件、工作地点，个人的才能、专长和兴趣爱好等。每个人在选择职业时对这些因素的考虑又有侧重点，是不尽相同的。由于高校毕业生是初次就业者，在选择职业时缺乏经验，对许多方面不熟悉、不了解，甚至很陌生。毕业生对各种因素的考虑缺乏理性的思考，在就业过程中遇到许多困难，往往举棋不定、错失良机。在人才进入市场的今天，就业指导既可以帮助大学生在正确的价值观、良好的道德准则和行为规范基础上选择职业，获得成功，又可以为大学生在选择职业时提供一些求职技巧，帮助大学生顺利就业。

（三）就业指导能促进大学生的发展与成才

每一位大学生的美好愿望是谋发展、求成才。能否实现这一愿望，与他们毕业后迈向社会的第一步有不小的联系。大学生在选择职业时怎样才能使自己的机会更多，怎样才能选择最适合自己的职业呢？当选择与自己的兴趣、爱好和特长相一致的职业时，大学生就能信心百倍、干劲十足，快速成长起来，在事业上取得成功。就业指导在这方面有着十分重要的意义。通过就业指导，帮助大学生找到适合自己的工作岗位，使其信心百倍地走向社会，为将来的发展和成才创造条件，打下基础。

（四）就业指导能扩展大学生的就业空间

就业指导不仅帮助大学生在已有的职业岗位上选择合适的岗位，还着重培养大学生的创新思维、创业精神、创业能力。就业指导对于引导大学生走上创业道路具有重要的意义。在我国就业形势比较严峻，毕业生供大于求的情况下，国家鼓励大学生自主创业。这不仅为大学生自身的发展开路，也为国家“解难”，意义十分重大。开展就业指导，也为国家“解难”，其意义特别重大。就业指导适应国家就业形势发展的需要，为大学生自主创业提供策略性的指导，引导大学生发挥自己的聪明才智，调动他们的主观能动性，努力实现自主创业，既解决了就业问题，又增加了社会的就业岗位，帮助更多的人走上工作岗位，扩展就业空间。

（五）就业指导能营造和谐就业的新局面

大学生和谐就业是一个长远任务，也是一个社会性的新话题。只有形成和谐就业的局面，才能实现社会主义和谐社会这一伟大目标。面对新形势、新任务，要妥善处理好大学毕业生的就业工作，切实解决当前存在的诸多问题，以科学发展观为纲，学会运用科学的方法和理念来开展就业指导。一方面，通过就业指导，强化以人为本的就业理念，帮助毕业生树立正确的就业观、人才观、人生观，从“短期促销模式”向“发展式生涯辅导”转变，重视对大学生职业生涯发展规划的指导；另一方面，通过就业指导，充分发挥政府、市场、企业与高校的合力作用，共同构筑互利双赢的和谐合作关系，最大限度地帮助毕业生顺利就业和充分就业。

典型案例 1-1

案例背景：

在一次网络招聘双选会上，北京某民营企业人事经理说，他们本想招一个有丰富工作经验的图书编辑，结果却破例招了一名刚毕业的女大学生，让他们改变主意的起因是她在求职与试用期间的细节。

人事经理说，当时，女大学生因为没有工作经验，在面试一关就遭到拒绝，但她没有自暴自弃，一再坚持。她对面试官说：“请给我一次试用的机会吧，我虽然没有丰富的工作经验，但是上学期间也学习并能熟练操作图书编辑的软件，而且也参与过相关的实习工作。”面试官感到好奇，询问她：“看了你的简历，你是文科生，这些软件你都会用，你是从哪里了解到图书编辑要使用这些软件的呢？”她说：“我们学校有就业指导中心，老师们都会给我们进行培训，我也会积极参与，这些也是我从就业指导中心老师的口中获知的，所以自己在平时会参与软件的培训，同时，也通过就业指导中心的老师介绍，有过图书编辑工作实习呢。”面试官在与她的沟通中，对她也颇有好感，立即把她的情况告诉了人事经理，人事经理考虑过后，决定给她一次机会。

试用期间，女大学生表现出与刚毕业的大学生截然不同的做事风格与办事效率，一点也不像刚毕业的大学生。她除了能够完成日常审稿校对图书的工作，还能用排版软件对组完稿的稿件进行排版设计。但让人事经理尤其记忆犹新的是下面这件事情。一次，公司接到一个紧急工作任务，需要在短时间内完成一系列图书的出版工作。除了公司图书编辑人员，其他人员也加入其中，由于审稿过程中需要打印大量稿件，女大学生为了节约用纸，不像其他人那样，用完一面就不用了，她正反面打印稿件，同时，也会把废纸集中归置。人事经理问：“你为什么这么干？”她说：“这些都是在以前实习的单位学习到的，正反面打印稿件能够节约很多用纸，积少成多，能给公司省下不少成本。另外，用完的废纸集中归置，可以统一处理，这无形中也能省下成本……”人事经理听完，不禁欣慰地笑了。最后在大家的共同努力下，顺利完成了工作，女大学生也因为在试用期间的出色表现，顺利转正。

从案例中，我们能得到哪些启示呢？

案例分析：

第一，她一开始便被拒绝，却一再争取，说明她有坚毅的品格。图书编辑是十分繁杂的工作，没有足够的耐心和毅力是不可能做好的。

第二，她能坦言自己没有工作经验，体现了诚信，这在职场上尤为重要。

第三，她能主动去发现自己的不足，虽然没有工作经验，但是能积极参加培训和实习工作，这在一定程度上能弥补没有工作经验的劣势。

第四，试用期间，能将实习单位中学习到的好习惯带到工作中去，改进公司的管理。这充分展示了她的才华，注重细节。

第五，她能积极参加学校的就业指导培训，充分掌握求职的技能与方法，获得求职成功。

五、就业指导的方式

由于大学生的个体差异，就业指导工作也应因人而异。过去单一形式的授课模式不能满足当下大学生就业的需要，应顺应大学生就业制度改革和就业形势的变化，采用多种就业指导的方式，开展就业指导工作，满足新阶段、新时代的要求。

1. 开设就业指导课

就业指导课是教育部规定的重要课程，也是对大学生进行就业指导的主要途径。一方面，把就业指导作为一门课程来建设，可以使就业指导更系统化、全面化、规范化；另一方面，可以将就业指导的内容分步骤地在不同的年级安排适当课时，采取讲授与讨论相结合、理论与实践相结合的方式，使就业指导课生动活泼，富有成效。

2. 开展就业咨询

就业咨询是回答大学生有关就业的一些问题，为其选择职业提供有价值的参考意见与建议，如择业咨询、心理咨询、招聘咨询等。就业咨询的方式多种多样：有正式咨询，也有非正式咨询；有个体咨询，也有集体咨询；有定期咨询，也有非定期咨询；有面对面咨询，也有网上咨询。就业咨询的内容十分广泛，包括就业形势、就业政策、就业信息、求职技巧、就业心理等多个方面。提供咨询者既可以是干部、教师或专职就业指导人员，也可以是家长、亲友、校友或同学，其特点是针对性强，不受时间、地点的限制，气氛宽松，灵活多样。

3. 进行职业测评

职业测评兴起于20世纪初，是美国等西方国家随着心理学、统计学的发展，测量理论与技术的成熟，以及在社会职业发生巨大变化的影响下开始出现并发展起来的。职业测评的目的是实现人适其职、职得其人，它以心理测量为基础，对人的素质进行科学、客观、标准的系统评价，从而为组织和个体两个层面的职业管理提供参考依据。对大学生就业指导而言，帮助大学生正确认识与评价自己是一个难点，职业测评就是通过选取适当的内容，对大学生的性格特点、兴趣潜能、职业倾向等做出评价，以评估结果为依据，帮助大学生更客观、全面地认识自己，并指导他们依据自身的特点和优势扬长避短地选择职业。

4. 组织就业实习与创业体验

通过与用人单位开展合作，以见习基地为基础，组织就业实习，利用实习期、见习期、假期等时间，让学生体验用人单位的岗位环境，使学生在真实的职场环境中熟悉和适应工作，养成爱岗敬业、诚实守信、客观公正、廉洁自律等职业操守，让大学生在社会的大课堂中获得就业指导。另外，可以通过学校团委、就业处等相关部门组织大学生模拟创业，熟悉创业的一般程序。

5. 举办经验交流会

组织已签约的优秀就业大学生，通过现场讲座或者网络视频的方式，从不同角度分享自己的就业经验。经验交流会相比单纯授课方式，能更好地让大学生获得就业方面的相关知识。与优秀就业大学生面对面沟通交流，能更好地获得就业指导方面的体验，改进自身的不足，提升学生就业的紧迫感，促进学生尽快明确就业方向，加强就业意识。

第二节　就业形势分析

一、高职院校毕业生就业现状

根据教育部《2021 年全国教育事业发展统计公报》数据显示，2021 年，全国各类高等教育在学总规模达到 4 430 万人，高等教育毛入学率达到 57.8%。全国共有高等学校 3 012 所，其中，普通本科学校 1 238 所（含独立学院 164 所）；本科层次职业学校 32 所；高职（专科）院校 1 486 所。

2022 年 6 月，第三方社会调查机构麦可思研究院在北京发布了《2022 年中国高职生就业报告》（就业蓝皮书，以下简称《报告》）。《报告》基于对高职生毕业去向、就业结构、收入水平、就业满意度、职业发展、专升本、灵活就业、能力达成、学校满意度等状况进行了深入分析。其中，毕业去向（图 1-1）、就业结构（图 1-2、图 1-3）、收入水平（图 1-4 ～图 1-6）、就业满意度（图 1-7）、专升本（图 1-8、图 1-9）中的相关参数对大学生求职有一定的参考意义。

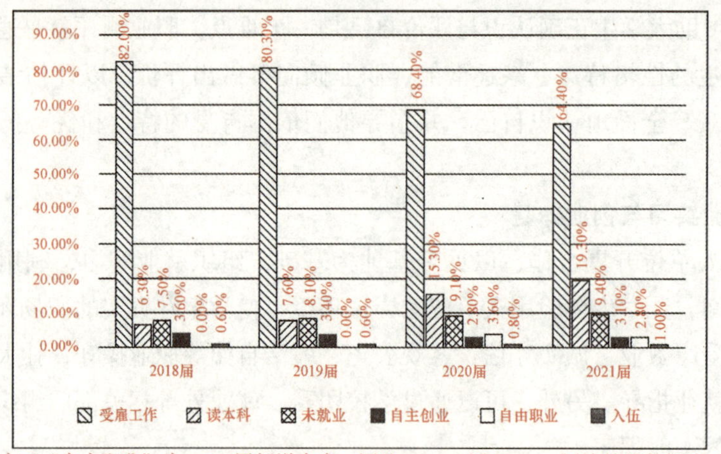

注：由于“自由职业”为2020届新增内容，因此，2018届和2019届该处的数据为“0”。

图 1-1　2018—2021 届高职院校毕业生半年后的去向分布

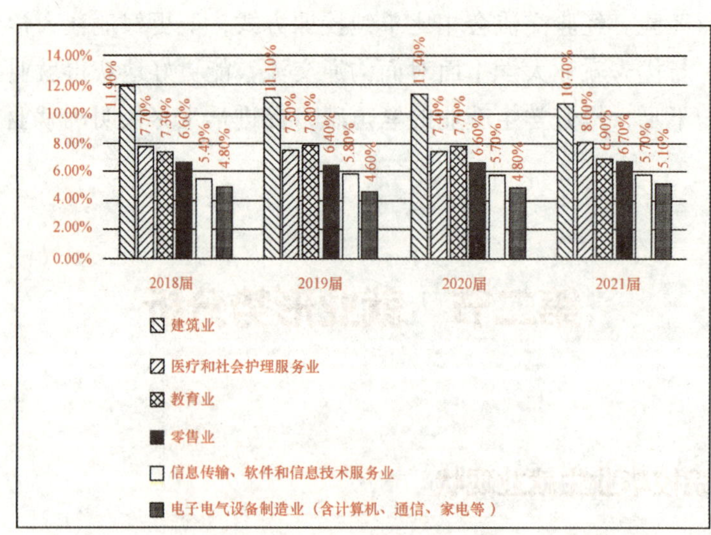

图 1-2　2018—2021 届高职院校毕业生就业的主要行业的变化趋势

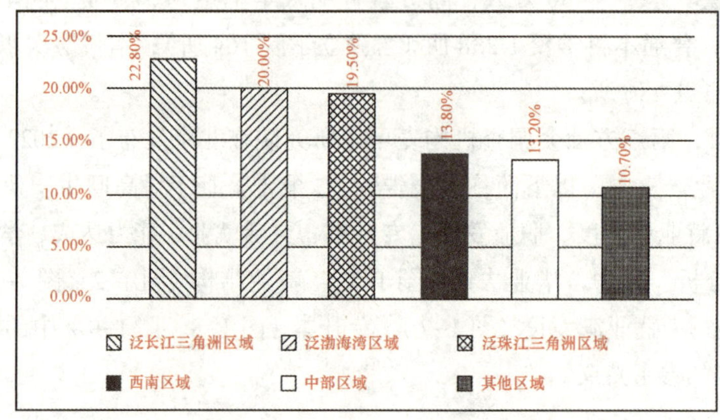

图 1-3　2021 届高职毕业生就业地的分布区域

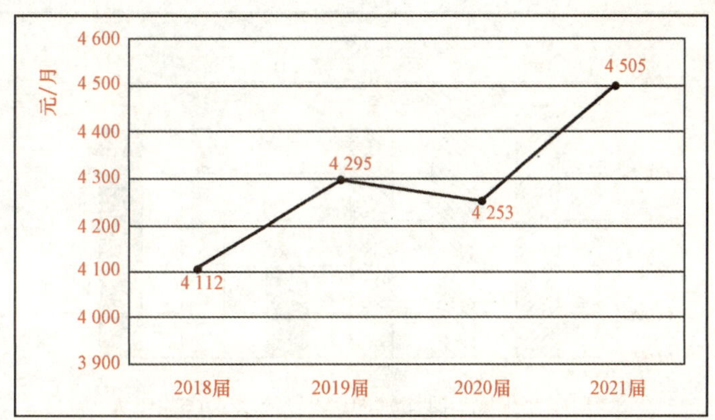

图 1-4　2018—2021 届高职院校毕业生半年后的月收入变化

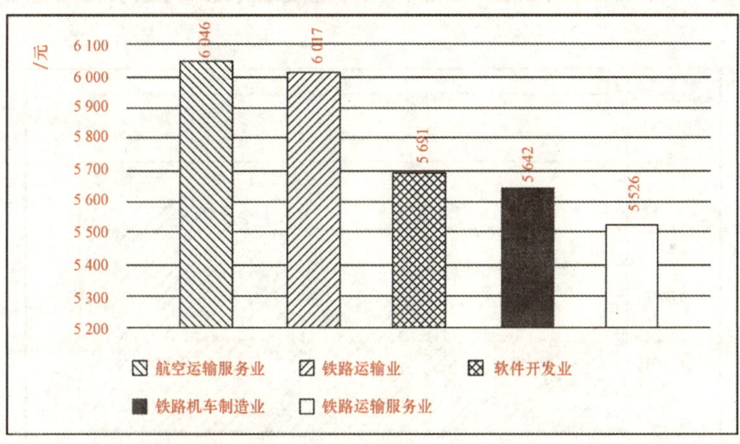

图 1-5　2021 届高职院校毕业生半年后月收入最高的前五位行业

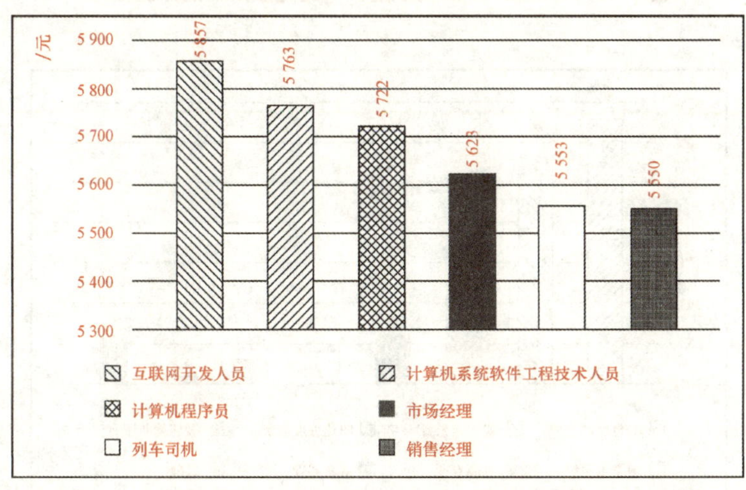

图 1-6　2021 届高职院校毕业生半年后月收入最高的前六位职业

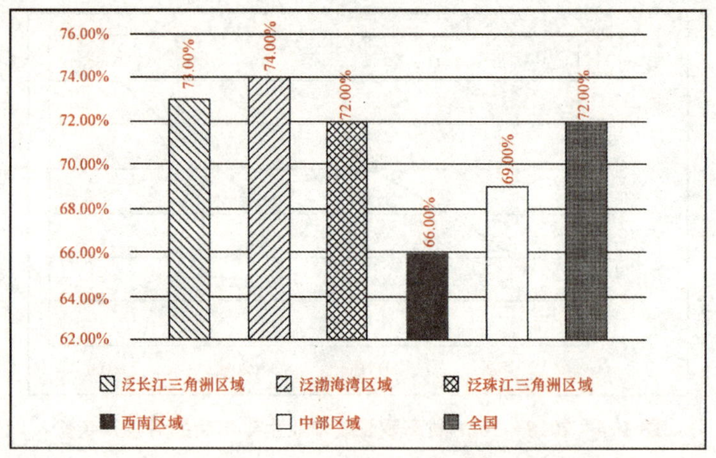

图 1-7　2021 届高职院校毕业生半年后在主要经济区域就业的就业满意度

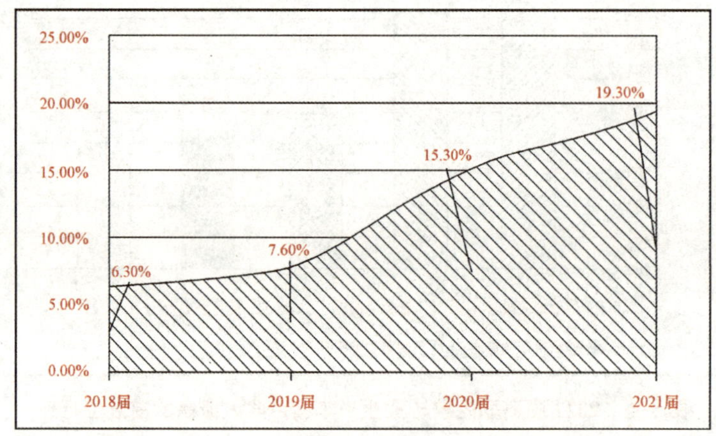

图 1-8　2018—2021 届高职院校毕业生读本科的比例变化

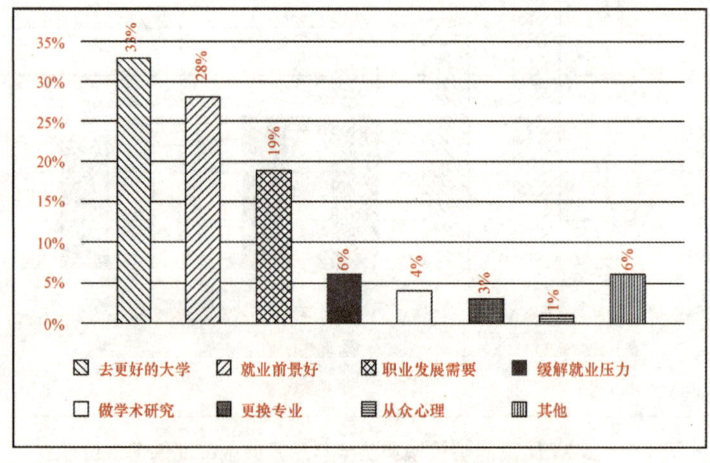

图 1-9　2021 届高职毕业生读本科的原因

二、高职院校毕业生就业的影响因素

大学生在就业过程中会受到众多因素的影响，影响因素有正向和反向之分。正向因素对就业起到积极作用，反向因素对就业起到负面作用。提前认清影响大学生就业的影响因素，对大学生就业起到促进作用。

（一）环境因素的影响

1. 经济形势

我国经济正处于转型升级的关键阶段。第二产业占 GDP 比重呈下降趋势，第三产业占 GDP 比重呈上升趋势，并且服务业所占比重越来越大。由于国际金融危机导致东部外向型经济受到影响，大量劳动密集型产业已经向中西部转移，中西部经济发展较为迅猛。但大多数毕业生没有认清现在的发展形势，依然愿意留在东南沿海经济较发达地区，这就造成了区域性的供需不平衡。高职院校毕业生多就职于民营企业，而东部沿海地区民营企业产能已过剩，人才相对饱和，毕业生不易找到工作。中西部尤其是西部地区由于产业转移，人才需求量较大，但因生活条件相对经济发达地区来说差一些，所以毕业生不愿去，企业招不到人。

2. 工作地域

工作地域是影响大学生就业决策的一个重要因素。总体来说，长三角经济圈、珠三角经济圈、环渤海经济圈，因为自身较高的市场化及经济增长水平，成为大学生就业首先选择的地方。

（二）择业期望值的影响

一些大学生在择业过程中期望值过高，要求工作环境要好、薪酬要高。想留在大城市，进大公司，否则宁愿失业在家待着。这说明高职院校毕业生择业的期望值过高，导致一些能胜任的工作由于条件不理想不想去、条件好的工作又做不了的供需错位现象。

（三）学校因素的影响

（1）高职院校办学条件参差不齐，办学特色不明显，导致毕业生整体素质不高，能力不能满足企业的要求。

（2）有些高职院校的专业设置比较陈旧，由于自身硬件条件及教师团队的限制，不能及时根据经济结构的调整而设置新专业，而旧专业的就业市场即将趋于饱和，导致毕业生不能及时就业。

（3）课程设置不太合理。部分高职院校忽视专业理论教育，盲目追求实践操作，认为职业院校培养的学生只要会操作即可，盲目设置甚至重复设置实践课程，专业理论课程被迫减少，导致学生只会操作课上练习过的内容，而不知为什么这么操作，不能举一反三，一旦换个条件与环境，就无从下手。高职院校培养的是高端技能型专门人才，除了要具有较强的技术应用能力，还要有较强的现场管理能力和创新意识。然而大部分高职院校却把培养目标变成了培养熟练工。而另一部分高职院校课程设置则与本科院校差别不太大，与用人单位的实际需求脱节，没有突出职业能力的培养，没有体现高职院校学生的特点，导致高职毕业生处于理论比不过本科生，实践又逊于中专生的尴尬处境。

（四）用人单位因素的影响

结合我国的实际国情，大学毕业生还处于供过于求的境地，导致用人单位的选人条件较为苛刻。用人单位对大学生就业的影响主要体现在以下方面。

1. 唯高学历论

明明只是需要一名会操作机械的专业人员，却在招聘条件里要求硕士及以上的高学历人才，明明普通大学毕业生也能胜任的岗位，却要求是名校毕业……诸如此类，一定程度上造成了人才的浪费，出现受聘人员与岗位不匹配的情况发生。

2. 唯工作经验论

企业在招聘时，会要求有 1 ～ 3 年甚至更长时间的工作经验，这对于刚刚步入社会的大学毕业生来讲，无疑给套上了枷锁。企业为了追求更高的经济利益，对经验并不是很丰富的大学生往往避而不见。这就造成了一边是企业招不到人，一边是大学生就业难的奇怪现象。

3. 唯性别籍贯论

虽然法律上已要求应给予每个劳动者公平的就业机会，但是企业在实际招聘中，往往会对性别、籍贯设置门槛，企业为了避免日后女职员怀孕、休产假，不愿招收女职员。还有企业对于职员来自哪个省份、籍贯是哪里，设置诸多不合理的条条框框。

（五）毕业生自身因素的影响

目前，高职院校面临的主要问题是学生层次的下降。自大学扩招后，高职院校的录取分数线在逐年降低。分数虽然不能代表学生的自身综合能力，但在一定程度上也反映了高职院校录取的学生在学习能力与素质修养上普遍下降。根据《教育部关于职业院校专业人才培养方案制订与实施工作的指导意见》（教职成〔2019〕13 号）的精神，各地主管部门应根据国家的有关规定、公共基础课程标准和专业教学标准，结合学校办学层次和办学定位，科学合理确定专业培养目标，明确学生的知识、能力和素质要求，保证培养规格。要注重学用相长、知行合一，着力培养学生的创新精神和实践能力，增强学生的职业适应能力和可持续发展能力。由于学生综合素质的下降，达到这一目标任重而道远。

（六）家庭因素的影响

大学生在进行择业选择时，会受到家庭的影响。家庭影响主要包括家庭环境、家庭态度、家庭期望等方面。在家庭影响方面，如果父母所从事的行业辛苦而又收入微薄，这些大学生在择业时很少会选择父母从事的行业；如果家庭优渥，父母及家人的职业价值观会深刻影响择业时的决策，往往会走上父母的职业道路；如果大学生与家庭的职业价值观相悖，在择业决策上会产生不小的矛盾。在家庭态度方面，如果家庭态度不是很明朗，不能提供一个明晰的肯定支持的话，大学生往往会倾向进入较容易的职业，反之，会根据自己的兴趣爱好，寻求一个更符合自身发展的职业方向。在家庭期望方面，如果家庭成员期望较高，大学生择业时往往会选择社会期望更高的职位，反之，会选择与自身兴趣、能力、价值观相匹配的职业方向。

三、高职院校毕业生就业决策的 SWOT 分析法

SWOT 是英文单词 Strengths（优势）、Weaknesses（劣势）、Opportunities（机会）、Threats（威胁）的缩写。SWOT 分析法是内外部竞争环境条件下的分析，其最初用于对面临竞争的企业进行分析。其中，内部环境分析是指企业的优势分析和劣势分析，外部环境分析是指企业面临的机会分析和威胁分析。SWOT 分析法常被用作高职院校毕业生就业决策分析方法使用，对毕业生所处的情景进行全面、系统、准确的分析，从而为提升自身提供依据。高职院校毕业生就业决策的 SWOT 矩阵模型见表 1-1。

SWOT 分析法实例

表 1-1 高职院校毕业生就业决策的 SWOT 矩阵模型

外部环境	内部环境	
	优势分析	劣势分析
	（1）比较优势 （2）先发优势 （3）竞争优势	（1）文凭弱势 （2）人文素质弱势 （3）个性心理弱势
机会分析	优势机会策略	劣势机会策略
（1）中小型企业、民营企业的快速发展 （2）劳动力市场对技术性人才的强劲需求 （3）用人观念转变，用人单位青睐高职院校毕业生		
威胁分析	优势威胁策略	劣势威胁策略
（1）严峻的就业形势 （2）用人单位对高学历的追求分析 （3）偏颇的社会心理对高职院校毕业生的就业伤害		

1. 高职院校毕业生的就业优势（Strengths）

（1）比较优势。一是较为实际的就业观念会使高职院校的毕业生在就业时相较于本科生，能理性地择业，就业层次更为广阔。二是高职院校更重视生产第一线的操作技能的培训，具有重实践、会动手的特点。三是较低的薪酬要求能为企业节省成本，容易被企业接受。

（2）先发优势。一是高职院校以就业为导向，按订单培养人才，在校期间就有实训和顶岗实习的机会。二是高职院校的职业生涯教育前移，毕业生能更早地为就业做准备。

（3）竞争优势。一是高职院校的毕业生的技术应用能力较强，在校期间就有实践操作和实操的机会。二是高职院校专业对口的特色使毕业生就业时更具竞争力。三是高职院校设置专业岗位针对性强，一些以企业冠名的班级可直接进入该企业。

2. 高职院校毕业生的就业劣势（Weaknesses）

（1）文凭弱势。高职院校毕业生处于专科教育水平，在这个重视高学历的时代，面对越来越多的本科生和研究生，无疑处于劣势地位。

（2）人文素质弱势。高职院校招收的学生往往是高考的落榜生，文化素质较薄弱。同时，高职院校更注重职业技能的培养，忽视人文教育，使得高职院校毕业生的人文素质普遍较差。

（3）个性心理弱势。高职院校毕业生因为没考上理想的大学，潜意识中有自卑的情绪，容易自暴自弃，心理负担和精神压力普遍较大，容易因不客观的心理定位，导致就业受挫。

3. 高职院校毕业生的就业机会（Opportunities）

（1）中小型企业、民营企业的快速发展。我国以经济建设为中心的发展理念，使得中小型企业、民营企业得到快速发展，也随之带来大量的就业岗位。

（2）劳动力市场对技术性人才的强劲需求。据有关资料显示，我国高技能人才占就业人员总量的比例超过 7.8%，随着国家建立健全培养、考核、使用、待遇相统一的激励机制，为我们向劳动力市场输送专业技能实用型毕业生提供了广阔的就业空间。

（3）用人观念转变，用人单位青睐高职院校毕业生。越来越多的用人单位从原有粗放型经营转为精细化经营，对成本管控越发严格，成本不仅包括员工的薪酬待遇，还包括员工技能培训的花费。因此，对于招之能用的高职院校毕业生，也越加青睐。

4. 高职院校毕业生的就业威胁（Threats）

（1）严峻的就业形势。随着经济体制改革力度的不断加大，以及职业结构的不断优化，就业人数陡增。一是当前大学毕业生数量的猛增，2023 年高校毕业生预计达到 1 158 万人，同比增加 82 万人；另外，还有研究生向下挤占大学毕业生就业位置。二是经济结构调整，部分行业不景气，出现较大规模的裁员现象，劳动力人群的失业问题凸显。三是农村剩余劳动力转移加大了对城镇就业机会的竞争。三大就业人口高峰同时出现，而就业市场容量并没有增加，使得劳动力就业市场不堪重负，就业市场供大于求。

（2）用人单位对高学历的追求。近几年，毕业生队伍迅速扩大，使得招聘“行情看涨”，一些用人单位片面追求高学历人才，这无疑给高职院校毕业生设置了就业门槛。

（3）偏颇的社会心理对高职院校毕业生的就业伤害。“学而优则仕”“劳心者治人，劳力者治于人”的传统观念深入人心，大多数人认为：只有学术教育才是正统教育，而高职院校培养的是生产一线的技术人员，更多的是属于“劳力者”的范畴，仕途黯淡。因此，无形中给高职院校毕业生就业设置了一道心理屏障。

第三节 就业政策及法规解读

一、毕业生就业政策

2022 年 11 月 14 日，为深入学习贯彻党的二十大精神，教育部发布《关于做好 2023 届全国普通高校毕业生就业创业工作的通知》（教学〔2022〕5 号），要求各地各高校切实增强责任感使命感，紧密结合实际，创新思路举措，千方百计促进高校毕业生多渠道就业创业，奋力开创高校毕业生就业创业工作新局面。2022 年 12 月 20 日，人力资源和社会保障部发布《关于开展 2023 年全国公共就业服务专项活动的通知》，为劳动者求职就业和用人单位招聘用工搭建平台，促进劳动力市场供需匹配，推进稳就业工作。我们可以从以下方面，了解高校毕业生就业政策。

（一）更大力度开拓市场化社会化就业渠道

1. 深入开展市场化岗位开拓行动

各地各高校要深入开展全国高校书记、校长访企拓岗促就业专项行动，二级院系领导班子成员也要积极参与。鼓励高校与对接企业和用人单位开展集中走访，深化多领域校企合作。教育部在全国范围内组织开展“校园招聘月”“就业促进周”等岗位开拓和供需对接系列活动。充分发挥全国普通高校毕业生就业创业指导委员会和行业协会作用，完善“分行业就指委 + 分行业协会”促就业工作机制。

2. 实施“万企进校园计划”

各地各高校要充分发挥校园招聘主渠道作用，积极举办线下校园招聘活动，确保校园招聘活动有序开展。高校要创造条件主动邀请用人单位进校招聘，支持院系开展小而精、专而优的小型专场招聘活动。

3. 全面推广使用国家大学生就业服务平台

教育部将进一步优化升级国家大学生就业服务平台功能和服务，不断提升平台专业化、智能化、便利化水平。各省级大学生就业网站、各高校就业网站与国家大学生就业服务平台互联互通，实现岗位信息共享。鼓励地方和高校依托平台联合举办区域性、行业性专场招聘活动。各地各高校要指导毕业生、毕业班辅导员、就业工作人员及时注册使用平台，确保有需要的毕业生都能及时获得就业信息。

4. 充分发挥中小企业吸纳就业作用

开展民营企业招聘高校毕业生专项行动，精准汇集推送岗位需求信息。会同有关部门举办“全国中小企业人才供需对接大会”“民企高校携手促就业”“全国中小企业网上百日招聘高校毕业生”“全国民营企业招聘月”等活动，为中小企业招聘高校毕业生搭建平台。各地教育部门要配合本地相关部门落实对中小微企业吸纳高校毕业生的优惠政策，支持开

发创造更多适合高校毕业生的就业岗位。各高校要加强与中小企业的供需对接，为中小企业进校招聘提供便利，引导更多高校毕业生到中小企业就业。

5. 支持自主创业和灵活就业

各地各高校要积极鼓励和支持高校毕业生自主创业，在资金、场地等方面向毕业生创业者倾斜，为高校毕业生创新创业孵化、成果转化等提供服务。推动中国国际“互联网+”大学生创新创业大赛等大学生创业项目转化落地。各地教育部门要配合有关部门落实灵活就业社会保障政策，为毕业生从事新形态就业提供支持，推动灵活就业规范化发展，切实维护高校毕业生合法权益。

（二）充分发挥政策性岗位吸纳作用

1. 优化政策性岗位招录安排

各地教育部门要配合有关部门统筹好政策性岗位招录时间安排，尽早安排高校升学考试、公务员和事业单位、国企等政策性岗位招考及各类职业资格考试。充分发挥政策性岗位稳就业作用，稳定并适度扩大招录高校毕业生规模。发挥国有企业示范作用，办好“国聘行动”。

国家职业资格目录（2021 年版）

2. 积极拓宽基层就业空间

各地教育部门要积极配合有关部门挖掘基层医疗卫生、养老服务、社会工作、司法辅助、科研助理等就业机会，组织实施好“特岗计划”“三支一扶”“西部计划”等基层就业项目，拓展“城乡社区专项计划”，鼓励扩大地方基层项目规模，引导更多毕业生到中西部地区、东北地区、艰苦边远地区和基层一线就业创业。健全支持激励体系，落实好学费补偿贷款代偿、考研加分等优惠政策。

3. 积极配合做好大学生征兵工作

各地各高校要密切军地协同，加大征兵宣传进校园工作力度，畅通入伍绿色通道，配合兵役机关做好兵员预征预储、高校毕业生征集等工作。各地教育部门要研究制定细化方案和实施办法，落实好退役普通高职（专科）士兵免试参加普通专升本招生、退役大学生士兵专项硕士研究生招生计划等优惠政策。

（三）建设高质量就业指导服务体系

1. 全面加强就业指导

高校要健全完善分阶段、全覆盖的大学生生涯规划与就业指导体系，确保有需要的学生都能获得有效的就业指导。要进一步完善就业创业指导课程标准，打造一批就业指导名师、优秀就业指导课程和教材。充分利用“互联网+就业指导”公益直播课等各类资源，提升就业创业指导课程质量和实效。要通过校企供需对接、职业规划竞赛、简历撰写指导、面试求职培训、一对一咨询等多种形式，为学生提供个性化就业指导和服务。要打造校内外互补、专兼结合的就业指导教师队伍，鼓励用人单位、行业组织更多参与高校生涯教育和就业指导。

2. 深入推进就业育人

各地各高校要把就业教育和就业引导作为“三全育人”的重要内容，深入开展就业育人主题教育，引导高校毕业生保持平实之心，客观看待个人条件和社会需求，从实际出发选择职业和工作岗位。开展就业育人优秀案例创建活动，选树一批就业典型人物，积极引导高校毕业生到祖国需要的地方建功立业。

3. 切实维护毕业生就业权益

各地各高校要积极营造平等就业环境，在各类校园招聘活动中，不得设置违反国家规定的歧视性条款和限制性条件。配合有关部门畅通投诉举报渠道，对于存在就业歧视、招聘欺诈、“培训贷”等问题的用人单位，要纳入招聘“黑名单”并及时向高校毕业生发布警示提醒。加强就业安全教育，督促用人单位与高校毕业生签订劳动（聘用）合同或就业协议书，帮助和支持毕业生防范求职风险，维护就业权益。积极配合有关部门推进毕业生就业体检结果互认。

（四）精准开展重点群体就业帮扶

1. 健全就业帮扶机制

各地各高校要重点关注脱贫家庭、低保家庭、零就业家庭、残疾等困难高校毕业生，建立帮扶工作台账，按照“一人一档”“一人一策”精准开展就业帮扶工作。健全“一对一”帮扶责任制，高校和院系领导班子成员、就业指导教师、班主任、专任教师、辅导员等要与困难学生开展结对帮扶，确保每一个困难学生都得到有效帮助。做好离校未就业毕业生不断线服务。

2. 深入实施宏志助航计划

继续组织实施“中央专项彩票公益金宏志助航计划——全国高校毕业生就业能力培训项目”，开展线上线下就业能力培训，提升毕业生就业竞争力。各地各高校和各培训基地要精心组织实施，配备优秀师资，优化培训内容，提升培训质量。鼓励各地各高校配套设立省级、校级项目，推动“宏志助航计划”覆盖更多毕业生。各地要强化培训基地管理，宣传推广优秀典型经验。

（五）简化优化求职就业手续

1. 稳妥有序推进取消就业报到证

《国务院办公厅关于进一步做好高校毕业生等青年就业创业工作的通知》（国办发〔2022〕13 号）明确，从 2023 年起，不再发放《全国普通高等学校本专科毕业生就业报到证》和《全国毕业研究生就业报到证》（以下统称就业报到证），取消就业报到证补办、改派手续，不再将就业报到证作为办理高校毕业生招聘录用、落户、档案接收转递等手续的必需材料。各地要制定落实取消报到证的工作方案。各省级教育部门和高校要加强与组织、公安、人力资源社会保障等部门的工作协同，做好相关工作的衔接，向用人单位和毕业生开展解读宣传，耐心细致做好指导咨询，帮助毕业生顺利完成就业报到、落户和档案接收转递等手续。

2. 建立毕业去向登记制度

根据国务院办公厅有关文件要求，从2023年起，教育部门建立高校毕业生毕业去向登记制度，作为高校为毕业生办理离校手续的必要环节。全面推广使用全国高校毕业生毕业去向登记系统。各地各高校要统筹部署、精心安排，指导本地本高校毕业生（含结业生）按规定及时完成毕业去向登记。实行定向招生就业办法的高校毕业生，各省级教育部门和高校要指导其严格按照定向协议就业并登记去向信息。教育部有关单位根据有关部门需要和毕业生本人授权，统一提供毕业生离校时相应去向登记信息查询核验服务。

3. 强化就业统计监测工作

各地各高校要严格落实就业统计监测工作“四不准”“三严禁”要求，严格执行毕业生就业统计监测工作违规处理办法，对违反规定的高校和相关人员，严肃查处通报，纳入负面清单管理。严格落实就业统计监测规范要求，严格审核学生就业信息及相关佐证材料。组织开展就业统计监测专门培训，强化高校毕业生就业数据的报送、统计和分析工作。持续开展毕业生就业状况布点监测，丰富完善布点监测内容。

（六）完善就业与招生培养联动机制

1. 健全完善就业反馈机制

各地各高校要建立完善就业与招生、培养联动的有效机制，把高校毕业生就业状况作为高等教育结构调整的重要内容。引导高校重点布局社会需求强、就业前景广、人才缺口大的学科专业，及时淘汰或更新升级已经不适应社会需要的学科专业。教育部将把高校毕业生就业状况作为“双一流”建设成效评价、学科专业设置和评估、招生计划安排等工作的重要依据。实行高校毕业生就业去向落实率红黄牌提示制度。深入开展高校毕业生就业状况跟踪调查，调查结果作为衡量高校人才培养质量的重要参考。

2. 深化就业工作评价改革

探索实施高校毕业生就业工作合格评价，建立部、省两级就业工作合格评价机制，促进高校就业工作制度化、规范化。加强全国就业工作优秀经验宣传推广，推动高校毕业生就业工作能力和服务水平不断提升。

（七）加强组织领导

1. 压紧压实工作责任

各地各高校要把高校毕业生就业摆在突出重要的位置，落实就业“一把手”工程，建立健全主要领导亲自部署、分管领导靠前指挥、院系领导落实责任、各部门协同推进、全员参与的协调机制，将就业工作纳入领导班子考核重要内容。建立完善就业风险防范化解机制，确保安全稳定。各省级教育行政部门适时牵头成立高校毕业生就业工作专班，制定工作方案，明确任务清单，全力推进各项工作任务。教育部将省级人民政府及相关职能部门制定促进毕业生就业政策及其实施情况，纳入省级人民政府履行教育职责评价的重要内容。

2. 加强就业工作机构和队伍建设

各地教育部门、各高校要积极创造条件认真落实高校毕业生就业机构、人员、场地、经费“四到位”要求，根据本地实际情况，明确提出各项指标要求，并报教育部备案。各高校要配齐配强就业指导人员，鼓励就业指导人员按要求参加相关职称评审。组织开展毕业班辅导员、就业工作人员全员培训，加大资源供给和培训保障力度。

3. 做好就业总结宣传工作

大力宣传就业工作典型高校、用人单位和先进人物。持续开展全国普通高校毕业生就业创业工作典型案例总结宣传，推出一批具有推广价值的优秀案例。各地各高校要多渠道、全方位宣传国家就业创业政策，营造全社会关心支持毕业生就业的良好氛围。

二、毕业生就业法规

通过对毕业生就业涉及的主要法规的梳理，学生了解《中华人民共和国劳动法》《中华人民共和国劳动合同法》《中华人民共和国就业促进法》《中华人民共和国劳动争议调解仲裁法》《工资支付暂行规定》《最低工资规定》的出台时间及意义。同时，对典型案例的剖析，让学生增强法律意识，能选择合理渠道与方式保护自身的合法权益。

（一）《中华人民共和国劳动法》

《中华人民共和国劳动法》（以下简称《劳动法》）于 1994 年 7 月 5 日第八届全国人民代表大会常务委员会第八次会议通过，根据 2009 年 8 月 27 日第十一届全国人民代表大会常务委员会第十次会议《关于修改部分法律的决定》第一次修正，根据 2018 年 12 月 29 日第十三届全国人民代表大会常务委员会第七次会议《关于修改〈中华人民共和国劳动法〉等七部法律的决定》第二次修正。《劳动法》是国家为了保护劳动者的合法权益，调整劳动关系，建立和维护适应社会主义市场经济的劳动制度，促进经济发展和社会进步，根据宪法制定的法律。

典型案例 1-2

案例背景：

张某于 2020 年 6 月入职某科技公司，月工资 20 000 元。某科技公司在与张某订立劳动合同时，要求其订立一份协议作为合同附件，协议内容包括“我自愿申请加入公司奋斗者计划，放弃加班费”。半年后，张某因个人原因提出解除劳动合同，并要求支付加班费。某科技公司认可张某加班事实，但以其自愿订立放弃加班费协议为由拒绝支付。张某向劳动人事争议仲裁委员会（以下简称仲裁委员会）申请仲裁。

张某请求裁决某科技公司支付 2020 年 6 月至 12 月加班费 24 000 元。最终，仲裁委员会裁决某科技公司支付张某 2020 年 6 月至 12 月加班费 24 000 元。

案例分析：

本案的争议焦点是张某订立放弃加班费协议后，还能否主张加班费。

《中华人民共和国劳动合同法》第二十六条规定："下列劳动合同无效或者部分无效：……（二）用人单位免除自己的法定责任、排除劳动者权利的"。《最高人民法院关于审理劳动争议案件适用法律问题的解释（一）》（法释〔2020〕26号）第三十五条规定："劳动者与用人单位就解除或者终止劳动合同办理相关手续、支付工资报酬、加班费、经济补偿或者赔偿金等达成的协议，不违反法律、行政法规的强制性规定，且不存在欺诈、胁迫或者乘人之危情形的，应当认定有效。前款协议存在重大误解或者显失公平情形，当事人请求撤销的，人民法院应予支持。"加班费是劳动者延长工作时间的工资报酬，《劳动法》第四十四条、《中华人民共和国劳动合同法》第三十一条明确规定了用人单位支付劳动者加班费的责任。约定放弃加班费的协议免除了用人单位的法定责任、排除了劳动者权利，显失公平，应认定无效。

本案中，某科技公司利用在订立劳动合同时的主导地位，要求张某在其单方制定的格式条款上签字放弃加班费，既违反法律规定，也违背公平原则，侵害了张某工资报酬权益。故仲裁委员会依法裁决某科技公司支付张某加班费。

（二）《中华人民共和国劳动合同法》

《中华人民共和国劳动合同法》（以下简称《劳动合同法》）于2007年6月29日第十届全国人民代表大会常务委员会第二十八次会议通过，根据2012年12月28日第十一届全国人民代表大会常务委员会第三十次会议《关于修改〈中华人民共和国劳动合同法〉的决定》修正。《劳动合同法》是国家为了完善劳动合同制度，明确劳动合同双方当事人的权利和义务，保护劳动者的合法权益，构建和发展和谐稳定的劳动关系制定的法律。

典型案例 1-3

案例背景：

2018年6月，某网络公司发布招聘启事，招聘计算机工程专业大学本科及以上学历的网络技术人员1名。赵某为销售专业大专学历，但其向该网络公司提交了计算机工程专业大学本科学历的学历证书、个人履历等材料。后赵某与网络公司签订了劳动合同，进入网络公司从事网络技术工作。2018年9月初，网络公司偶然获悉赵某的实际学历为大专，并向赵某询问。赵某承认自己为应聘而提供虚假学历证书、个人履历的事实。网络公司认为，赵某提供虚假学历证书、个人履历属欺诈行为，严重违背诚实信用原则，根据《劳动合同法》第二十六条、第三十九条规定解除了与赵某的劳动合同。赵某不服，向仲裁委员会申请仲裁。

赵某请求裁决公司继续履行劳动合同。最终，仲裁委员会驳回赵某的仲裁请求。

案例分析：

本案的争议焦点是赵某提供虚假学历证书、个人履历是否导致劳动合同无效。《劳动合同法》第八条规定：“用人单位招用劳动者时，应当如实告知劳动者工作内容、工作条件、工作地点、职业危害、安全生产状况、劳动报酬，以及劳动者要求了解的其他情况；用人单位有权了解劳动者与劳动合同直接相关的基本情况，劳动者应当如实说明。”第二十六条第一款规定：“下列劳动合同无效或者部分无效：（一）以欺诈、胁迫的手段或者乘人之危，使对方在违背真实意思的情况下订立或者变更劳动合同的……”第三十九条规定：“劳动者有下列情形之一的，用人单位可以解除劳动合同：……（五）因本法第二十六条第一款第一项规定的情形致使劳动合同无效的……”从上述条款可知，劳动合同是用人单位与劳动者双方协商一致达成的协议，相关信息对于是否签订劳动合同、建立劳动关系的真实意思表示具有重要影响。《劳动合同法》第八条既规定了用人单位的告知义务，也规定了劳动者的告知义务。如果劳动者违反诚实信用原则，隐瞒或者虚构与劳动合同直接相关的基本情况，根据《劳动合同法》第二十六条第一款规定属于劳动合同无效或部分无效的情形。用人单位可以根据《劳动合同法》第三十九条规定解除劳动合同并不支付经济补偿。此外，应当注意的是，《劳动合同法》第八条“劳动者应当如实说明”应仅限于“与劳动合同直接相关的基本情况”，如履行劳动合同所必需的知识技能、学历、学位、职业资格、工作经历等，用人单位无权要求劳动者提供婚姻状况、生育情况等涉及个人隐私的信息，也即不能任意扩大用人单位知情权及劳动者告知义务的外延。

本案中，“计算机工程专业”“大学本科学历”等情况与网络公司招聘的网络技术人员岗位职责、工作完成效果有密切关联性，属于“与劳动合同直接相关的基本情况”。赵某在应聘时故意提供虚假学历证书、个人履历，致使网络公司在违背真实意思的情况下与其签订了劳动合同。因此，根据《劳动合同法》第二十六条第一款规定，双方签订的劳动合同无效。网络公司根据《劳动合同法》第三十九条第五项规定，解除与赵某的劳动合同符合法律规定，故依法驳回赵某的仲裁请求。

（三）《中华人民共和国就业促进法》

《中华人民共和国就业促进法》（以下简称《就业促进法》）于2007年8月30日第十届全国人民代表大会常务委员会第二十九次会议通过，根据2015年4月24日第十二届全国人民代表大会常务委员会第十四次会议《关于修改〈中华人民共和国电力法〉等六部法律的决定》修正。《就业促进法》是国家为了促进就业，促进经济发展与扩大就业相协调，促进社会和谐稳定制定的法律。

典型案例 1-4

案例背景：

某公司通过某招聘平台向社会发布了一批公司人员招聘信息。闫某某投递了求职简历，其投递的求职简历中，户籍所在地填写为“×× 省 ×× 市”。某公司查阅其投递的简历后，认为闫某某不适合招聘岗位，原因为闫某某系 ×× 省人。闫某某认为，某公司上述地域歧视行为，违反《就业促进法》的相关规定，严重侵犯了其人格权，提起诉讼，请求判令：某公司向其口头道歉、登报道歉、支付精神抚慰金 6 万余元。最终，人民法院判令某公司向闫某某支付精神抚慰金 9 000 元，由某公司向闫某某口头道歉并在国家级媒体登报道歉。

案例分析：

平等就业权是每个劳动者依法享有的权利。《就业促进法》第二十六条规定，用人单位招用人员、职业中介机构从事职业中介活动，应当向劳动者提供平等的就业机会和公平的就业条件，不得实施就业歧视。

本案中，某公司在案涉招聘活动中因“×× 省人”这一地域事由对闫某某实施了不合理差别对待，损害了闫某某平等获得就业机会和就业待遇的权利，构成对闫某某平等就业权的侵害，主观上具有明显过错。故判令某公司向闫某某支付精神抚慰金，同时，由某公司向其口头道歉、登报道歉。

（四）《中华人民共和国劳动争议调解仲裁法》

《中华人民共和国劳动争议调解仲裁法》（以下简称《劳动争议调解仲裁法》）于 2007 年 12 月 29 日第十届全国人民代表大会常务委员会第三十一次会议通过。《劳动争议调解仲裁法》是国家为了公正及时解决劳动争议，保护当事人合法权益，促进劳动关系和谐稳定制定的法律。

典型案例 1-5

案例背景：

林某于 2020 年 1 月入职某教育咨询公司，月工资为 6 000 元。2020 年 7 月，林某因个人原因提出解除劳动合同，并向仲裁委员会申请仲裁。林某主张其工作期间每周工作 6 天，并提交了某打卡 App 打卡记录（显示林某及某教育咨询公司均实名认证，林某每周一至周六打卡；每天打卡两次，第一次打卡时间为早 9 时左右，第二次打卡时间为下午 6 时左右；打卡地点均为某教育咨询公司所在位置，存在个别日期未打卡情形）、工资支付记录打印件（显示曾因事假扣发工资，扣发日期及天数与打卡记录一致，未显示加班费支付情况）。某教育咨询公司不认可上述证据的真实性，主张林某每周工作5天，但未提交考勤记录、工资支付记录。

林某请求裁决某教育咨询公司支付加班费10 000元。最终，仲裁委员会裁决某教育咨询公司支付林某加班费10 000元（裁决为终局裁决）。

案例分析：

本案的争议焦点是如何分配林某与某教育咨询公司的举证责任。

《劳动争议调解仲裁法》第六条规定："发生劳动争议，当事人对自己提出的主张，有责任提供证据。与争议事项有关的证据属于用人单位掌握管理的，用人单位应当提供；用人单位不提供的，应当承担不利后果。"《最高人民法院关于审理劳动争议案件适用法律问题的解释（一）》（法释〔2020〕26号）第四十二条规定："劳动者主张加班费的，应当就加班事实的存在承担举证责任。但劳动者有证据证明用人单位掌握加班事实存在的证据，用人单位不提供的，由用人单位承担不利后果。"从上述条款可知，主张加班费的劳动者有责任按照"谁主张谁举证"的原则，就加班事实的存在提供证据，或者就相关证据属于用人单位掌握管理提供证据。用人单位应当提供而不提供有关证据的，可以推定劳动者加班事实存在。

本案中，虽然林某提交的工资支付记录为打印件，但与实名认证的App打卡记录互相印证，能够证明某教育咨询公司掌握加班事实存在的证据。某教育咨询公司虽然不认可上述证据的真实性，但未提交反证或者做出合理解释，应承担不利后果。故仲裁委员会依法裁决某教育咨询公司支付林某加班费。

本章小结

通过对本章内容的学习，了解高校开设就业指导课的作用，以及开展就业指导的不同方式；明确目前严峻的就业形势；掌握对自身就业决策的分析方法；对党的二十大报告中有关就业的内容、最新的就业政策及主要的法规有所知晓。

课后习题

1. 就业指导包括哪些方面的内容？
2. 就业指导的作用有哪些？
3. 就业指导的方式有哪些？
4. 说说当下大学生的就业现状。
5. 根据所学知识，谈谈你对当下就业形势的看法。
6. 结合自身实例，谈谈你对党的二十大报告中"就业是最基本的民生"的理解。

第二章
就业观与就业心理调适

知识目标：

1. 了解大学生的就业形式和基本就业能力。
2. 了解传统观念与新的社会环境对就业观念的影响。
3. 了解影响大学生就业的心理因素与常见的心理障碍。

能力目标：

1. 能够掌握基本就业能力的知识和方法。
2. 能够学会自主心理调适。

素养目标：

树立大学生正确的就业观，保持良好的就业心态。

第一节　就业形式与分析

一个人从事什么职业与其就业观密切相关。例如，有些人对职业稳定性的要求优于收入的要求，而有些人更倾向于选择与自身专长相关的，有远大发展前景的职业。这些对职业的追求，归根到底是由就业观的不同引起的。因此，大学生在就业过程中，应结合自身实际情况去选择适合自己的就业形式。

一、签约就业

签约就业是大学毕业生就业最普遍的一种方式。签约就业包括以下几种情形。

（1）从每年 11 月起，各高等院校会陆续举办用人单位和毕业生的就业双选会，用人单位和毕业生经过双向选择，确定后，签订就业协议书；或者毕业生直接进入用人单位实习，待毕业后，正式与用人单位签订劳动合同，或用人单位出具接收函，到用人单位工作。

深化产教融合，加快推动职业教育创新发展

（2）定向、委培毕业生回原定向、委培单位就业。按规定该类毕业生不能再自主择业，但若经原定向、委培单位和有关主管部门同意，解除原协议后，可以自主择业。

（3）毕业生参加国家项目就业，如特岗教师项目、三支一扶项目、服务西部计划项目、大学生村官项目等。

签约就业包括签订合同、接收档案、转迁户口、用人单位负责解决学生的工作并按劳动合同履行各自义务。目前，有相当数量的签约就业，如跨国公司、民营企业与新聘员工签订劳动合同后并不接收员工的档案，也没有户籍要求。

二、报考公务员及事业单位

由于大学生就业形势的日益严峻，事业单位及公务员单位因其工作的稳定性及不错的福利，已成为很多大学生的选择。事业单位考试流程一般包括公告发布、网上报名、单位初审、资格审查、笔试、面试、考核体检、签订合同等。公务员考试流程一般包括公告发布、网上报名、笔试、成绩查询、调剂申请、资格审查、面试、体检及考察、拟录用公示等。值得注意的是，现在大多数事业单位及公务员的岗位要求本科及以上学历才有资格报考，可以让高职院校学生报名的工作岗位并不很多，因此高职院校毕业生报名一定要慎重，切记勿盲目跟风。

三、灵活就业

灵活就业是指无固定场所、无固定雇主和服务对象、无固定劳动关系、无稳定收入、无社会保障的小规模经营的就业形式。原则上，灵活就业可分为非全日制就业、临时就业和派遣就业三类。

灵活就业是相对于传统就业模式而言的，它不同于正规的全日制、与用人单位建有稳定的劳动法律关系、获有工资福利和社会保障的就业。与传统就业模式相比，灵活就业方式的特点是灵活性强、自由度大、适应范围广、劳动关系比较松散。

目前，国内所提的大学生的灵活就业是指没有列入正常派遣手续的非正规就业，现在要从政策上纳入正式就业的统计范围。这是一种适应人才市场发展的选择。就业灵活，首先要求用人单位改变传统，让用人方式灵活起来。

灵活就业主要由以下五部分构成。

（1）自营劳动者。自营劳动者包括自我雇佣者（自谋职业）和以个人身份从事职业活动自由职业者等。

（2）家庭帮工。家庭帮工即那些帮助家庭成员从事生产经营活动的人员。

（3）其他灵活就业人员。其他灵活就业人员主要是指非全时工、季节工、劳务承包工、劳务派遣工、家庭小时工等一般劳动者。

（4）自由职业。自由职业是指以个体劳动为主的一类职业，如作家、自由撰稿人、翻译工作者、中介服务工作者、某些艺术工作者。一些在写作、设计、绘画等方面有专长的毕业生则倾向于做一个自由职业者。

（5）意向就业。毕业生与用人单位达成就业意向，落实了工作岗位，但暂时还没有正式签订就业协议书、劳动合同或没有出具接收函，意向就业包括：到单位进行就业见习、试用期、进入家族企业等。这类情况往往是毕业生和用人单位出于还需要进一步相互了解的目的而选择的一种就业形式，也是双方进一步考察、选择的过程。

宁波市灵活就业人员支持政策典型经验

四、自主创业

创业是创业者对自己拥有的资源或通过努力能够拥有的资源进行优化整合，从而创造出更大的经济或社会价值的过程。创业是一种劳动方式，是一种需要创业者运营、组织、运用服务、技术、器物作业的思考、推理和判断的行为。

为支持大学生自主创业，国家各级政府出台了很多优惠政策，涉及创业培训、创业指导、开业税收等诸多方面。从国家一系列举措中可以看出，国家对大学生自主创业的重视。

五、应征入伍

近年来，为了加快军队现代化建设的步伐，部队加大了接收地方大学生的工作力度，越来越多的大学生走进军营。军队接收地方大学生以本科、理工类为主，也兼收其他类别的毕业生。大学本科毕业生参军入伍以后，属于军官身份，高职专科参选士官成功的属于士官身份。

另外，我国还从高校招收未毕业大学生参军。在校本、专科学生，无论入学时间长短，都可以报名参军，保留大学学籍，服务期限届满可以回到大学继续学习。如果在部队表现良好，有过立功记录，回到大学后将视立功等级给予减免学费、免试推荐专升本、攻读研究生等待遇。

大学生应征入伍政策

六、专升本与考研

专升本是近几年高职院校毕业生的一个重要选择。高职院校毕业生通过专升本能够提升自己的学历和学识，且社会认可度高。无论将来是考公务员、考证，还是考研、就业，都比高职毕业更有优势，但是专升本的工作需要消耗大量的时间与精力，因此高职院校毕业生应审慎考虑。除此之外，结合目前的就业形势及国家出台的研究生扩招政策，考研人数也逐年增多，一方面考研可以延缓就业压力，提高自身竞争力；但另一方面，研究生毕业后的就业压力只增不减，且会因扩招造成学历贬值。

因此，无论是专升本还是考研，大学生都应摆正自己的位置，调整好自身心态，结合自身的实际情况，选择有利于自身的发展方向。

七、出国留学及就业

目前，随着我国高等职业教育的发展，高职院校的国际交流深入开展，大量交换生计划和国际交流项目开始在高职院校实施，高职大学生出国留学的机会稳步上升，在毕业后选择出国留学的大学生日益增多。

通常情况下，大学生可以通过院校、媒体（网络、报纸、电视等）接收到各种出国就业的信息，申请出国就业需要满足下列条件。

（1）拥有一定的语言沟通能力，特别是直接与出国目的地人员交流的外语能力。

（2）拥有良好的道德素养，遵守出国目的地的法律法规。

（3）拥有出国目的地所需的专业技术技能。

（4）拥有健康的身体素质。

值得注意的是，大学生应有甄别出国就业信息真伪的能力，应通过正规的途径获得就业信息，避免因虚假的出国就业信息，造成自身伤害。

第二节　大学生基本就业能力

就业能力（Employ ability）的概念最早出现在20世纪初的英国，由英国经济学家贝弗里奇（Beveridge）于1909年首先提出。他认为就业力即“可雇用性”，是指个体获得和保持工作的能力。20世纪80年代后期，美国的一些学者对此概念进行了修订，认为就业力是一个获得最初就业、维持就业和重新选择、获取新岗位的动态过程，在强调就业者就业能力的同时，加入了就业市场、国家经济政策等宏观方面，更全面地阐释了就业力的整体概念。2005年，美国教育与就业委员会再次明确就业力概念。就业力（Employ ability），即“可雇用性”，是指获得和保持工作的能力。就业力不仅包括狭义上理解地找到工作的能力，还包括持续完成工作、实现良好职业生涯发展的能力。

大学生基本就业能力是大学生获得工作、维持工作、更换工作时所具有的能力。近年来，高校扩招规模大、速度快，使得大学毕业生的数量激增，同时，整体质量呈下滑态势，造成大学生难以顺利就业。因此，提高大学生基本就业能力，能够让大学生从激烈的就业竞争中脱颖而出，从而实现就业。

一、专业能力的培养

专业能力主要在专业知识、专业资格、资格证书、专业拓展等方面得以体现。其中，专业知识、专业资格、资格证书是求职的必备条件。职业能力是能力的核心，专业能力是大学生的核心竞争力。大学生在校期间一定要重视自己专业能力的培养，包括专业知识和理论、熟练的职业技能、专业拓展能力。因此，大学生应努力做好以下几个方面，以提升自身的专业能力。

1. 认真学习专业理论知识

有一种观点认为，高职院校学生的专业理论知识只要“够用”就好，更有的认为高职院校学生是以培养动手能力为主，专业理论知识少一点无所谓。这种观点是极其荒谬的。

专业理论知识是专业或行业所对应的岗位及岗位群所需要的理论与知识，包括基础性知识、专业及相关专业知识、社会经济法律知识等。它所反映的是知识的基本结构、基本原理，是系统的、通用的知识。这是大学生在校期间主要的学习任务之一，是培养大学生掌握熟练的职业技能和专业拓展能力的基础，只有认真学习，牢牢掌握必要的专业理论知识，才能获得较强的专业能力。

21 世纪是高速发展的信息化时代，知识、技术、信息的更新速度十分迅速，职场的竞争也越来越激烈，人力资源部门对个人的职业能力及素质的要求也越来越高。一般来说，高职学生的文化基础知识相对比较薄弱，而高职院校所设置的学制又较短（一般为三年）。因此，高职学生在校期间更应珍惜时间，加倍努力学习文化理论知识和专业理论知识，要在掌握专业理论知识的基本原理与基本知识结构上下功夫，要善于对多门相关课程的知识进行综合归纳，融会贯通，将专业理论知识与实践应用结合起来，做到不仅要知其然，更要知其所以然。

2. 努力提升专业能力水平

应用技能是指利用工具按照一定程序和方法进行操作的过程。高职学生的特长，在于既有一定的理论知识，又有一定的动手操作能力，能够快速地适应新的工作岗位。正是这一特点使高职学生比一般就业者更受人力资源部门欢迎。也正是这一特点要求高职学生在校期间必须在努力学习专业理论知识的同时，还要努力掌握熟练的应用技能，提高自己的实践动手能力。

提高实践动手能力，关键是在学校期间要积极参与专业实践活动，将理论知识应用于实践，将理论内化成操作能力和技巧，将课堂所学应用于生产实际，勤学苦练，掌握扎实的基本功，练就一身技能。通过专业的实践活动，锻炼灵活运用知识、不生搬硬套的能力，培养自己的职业道德，增强责任心、协作精神、爱岗敬业和严谨求实的作风。高职学生可以通过以下方面提高自己的专业能力水平。

（1）技能课，是对课堂中所学的基本原理进行验证，加深对专业基础的理解，多为验证性试验或基本技能操作，如基础物理试验、化学试验、钳工试验、药理试验、病理试验等。这是专业技能的准备课，也是专业基本功。这部分技能要求熟练掌握。

（2）专业技能课，是与专业密切相关的技能训练课，如数控机床加工，中级、高级电工实训，模拟导游，饭店服务实训，秘书技能实训，临床护理实训等。这是专业技能形成的中心环节。这部分技能要求扎实掌握。

（3）综合实训，如计算机网络专业的学生接受综合布线的实训，数控专业的学生进行产品制作，会计岗位综合实训，国际贸易综合实训等。

（4）现场见习，是学生在学习期间，按学校计划到工厂、公司进行观摩性质的见习，主要是增加对专业的了解，对生产实际有一个直观的认识，知晓生产中所应用的技术。

（5）实地实习，是学生在毕业前到企业单位进行实地实习，将所学的知识应用于实际。一方面检验所学的知识与掌握的技能，进一步将其巩固和深化；另一方面在导师的帮助下，也可以学到更实用的技术，对应掌握的知识和技能进行查漏补缺。

3. 积极取得职业资格证书

根据高层次人才招聘市场的统计信息显示，那些持有高等学历证书和职业资格证书的"双证书"和"多证书"人才，始终是用人单位竞相争抢的对象，其求职成功率往往高达90%以上。"毕业证书＋专业资格证书＋技术等级证书"正成为高职学生就业的必需要件。我们讲的职业资格证书主要有如下几类。

（1）国家职业资格证书。国家职业资格证书是指按照国家制定的职业技能标准或任职资格条件，通过政府认定的考核鉴定机构，对劳动者的技能水平或职业资格进行客观公正、科学规范的评价和鉴定，对合格者授予相应的职业资格证书。国家职业资格证书是劳动者求职、任职、执业的资格凭证，是用人单位招聘、录用劳动者的主要依据，也是境外就业、对外劳务合作人员办理技能公证的有效证件。

（2）技术等级证书。技术等级证书是指由全国统一的技术等级认证，与特定的职业无关的一种技术水平认证。如全国计算机应用水平考试、大学英语等级考试（三、四、六级）等，都是用人单位比较认可的技术等级证书。

（3）行业资格证书。行业资格证书是指从事某一行业所需要的资格证书，又称执业资格证。行业资格证书有行业行政主管部门颁发的，如执业药师、证券从业资格证书、注册建造师、资产评估师等。也有某些特殊行业，如从事IT行业，要求求职者持有一些IT厂商颁发的认证证书，如微软认证、SUN认证等。

目前，校园里流行着一句话："多个证书，多种选择，多个机遇。"一方面反映了当代高职学生面对激烈的就业竞争已趋向成熟；另一方面有一些学生没有把握好尺度，为考证而考证，其结果适得其反。某些学生为使自己求职机会增多，增加简历的分量，积极计入考证大军，报考各种证书考试，但所考的并非自己所学的，也有的是跟风，同学去考什么我也考什么。

对于大学生参加各类资格证书的考试应该给予支持，但也应该看到，人的精力是有限的，在校的时间是短暂的，因此要把完成学历教育放在首位，在这个基础上再挤出时间和精力去完成与本专业相关的职业资格证书考试，否则是不切实际的。所以，大学生在证书考试时，一定要与所学的专业相结合，已学科目与考试内容有所覆盖，这样考试的难度有所降低，所取得的资格证书与所学专业有相关性，在应聘专业对口工作时能起到帮助作用。如电子专业的学生取得高级电工证，IT专业的学生取得微软等行业龙头认可的专业证书，文秘专业的学生可以考取秘书职业资格证书。同时，也可以与自己的就业兴趣相结

合，为自己将要从事的工作做好准备。

4. 加强培养专业拓展能力

专业拓展能力要求大学生具有成本意识、质量意识、市场运作意识，理解本专业的最新技术应用情况，并具有解决问题的能力。若要立足职场，仅仅具有专业操作技能是不够的，还需要具备经济头脑。高职学生的定位是在生产线从事技术或管理工作。因此，专业能力除掌握操作技能外，还要关心企业的生产成本，并能进行市场调查，具备相应的技术改进能力。

（1）成本意识。在企业生产过程中，成本控制是非常主要的环节，成本降低了，企业的效益就会相应提高。大学生在职业生涯中应关注产品在生产过程中的流程是否科学合理，产品设计是否完善，了解节约生产成本的途径，帮助企业节约生产成本。

（2）质量意识。产品或服务质量是企业的生命线，大学生应牢固树立“质量第一”的意识，在日后从事的工作中严把质量关。

（3）市场运作意识。了解产品的市场营销过程，能进行市场调研，根据市场的需要进行生产，为今后从事多个相关的岗位做好准备。

二、学习能力的培养

21世纪是人才竞争的世纪，评判一个人素质的基本标准已转变为是否拥有一定的学习能力。美国著名的未来学家阿尔温·托夫勒指出“未来的文盲不再是不识字的人，而是没有学会怎样学习的人。”学习能力是未来人类应具备的首要本领。从某种意义上来说，学习能力对大学生学习、成长以至就业都至关重要。大学生应从以下几个方面着手，切实提升自身的学习能力。

1. 明确学习目标

拥有坚定且明确的目标是学习能力形成的前提。无论身处何种有利的地位，倘若没有目标，或者只有很渺小的目标，终究是脆弱不堪的。只有心中有一个坚定的、值得为之做出最大努力的目标，才有可能期待自己在精神上和道德上也达到一定的高度。学习是一种艰苦的脑力劳动，需要具有“咬定青山不放松”的钻研精神和坚韧不拔的坚强意志。只有具有一定理想和奋斗目标的人，才能在学习和实践过程中，无论遇到什么困难、挫折都不灰心丧气，不轻易改变自己决定的目标而努力不懈地去学习和奋斗，如此才会有所成就而达到自己的目标。

1983年，美国哈佛大学的霍华德·加德纳（Howard Gardner）教授提出“多元智能理论”，认为人的智商包括冒险智商、创意智商、身体运动智商、视觉空间智商、音乐旋律智商、自然博物智商、智力智商、情绪智商、语言文字智商、自我内省智商、数学逻辑智商和人际关系智商。在众多智能构成中，人往往会有一种误解，认为只要重视语言智能和逻辑数学智能就行了，而忽视其他智能的培养。这是一种片面的看法，从人的智能结构上来讲，也是需要各智能部分协调、全面发展。作为个体，在发挥自己特长智能的同时，还必须补足自己不擅长的智能结构，有意识地从整体上提高自己的智能结构水平。

2. 把握学习规律

高职院校的学习内容广、课程多、难度大。开设的课程可分为必修课、专业选修课和任意选修课三种类型，又可分为公共课、基础课、专业基础课和专业课四个层次，每一层次或类型的课程均由许多门课程综合而成。课程涉及的内容范围广，深度和难度都比较大，意在使学生获得“必需、够用”的专业知识和丰富的知识储备，在思考问题时可以更加全面。因此，大学生必须结合专业特点，根据高职学习规律，调整自己的学习方法等。

（1）高职学生应更加注重自主性学习。在高职院校里，课堂讲授相对较少，自学时间将大量增加，甚至连学什么样的课都要由学生自己决定。同时，学校为学生学习提供了良好的学习环境，如有藏书丰富的图书馆，有设备先进的试验室，还有多样的课外科研、社会实践基地。学校的教学计划还安排了大量的教学试验、实习、社会调查、毕业设计等实践教学环节。这都要求学生能充分利用这些学习条件进行独立学习，大学教师对于学生的作用更多的是引导学生入门，至于修行有多深，主要靠学生自身。大学阶段考试的分数不像高考入学考试时那么重要，重要的是感觉到自身的学习能力提高了多少。

（2）高职学生应更加注重发散性学习。学习重在平时，重在过程。死记硬背的知识减少，灵活应用的知识增加。在学习上要注重学习能力的培养，尤其是思维能力与方式的训练，相当多的学习是在解决问题、进行发明创造的过程中进行的。学习不仅发生在学校，还发生在社会实践和企业顶岗实训的过程中。

（3）高职教育对实际操作能力要求更高。学生要在试验室、实训场进行大量的实践操作，以求得对专业技能的切实掌握。高职教育，不仅要学会理论知识，还要求将理论知识应用于实践，这既是高职教育的重要特征，也是高职学生应该把握的学习规律。

3. 掌握学习方法

科学有效的学习方法不仅有助于在学习中少走弯路，还有利于培养和增强各种学习能力，提高学习效率和学习质量。学习方法是一门科学，因人而异，因不同的学习科目而异，因不同的学习环境而异，因不同的学习手段而异，如理工科专业的学生与文科类专业的学生，在学习方法上就会有差异。

现代科学技术的进步，带来学习手段的变化，相应会产生新的学习方法。每个人都会在学习的过程中形成自己独特的学习方法，但在新的环境中，这些学习方法需要重新组合，以适应大学的学习，见表 2–1。

表 2–1　学习方法

序号	学习方法	学习方法简述
1	整体学习法	从整体出发，把握知识的全部结构和内在联系，使缺乏联系的全部知识在头脑中形成完整的概念，如专业入门课的学习，通过学习，熟悉本专业的概念，掌控专业知识的构成，了解专业发展的方向

续表

序号	学习方法	学习方法简述
2	问题学习法	由教师或学生自己提出问题，学生根据问题寻找有关资料，提出假设，进行试验，以求解决问题的方法。此方法有利于启发学生思考，调动学生的学习兴趣和积极性，培养学生的综合能力
3	发现学习法	经过观察、质疑、联想，运用已有的知识去发现问题、提出问题、解决问题。学会或发现所需要的知识和技能。这种学习方法适用于一些培养创新能力的课程和专业课程的学习，着重于培养创新能力，发现新知识
4	合作学习法	通过两个及以上的个体在一起组成学习或研究小组，从事学习活动，以提高学习效率。协作学习多发生在一些集体项目中，小组成员为了共同的目标而努力，每个人既有自己的专攻，又与别人协作，共同学习
5	比较学习法	通过对所学知识之间的比较，进而确定知识之间的关系和联系，以正确掌握知识。如在学习语言时，可以通过两者之间的比较进行学习

学习能力是决定大学生就业成败的重要因素之一。掌握正确的学习方法往往可以起到事半功倍的效果。“学有其法，学无定法，贵在得法”，不同的人会有不同的学习方法。因此，最好的学习方法是适合自己的方法。

4. 学会独立学习

独立学习能力，通常来说，是指传统意义上的自学能力。“授人以鱼不如授人以渔”，仅仅学会大学教师教给的东西是远远不够的，重要的是学会学习的方法，为今后自学打下基础。大学生可以通过以下方面培养自己独立学习的能力。

（1）学会自我激发学习动力，包括产生强烈的求知欲，自己确立学习目标，制定具体的、能够完成的学习目标，在学习中体验成功。

（2）充分了解自身的条件，如通过学业考试了解自己对知识、技能的掌握情况；通过心理测试了解自己的智力发展水平、学习风格、个性特征、情感特征等。

（3）掌握学习策略，对自身的学习活动进行自我监控。经常对自己的学习能力进行自我意识、自我规划、自我管理和效益效果等方面的评价。

（4）善于从各种渠道获取信息，如学会利用图书馆、使用工具书、查阅文献资料，并善于做学习笔记、积累和整理资料，对所学知识进行分析、归纳和总结，以及学会运用多媒体、网络、主要软件工具等。

（5）与教师、同学共同探讨学习方法，交换学习材料，交流学习经验和体会，并在必要的情况下接受他人的帮助。

自主学习能力的培养和发展，主要是通过学习者自身来实现。教师在这一过程中起指导、辅导、顾问、合作、帮助的作用。大学生要学会对自己的学习负责，只有对自己学习负责的人才能进行有效的自主学习。

三、沟通能力的培养

沟通能力是人才素质的重要组成部分。沟通能力包括争辩能力、倾听能力、设计能力、表达能力。在职场上，各行各业都需要沟通能力，因此，大学生可以从以下方面培养自己的沟通能力。

1. 明晰目标

明晰目标要求沟通行为达到的预期效果，任何预期的交流效果、沟通目标都应该以沟通双方都有收获为前提。一次沟通对应一个目标，沟通目标的表达应简明扼要、明确边界，切勿漫无目的、层次模糊。

2. 合理表达

合理表达要求大学生以语言或其他方式展现自己的思想感情，这是交流情感、科学技术思想的工具。人们在日常学习、工作、生活中，运用准确、得体、生动的口语表达策略，不注意合理表达，再好的见解和想法，也无济于事。

根据行为方式的不同，沟通过程中的表达方式可以分为语言表达和非语言表达两类。语言表达包括书面语言、口头语言等。非语言表达包括眼神、面部表情、手势等。在日常交流中，非语言表达也是人际沟通中的重要形式。

3. 有效提问

评价一个人是不是合理表达的表现，本质上是判断对方提问的方式是否能让双方都能接受。有效提问是指提出的问题能使人产生一种怀疑、困惑、焦虑、探索的心理状态，这种心理又驱使个体积极思维，不断提出问题和解决问题。

4. 积极倾听

积极倾听属于沟通能力的必要部分，主要是指听取沟通对方表达的内容，不仅能让对方敞开心扉，坦率直言，也能确保理解对方所陈述的内容。积极倾听要求当事人具有专注、诚恳、细心的态度，掌握积极倾听的技巧，准确地理解对方的真实意图。

四、信息能力的培养

信息技术的迅猛发展让我们迈入了信息时代。有人说，工业经济的标志是标准化，知识经济的标志是信息化。在这个信息大爆炸的时代，谁拥有了信息，谁就拥有了财富和发展机会，谁就可能是赢家。因此，信息能力成为我们生存的基本能力之一，也是终身学习最重要的工具。

信息能力是指能够判断什么时候需要信息，懂得如何去获取信息，懂得如何去评价和有效利用所需信息的能力。高职学生的信息能力包括的内容如下。

1. 熟练掌握信息工具的能力

熟练掌握各种信息工具，特别是网络传播工具应用的能力和熟练使用英语语言工具的能力。随着全球信息生产垄断性的特征不断显现，英语语言工具在信息时代显得尤为重要。一方面，全球 80% 的研究和开发成果来自发达国家；另一方面，互联网上的图文资料绝大多数都采用英语，英语是当今最通用的商务语言和科技用语，国际电子通信中 90% 以上都使用英语。

2. 迅速准确获取信息的能力

根据工作学习目标或者科学研究方向，能够正确地选择信息源，迅速获取所需信息的能力。除传统的对图书、期刊、杂志等纸质文献的检索外，还能够利用互联网上的信息检索服务。

3. 科学有效处理信息的能力

对收集到的信息，经过集中筛选、综合分析、分类归纳、抽象概括等加工处理的能力。当前，信息的产量剧增而质量下降，只有对其进行“去其糟粕、取其精华”的加工处理，才能生成更为有效的信息。

4. 创造性地利用信息的能力

在多重收集信息的基础上，通过思考和理解，迸发出创造性思维的火花，升华为知识和智慧，产生出新信息的生长点，进而解决实际问题，发挥信息的最大社会效益和经济效益的能力。信息利用是信息收集的终极目的，是信息的升华与转化过程。

5. 抵御污染信息的免疫能力

预防、控制和消除那些虚假、失效、冗余、过剩、骚扰、有害信息的污染的能力。现代社会是信息全球化社会，信息在给人们带来机遇和财富的同时，也带来信息污染。大学生要树立正确的世界观、人生观和价值观，提高甄别能力、自律能力和调节能力。

五、团队合作能力的培养

现代企业的生产、管理等运作方式，要求员工具有较强的团队合作能力，在团队中注重合作与协调。这是一个集体英雄主义的时代，谁能将这一理念理解透彻并付诸行动，谁就可能先人一步成为赢家。合作能力在公司用人招聘中也越来越受到重视。

合作能力的培养更多是通过实践活动来进行。高职学生在校读书期间应积极主动参与各项集体活动，加强团队意识，培养自己的合作能力。在团队合作活动中，可以通过以下方面提升团队合作能力。

1. 包容团队成员

团队成员经常需要一起讨论问题，倘若团队成员固执己见，无法倾听他人的建议，或者不能与他人达成统一意见，团队的工作就不能开展下去。因此，团队中的成员一定要具有宽容的心态，学会倾听，讨论问题对事不对人，即使团队中的成员犯了错误，也要抱有宽容的心态，帮助对方改正错误。

2. 了解团队成员

团队合作强调的是合作的工作，因此团队的工作气氛是十分重要的，它直接影响团队的合作能力。作为团队中的成员，每个人应结合自身的能力，相互合作，打造出一个优秀的团队。如果团队中的成员能主动发现各自的专长，那么团队的合作也会变得十分顺畅，工作效率也会随之提高。

3. 取得理解支持

要让自己的工作得到团队成员的理解支持，除了在工作中要互相鼓励和支持，还应尽量与团队成员打成一片，融入大家的日常生活。要让大家不仅成为工作中的好同事，也能成为生活中的好朋友。

4. 保持谦虚品质

所有人都不会喜欢团队中骄傲自大的人，团队中的每个成员都或多或少有自己的专长和优点，应具有一双发现他人闪光点的慧眼。因此，必须保持足够的谦虚。

5. 懂得共享资源

团队作为一个有机的整体，需要的是整体的综合能力。无论一个人的能力有多强，个人能力没有充分融入团队中，势必会给整个团队带来不好的结果。资源共享作为团队合作工作中必不可少的一部分，可以有效衡量团队的凝聚力和合作的能力。因此，需要懂得共享资源，这是保持团队合作稳步发展的基础。

典型案例 2-1

案例背景：

《西游记》是我们耳熟能详的四大名著之一，唐僧师徒西天取经，历经九九八十一难，最终修成正果的经历，令我们后人啧啧称奇。唐僧师徒四人分别扮演着德者、能者、智者、劳者四个角色，是团队合作的经典范例。

德者居上。唐僧具备三大领导素质：第一，目标明确，确定愿景；第二，口念紧箍咒，以权制人；第三，以情感人，以德化人。领导一定要学会进行情感投资，要多与下属交流、沟通，关心其衣食住行，营造和谐融洽的团队氛围。

能者居前。孙悟空可称得上是领导最喜欢的职业经理人，他有个性、有想法、执行力强，也很敬业、重感情，懂得知恩图报，是非常优秀的人才。

智者在侧。之所以说猪八戒是智者，完全是站在当今社会的角度。当今社会，任何行业的从业人员都要具备自己的生存哲学，才能在一定的工作压力下保持乐天、乐观的处世之态。对于一个团队来说，这样的成员也能充当团队的“润滑剂”和“外交官”，保持团队内部与外部的融洽与和谐。

劳者居下。沙僧是很好的团队“管家”，他会站在孙悟空的立场说服唐僧，也会站在唐僧的立场劝说孙悟空，他是团队中最吃苦耐劳的人，对团队也是尽心尽责。

案例分析：

唐僧师徒三人之所以能取得成功，关键在于唐僧挑选出了适合的团队成员，各个团队成员优势互补，每个人都能发挥自己的价值，为实现共同的目标而奋斗。

六、创新能力的培养

人们对付当今世界性问题和挑战的能力，归根到底取决于人们能够激发和调动创造力的能力。以新颖的创造能力去解决问题，才能获得更多用人单位的重视，为用人单位做出更大的贡献。因此，可以通过以下方面巩固对创新能力的培养。

1. 开设创新课程，培养创新意识

高职院校根据创新人才培养的需要和学生创新思维和技能提高的需求，开设专门的创新课程，把创造性思维的规律很好地总结并有意识地传授给学生，帮助学生在创新的道路上越走越远。一方面，应有重点地教授学生最基本的创新策划内容，例如，选取课题、提炼观点、谋划布局、论文指导等。另一方面，有意识地布置创新题目，对学生进行基本训练，培养创新意识，使学生初步具有科研的方法。

2. 解放学生思维，增强创新意识

创新要做到真正意义上的超越，需要解放学生的思维。从小学开始，学生获取知识的方式仅仅是教师单向灌输，没有自己独立的思考空间。在这样的思维束缚下，大学生很难具有创新意识。因此，增强创新意识需要解放学生思维，善于发现问题、提出问题、打破约束。

3. 挖掘自身兴趣，善于创新思考

杰出的科学家之所以能源源不断地有新成就，在于他们有永不枯竭的兴趣，并不断研究它。由此看来，新发明、新发现和发明家的思维习惯、学习精神是分不开的，这要求我们摒弃社会中的不正之风，挖掘自身的兴趣，善于逆向考虑问题的症结，此外，科学的态度也很重要，这需要我们在创新思考的同时，也要聚精会神，真正考虑到深层次的问题。

4. 理论指导实践，实践引领创新

实践是检验真理的唯一标准，是运用学习到的理论知识的唯一途径，也是创新的源头。创新能力培养离不开实践，而是在不断地解决实践问题的过程中锻炼培养的。高职院校必须树立明确的实践意识，加强实践教学，在巩固理论知识的条件下，用实践作为创新的引路人，培养大学生的创新能力，构建现代高等教育人才培养的基石。

七、管理能力的培养

管理能力的水平高低，已经成为一项工作、一个单位工作好坏的重要因素。大学生毕业后不可能所有人都能走上领导岗位并从事管理工作，但每个人在将来的工作中都会不同程度地运用到管理能力。在对毕业生就业工作的跟踪调研过程中发现，学生党员和学生干部已成为用人单位选聘毕业生的首选，这表明用人单位对毕业生的管理能力是十分看重的。管理能力主要体现在以下几个方面。

1. 管理自己

切实有效地管理时间，设置目标和标准，为自己的学习承担责任，主动有目的的学习，运用专业技能，开发和改进学习策略，在不同的环境中学习，制订面向长期目的和目标的计划，反省自身的不足，在实践中促进管理能力的不断提高。

2. 管理他人

尊重他人观点和价值，在合作环境中有效工作，适应群体要求，说明观点或行动，发挥带头作用领导他人，委派任务，协商工作，提供建设性意见，担当重要角色，在合作环境中学习和帮助他人。

3. 管理信息

运用恰当的信息资源、技术及媒体，有效掌握各种信息和资料，在活动中使用合适的语言形式，解释不同类别的信息，提供有说服力的观念，对不同的观念快速做出反应，有目的地筛选出有用的信息，以革新或创新的方法使用信息。

4. 管理任务

确认任务中的关键特征，把问题明确化，提出应坚持的重点，进行决策性判断，将任务分解成若干子任务，开发利用合适的策略并付诸行动，最后对结果进行评价。

八、职业适应能力的培养

职业适应能力，是指大学生有效地应付和顺应职业环境，使个体内部及个体与职业环境之间保持平衡与协调的一种状态。职业适应有两种类型：一种是消极适应型；另一种是积极适应型。前者是指个体通过调整自己的态度和改变自己的行为以适应职业环境的要求；后者是指尽最大可能去改变环境使之适合自己的发展需要。作为大学生，走入社会后首先是适应这个职业，然后才能在职业中更好地发展自己。随着国际化、市场化进程的不断深入，国际竞争、企业之间竞争、个人之间职业岗位的竞争日趋残酷，职业适应能力的价值日益凸显。职业适应能力主要包括表达能力、人际交往能力、自我展示能力和自立能力，是个体实现社会化的必备能力。

1. 表达能力

运用语言阐明自己的观点、意见或思想的能力，包括书面表达能力和口头表达能力。在职业生活中，个体需要与他人进行有效的沟通，良好的口头表达能力和书面表达能力是最基本的前提。普通话是口头表达的标准语言，每个人都应能流利地、有条理地、准确地将自己的想法表述出来，如面试时自我介绍。书面表达要求能将事实或思想用逻辑性很强的结构表达出来，用词贴切，如自荐信、工作报告等。

2. 人际交往能力

妥善处理组织内外关系的能力，包括与周围环境建立广泛联系和对外界信息的吸收、转化能力，以及正确处理上下左右关系的能力。人际交往能力是大学生踏入社会的第一张证书，从找工作面试开始，这一张证书将伴随自己的一生，决定着自己职业生涯的成败。

3. 自我展示能力

在求职过程中，展示自我；在工作中，展示自我。通过展示，给自己更多的发展机会。我们的传统总是讲究谦虚，但在今天的市场经济社会，过于谦虚不是一种美德，因此，大学生要学会充分表现自我。

4. 自立能力

在生活上自立，在工作中具有一定的独立性，能独立做决策，独立解决问题。

第三节　大学生正确的就业观

事实上，对于大多数人来说，理想就业状态与实际就业状态都会存在一些差距。造成这些差距的原因，可能是大学生自身的能力与素质还未达到理想职业的要求，可能是大学生对理想职业的期望值过高，也可能是行业竞争、行业发展所致。因此，为了更好地进入职场，适应职场，大学生必须树立正确的就业观。

就业观在择业过程中起着基础性和全面性的作用。正确的就业观念，必须符合大学生择业的基本原则，使个人愿望与社会需求相结合，并做统筹的考虑。正确、科学的就业观能够帮助大学生摆正心态，有利于大学生更好地实现角色转变。

一、传统观念对就业观的影响

我国高等教育已步入大众化教育阶段，但受传统观念的影响，大学生的就业观念尚未及时转变过来，就业期望值普遍偏高。

大学毕业生就业首先考虑的因素仍然是经济收入。对薪资期望普遍偏高，片面追求高层次岗位，不愿从事基层且艰苦的工作。在就业地区的选择上，普遍希望留在发达的大中城市，而不愿意到急需人才的二、三线城市或欠发达的地区工作。“铁饭碗”观念依然存在，在就业范围的选择上仍抱着老观念——求稳定，认为就业就是到国家机关、事业单位、国有企业工作；而认为到私营企业等非国有单位就业就不稳定、不可靠。过分强调专业对口，专业对口是计划经济时代国家按照毕业生所学专业对口分配就业的思想。目前，在大多数专业人才供大于求的形势下，高职学生再片面强调专业对口就会无形中限制自身的就业空间。

大学生主动就业意识淡薄，依赖性强。有“等”“靠”等思想，即依靠家长亲朋帮忙，等待工作能找上门。还有一些大学生不愿意到基层岗位、艰苦地区和艰苦行业就业。存在盲目从众心理，不少大学生缺乏社会实践的锻炼，在众多的矛盾面前不知所措，别人怎么做自己也就怎么做，完全不对行业、单位和岗位进行客观的认识和评价。从我国私营个体经济的发展来看，早期的创业者中低知识层次者较多，以致一度出现了“知识贬值”的感叹。虽然当前知识型人才的创业已开始出现并逐步增多，但仍只是“小荷初露”，大学生的创业意识仍有待进一步增强。

二、新的社会环境对就业观的影响

我国正处在经济变革的历史时期，社会规范、价值标准呈多元化倾向，学生在实现其社会化的过程中感到迷惘、无所适从，甚至个别学生出现强烈的挫折感和失败感，无法适应，以致出现严重的心理问题。导致这种现象很重要的原因是大学生的就业观问题。不切实际的就业观使大学生在社会化过程中不能领会自己未来在社会结构中的地位，不能理解、遵从社会对这一地位的角色期待。但是毕业生就业观的形成不是一朝一夕的事情，它受个体社会化过程中的外界影响因素很大。因此，必须对影响毕业生就业观的环境加以分析，帮助毕业生形成科学的就业观。

目前，许多学校都增加了对学生就业的相关教育内容。多数学生从大学一年级开始，就要接受有计划的职业生涯规划教育。一方面，帮助和鼓励学生形成科学、合理的就业观；另一方面，使学生在学习的过程中能够深入了解社会，对就业有强烈的明确性和目的性。中国现行的教育体制下的学生，从小学到大学参与社会实践相对较少，很多对社会的认识要到工作岗位上逐渐学习。对于当前就业压力较大的形势而言，学校在学生读大学期间应有计划、有意识地培养其对社会有一些初步的了解。有些学生虽然完成了大学教育，掌握了许多专业知识，却缺少最基本的与人沟通的能力与技巧。因此，学校不仅影响着学生的就业观，还承担着学生社会角色的培养职能。

大众传播媒介对高职学生就业观的影响作用也日趋重要，在当今社会，科技经济迅速发展，互联网可以实现信息在瞬间共享。作为大众传播媒介，不仅本身的舆论导向会对高职学生就业观产生影响，它还可以为就业创造一个宽松的信息平台。例如，媒体对成功创业的高职毕业生的宣传与鼓励，可以增强学生的创业信心；媒体对下基层毕业生实现自我价值的宣传与鼓励，就会促使学生到基层去实现自己的人生价值。

三、大学生就业理念存在的问题

1. 社会有效需求赶不上毕业生增长速度

近年来，我国社会经济发展保持良好、高速的经济增长态势，每年都有大量的就业岗位需求。但毕业生人数的年年增长，使市场很难有效吸收，也就是说，毕业生的就业不足。根据西方一些国家在由精英教育向大众化教育转变过程中的经验和特点来看，大学生毕业后 1～5 年内就业人数比较少一些，失业率相对高一些，有时甚至高于社会平均失业率，但是总体上受过高等教育的人的就业率要高于社会的平均就业率，而且待遇高于社会中其他没有受过高等教育的人。

2. 大学生普遍缺乏职业生涯规划

西方发达国家教育普遍重视学生职业生涯的规划教育，甚至从中小学阶段就开始开设职业规划辅导课程与相关的咨询服务。而在我国，绝大多数学生在进入大学之前所受到的职业辅导几乎为零。进入高等教育阶段，尽管学校逐渐开始重视职业生涯辅导，但从事这项教育工作的专业人员十分缺乏，行业不成熟，而且很多大学生自身也不够重视，并没有达到教育部门提出的大学生职业教育“全程化、全员化、专业化、信息化”的要求。很多毕业生求职应聘时出现了对自己和市场环境认知不到位、就业期望不理想、就业目标不明确、就业决策不合理等问题，影响了就业的成功率和质量。

3.“高不成、低不就”的就业尴尬

毕业生的求职观念和心理状态对就业存在着很大影响。当前不少毕业生还停留在计划经济和精英化教育的时代，认不清形势，过高地估计了自己的优势，缺乏对自我的客观、科学的认识，对就业的工作领域、经济待遇、环境条件等方面的期望值居高不下，择业目标与社会需求和自身能力形成巨大反差，出现“高不成、低不就”的尴尬局面，对其顺利就业造成了极大的阻碍。有些毕业生一味追求热门行业，如IT行业、金融机构、政府机关等；有的毕业生在求职时只选择一个行业，对相关行业根本不考虑；有的毕业生不愿意到基层、落后地区、低待遇单位、小企业，特别是乡镇和私营企业工作，长期“扎堆”在大城市，在各种招聘会上奔波，毫无目标地等待。有的毕业生则一味追求高工资和高待遇，不惜浪费大量的时间和金钱在全国范围内的招聘会上寻找目标。

4. 大学生的就业结构不平衡

由于在就业区域选择上存在着偏好，大学生就业结构总体上不平衡，突出表现为大学生求职时出现的“三多三少”状况，即东部多、西部少，城市多、农村少，外企多、私企少的现象。大学生即便在大城市里找不到工作，也不愿到西部、农村去，因而大学生就业状况表现出地理上的不平衡性。由于买方市场的逐步形成，长短线的矛盾一时难以根本解决，不同学科专业、不同学历层次，甚至不同性别之间的就业都存在明显的差异，表现为结构性失衡。男性、重点高校、本科以上学历和理工科毕业生相对其他毕业生较容易找到工作。

5. 部分大学生的能力素质不够

毕业生的能力素质与用人单位的需求也存在较大差距，这加大了毕业生就业的难度。现在用人单位对高校毕业生的敬业精神、职业道德、学习能力、应变能力等方面都提出了越来越高的要求，不仅要求毕业生诚实守信、勤奋敬业，还要求他们具有开拓创新意识和团队合作精神。此外，良好的心理素质、沟通协调能力、社会适应能力也是用人单位考虑的主要方面。用人单位重视应聘人员的人品和综合素质，对专业的要求有时反而淡化。因此，那些综合素质好、学习适应能力强、具有创新精神和一专多能的毕业生越来越受欢迎。

据调查，在困扰大学生求职的因素中，企业人士和大学生都认为“对企业岗位专业知识缺乏了解、能力不足”是影响求职就业的最主要因素。大学生在认知、技能层面上和企业的用人标准有差距，在企业给大学生的建议中，“眼高手低”是企业最为诟病的一个缺点。

6.“人才高消费”现象比较普遍

近年来，随着大批高校毕业生走出校门，社会对人才的需求量逐渐呈“供大于求”的状态，人才市场上出现“人才高消费”倾向。不少单位聘用人才不是根据自身需要，而是相互攀比，竞相以高文凭、高学历为条件，使毕业生大材小用、用非所学、用非所长。人才市场形成了“博硕多多益善，本科等等再看，大专看都不看，中专靠一边站”的畸形局面。有的单位招聘幼儿园教师、博物馆解说员也要博士生，甚至招聘门卫、擦鞋工、清洁工也非要本科及以上学历。“人才高消费”还导致人才与职位的错位，反而降低了劳动生产率。不少毕业生是迫于生计而屈才低就，采取“先就业再择业的方式”，一旦找到好单位立即跳槽，不利于企业的稳定和发展。高学历者低就，造成低学历者失去合理竞争工作岗位的权利，使适合他们的工作岗位大量流失，加剧了就业市场的压力。

四、高职学生就业理念存在的问题

从高职学生自身来看，部分高职学生就业前思想准备不够，缺乏正确的就业观，表现出种种与社会客观实际不合拍的现象。

1. 定位缺乏理性思考

有些高职学生就业前关起门来，自我设计自己，过高地估计自己的实力，总认为自己有专业知识，学业上有一技之长，不愁找不到合适的岗位，却忽视了社会的需求性与现实性。具体表现为自己获得了工作岗位后，并不十分珍惜，在岗位上不是脚踏实地地工作，而是左顾右盼，“吃着碗里的，看着锅里的”“这山望着那山高”，时时刻刻寻找“跳槽”的机会。

2. 过分强调专业对口

有些高职学生对自己所学的专业情有独钟，认为自己的父母掏兜拿钱，全力以赴地供养自己上了这个学校，就是为了学这门专业，狭隘地认为工作必须与所学的专业对口，过分地强调学以致用。具体表现为寻找职业优先考虑是否与所学专业对口，专业不对口就觉得不理想、不踏实，上岗缺乏干劲，有投错“门”的感觉。

3. 期望不合时宜

有些高职学生由于就业前接触社会太少，认为自己有知识、有能力、懂技术，就业观明显表现为热衷于寻找比较稳定的、经济收入较高的、地域条件较好的、环境舒适的“实惠”职业，极不情愿选择到那些条件比较艰苦、地域比较偏僻、信息比较闭塞、交通不便利的地方去创业和工作。

4. 安于舒适、不愿吃苦

有些高职学生由于出生在比较富裕的家庭，家庭经济收入比较稳定，因而社会交际面相对比较广，有一定的社会基础。学生本人在社会上经风沐雨的机会少，在意志上往往表现出脆弱、胆怯等特点，在行动上往往表现出遇上舒适、优越的岗位就乐意去就业，遇上艰苦、单调、劳力的岗位就打退堂鼓，宁肯待业，也不愿意去就业。

5. 心境浮躁、行动盲从

有些高职学生入校时成绩平平，在修业中虽然拼搏努力，但专业上并不突出。经过三

年的高职生活，虽然具备一些特长，但有些华而不实。因此，当他们步入社会，寻求职业时，心境浮躁，压力大，危机感加重，一时不知所措。

五、树立正确的就业观

1. 转变就业观念

近年来，面临日益严峻的就业形势，大学生的就业观念必须适应市场对劳动力的需求。现在我们越来越清醒地认识到就业市场的竞争压力，大学生们的期望值在适时地做调整，比如对收入的预期越来越现实，不再一味要求高薪、高福利了，也不计较单位是何种性质了。很多大学生每逢招聘会都去参加，每次参加招聘会，都会切合实际地调整就业目标和心理预期。大学生应该适应形势，改变就业观念，以后的路还很长，树立“先就业，后择业”的心态，抱定“可以到任何地方工作”的信念，求职道路就会越来越通畅，自己也就会主动去适应就业市场的需求。思路带来出路，“先就业、再择业”是当代大学生就业观念转变后出现的一个新趋势。在人才流动加快的今天，个人在就业上选择的余地也很大，对于急需就业的毕业生来说，把这个选择的时机留给将来是比较现实的。

2. 提升个人素质

有文凭不代表就一定有水平，有学历不一定有能力。大学毕业，只能说明具备了一定的学习能力和专业理论知识，并不能说明一定就是人才，一定能够被社会接受。社会是大课堂，对大学毕业生来说，要能够适应社会，把课本上所学的东西运用到实践中，还有许多事情要做，还有一个再学习的过程。即使是毕业时找到了一份比较理想的工作，如果工作中好高骛远、自以为是，不注重知识的更新、吃老本，用不了多长时间，同样会被社会所淘汰。即使所从事的不是本专业的工作，只要埋下头来，坚持向书本学、向实践学、向身边的同事学，同样可以干出一番事业，得到社会认可。因此，对大学毕业生来说，从事什么工作并不重要，重要的是要树立终身学习的理念，充分利用 8 小时外的时间，坚持边工作、边学习、边提高。这才是成功就业择业的关键。

二十大速递

强化现代化建设人才支撑

国家发展靠人才，民族振兴靠人才。在全面建设社会主义现代化国家新征程中，我们比历史上任何时期都更接近、更有信心和能力实现中华民族伟大复兴的目标，也比历史上任何时期都更加渴求人才。党的二十大报告鲜明提出“强化现代化建设人才支撑”，并对深入实施新时代人才强国战略做出全面部署。这是以习近平同志为核心的党中央从统筹中华民族伟大复兴战略全局和世界百年未有之大变局的战略高度，对加快建设人才强国做出的战略谋划，对于全面建设社会主义现代化国家、实现中华民族伟大复兴的中国梦，具有重大的现实意义和深远的历史意义。

1. 充分认识人才在全面建设社会主义现代化国家中的基础性、战略性支撑作用

功以才成，业由才广。古往今来，人才都是富国之本、兴邦大计。党和人民事业要不断发展，就要聚天下英才而用之。我们党始终重视培养人才、团结人才、引领人才、成就人才，团结和支持各方面人才为党和人民事业建功立业。党的十八大以来，以习近平同志为核心的党中央深刻把握世界大势和发展规律，准确判断我国发展阶段和历史方位，突出强调人才是第一资源，做出全方位培养、引进、使用人才的重大部署，有力地推动了人才队伍快速壮大、人才效能持续增强、人才比较优势稳步增强，为党和国家事业取得历史性成就、发生历史性变革提供了强有力的人才支撑。党的二十大报告立足全局、面向未来，深刻指出："培养造就大批德才兼备的高素质人才，是国家和民族长远发展大计。"我们必须充分认识强化现代化建设人才支撑的极端重要性。

（1）人才是创新的根本。创新是第一动力，是推动国家和民族向前发展的重要力量，在我国现代化建设全局中处于核心地位。习近平总书记深刻指出：中国"强起来要靠创新，创新要靠人才"，"创新的根本在人才"。人才资源作为创新活动中最为活跃、最为积极的因素，对于建设创新型国家具有重要支撑作用。10 年来，我国基础研究和原始创新不断加强，一些关键核心技术实现突破，战略性新兴产业发展壮大，载人航天、探月探火、深海深地探测、超级计算机、卫星导航、量子信息、核电技术、新能源技术、大飞机制造、生物医药等取得重大成果，进入创新型国家行列。这一系列成果都取决于人才队伍的不断壮大和创新作用的有效发挥。世界知识产权组织发布的全球创新指数显示，我国排名从 2012 年的第 34 位快速上升到 2022 年的第 11 位。据统计，我国 2021 年研发人员的总量是 2012 年的 1.7 倍，居世界首位。实践充分证明，广大人才在国家创新发展中发挥了重要作用。当前，新一轮科技革命和产业变革深入发展，我国社会主义现代化进程深入推进，人才的决定性作用进一步凸显。因此，必须更加重视人才，更多地培养造就高水平创新人才，并激发他们的创新创造活力，以更好地为我国实现高水平科技自立自强、进入创新型国家前列提供坚强的人才支撑。

（2）人才是推动经济社会发展的战略性资源。建设社会主义现代化国家是我国经济社会发展一以贯之的主题。全面建成社会主义现代化强国，必须坚持推动经济社会高质量发展。习近平总书记深刻指出："人才越来越成为推动经济社会发展的战略性资源"，"人才资源作为经济社会发展第一资源的特征和作用更加明显"。我国现代化建设的生动实践，也充分证明了人才是经济社会发展的重要引领力量，是国家民族事业发展的支撑性力量。在实现中国梦"关键一程"上，人才服务决战脱贫攻坚、决胜全面建成小康社会、推动区域协调发展等国家重大战略和重大工作卓有成效，对经济社会发展的贡献逐年提升，对推动高质量发展发挥了重要作用。立足新发展阶段、贯彻新发展理念、构建新发展格局、推动高质量发展，必须从战略高度深刻认识人才在经济社会发展中的重要作用，大力促进人才事业与经济社会发展深度融合，有效发挥人才资源对经济社会高质量发展的支撑作用。

（3）人才竞争是综合国力竞争的核心。习近平总书记深刻指出："人才是衡量一个国家综合国力的重要指标"，"人才竞争已经成为综合国力竞争的核心"。综合国力竞争归根到底是人才竞争。哪个国家拥有人才上的优势，哪个国家最后就会拥有实力上的优势。社会主义现代化强国是综合国力和国际影响力领先的国家，也必然是具有人才竞争优势的国家。当今世界，在综合国力竞争中，围绕科技制高点和高端人才的竞争空前激烈。世界各国竞相将增强人才竞争优势上升为国家战略，构建国家核心竞争力。目前，我国已经发展成为全球规模最宏大、门类最齐全的人才资源大国。源源不断的人才资源是我国在激烈的国际竞争中的重要潜在力量和后发优势。由人才大国迈向人才强国，必须切实提高对人才竞争在综合国力竞争中决定性作用的认识，充分开发利用国内国际人才资源，努力培养引进使用更多优秀人才，加快建立人才资源竞争优势，以进一步在国际竞争中赢得优势、赢得主动、赢得未来。

2. 全面把握新时代人才强国的丰富内涵

党的二十大报告提出："到21世纪中叶，把我国建设成为综合国力和国际影响力领先的社会主义现代化强国。"同时提出，要加快建设制造强国、质量强国、航天强国、交通强国、网络强国、农业强国、海洋强国、贸易强国、教育强国、科技强国、文化强国、体育强国等，这些都离不开人才强国的支撑。党的十八大以来，习近平总书记以马克思主义政治家、思想家、战略家的深远战略思维、宏阔全球视野、强烈历史担当，把人才强国摆在治国理政的重要位置，亲自关怀、亲自谋划、亲自部署、亲自推动，提出了一系列新理念、新战略、新举措，全面系统深刻地回答了为什么建设人才强国、什么是人才强国、怎样建设人才强国的重大理论和实践问题，深化了对人才事业发展的规律性认识，为加快建设人才强国提供了强大思想武器。党的二十大报告进一步从战略全局的高度对加快建设人才强国提出了新的要求，做出了新的部署。我们要全面系统地认真学习、深刻领会。

（1）坚持党对人才工作的全面领导。这是做好人才工作的根本保证，为加快人才强国建设提供了政治保证和组织保障。坚持党对人才工作的全面领导，是我国人才体系的鲜明政治优势，也是建设人才强国的"纲"和"本"。必须坚持党管人才原则，党要领导实施人才强国战略、推进高水平科技自立自强，加强对人才工作的政治引领，全方位支持人才、帮助人才，千方百计造就人才、成就人才。

（2）坚持人才引领发展的战略地位。这是做好人才工作的重大战略，把人才的重要地位提高到了战略高度。坚持人才引领发展，就是要坚持人才引领驱动，突出人才在国家创新发展中的重要作用。必须把人才资源开发放在最优先位置，加大人才工作投入，在创新实践中发现人才、在创新活动中培养人才、在创新事业中凝聚人才，加快建设国家战略人才力量，着力夯实创新发展人才基础。

（3）坚持面向世界科技前沿、面向经济主战场、面向国家重大需求、面向人民生命健康。这是做好人才工作的目标方向，阐明了我国人才工作的坐标。"四个面向"从国家和人民的利益出发，聚焦新时代重点用才领域，明确了广大人才科研报国的方向。

必须紧跟世界科技发展大势，对标世界一流水平，根据国家发展急迫需要和长远需求，加强前瞻性思考、全局性谋划、战略性布局、整体性推进，实现人才队伍规模、结构、质量、效益、安全相统一。

（4）坚持全方位培养用好人才。这是做好人才工作的重点任务，指明了新时代人才工作的战略重点。培养是基础、用好是目的，二者相辅相成、有机统一，确保了广开进贤之路、广纳天下英才。必须坚定人才培养自信，造就一流科技领军人才和创新团队，培养具有国际竞争力的青年科技人才后备军，用好用活各类人才，大胆使用青年人才，放开视野选人才、不拘一格用人才。

（5）坚持深化人才发展体制机制改革。这是做好人才工作的重要保障，为释放我国人才创新创造活力提供了基础条件。改革出动力、改革增活力，最终也要靠改革构筑我国人才制度优势。必须破除人才发展体制机制障碍，把我国制度优势转化为人才优势、科技竞争优势，加快形成有利于人才成长的培养机制、有利于人尽其才的使用机制、有利于人才各展其能的激励机制、有利于人才脱颖而出的竞争机制。

（6）坚持聚天下英才而用之。这是做好人才工作的基本要求，体现了我们党在坚定不移推进民族复兴大业中宏阔的人才视野和战略眼光。中国发展需要世界人才的参与，中国发展也为世界人才提供机遇。必须着眼高精尖缺，坚持需求导向，用好全球创新资源，精准引进急需紧缺人才，加快建设世界重要人才中心和创新高地。

（7）坚持营造识才爱才敬才用才的环境。这是做好人才工作的社会条件，明确了营造良好环境的着力点。环境好，则人才聚、事业兴。要把营造识才爱才敬才用才的环境作为重要前提，助推人才成长成才、发挥作用。必须积极营造尊重人才、求贤若渴的社会环境，公正平等、竞争择优的制度环境，鼓励创新、宽容失败的工作环境，待遇适当、保障有力的生活环境，为人才心无旁骛钻研业务创造良好条件。

（8）坚持弘扬科学家精神。这是做好人才工作的精神引领和思想保证，为广大人才建功新时代注入了强大精神动力。只有弘扬科学家精神，才能激励各类人才投身建设社会主义现代化国家的伟大事业中。必须大力弘扬胸怀祖国、服务人民的爱国精神，勇攀高峰、敢为人先的创新精神，追求真理、严谨治学的求实精神，淡泊名利、潜心研究的奉献精神，集智攻关、团结协作的协同精神，甘为人梯、奖掖后学的育人精神，教育引导各类人才矢志爱国奋斗、锐意开拓创新。

3. 深入实施新时代人才强国战略

深入实施新时代人才强国战略，是我国社会主义现代化建设的必然选择。党的二十大报告紧紧围绕全面建设社会主义现代化国家，深刻把握我国经济社会高质量发展需要和国际人才竞争新态势，第一次在党代会报告中将人才强国战略与科教兴国战略、创新驱动发展战略进行集中论述，并做出专题部署。这是在更高起点、更高层次、更高目标上对人才强国做出的顶层设计，为加快建设人才强国锚定了新坐标、树立了新标杆、描绘了新愿景。我们必须站在新的历史起点上，以更高的标准、更大的力度、更实的举措，把新时代人才强国战略的各项任务落到实处。

（1）坚持党管人才原则，引导广大人才爱党报国、敬业奉献、服务人民。聚天下英才而用之，关键是要坚持党管人才原则。只有在党的领导下，培养造就大批德才兼备的高素质人才，才能确保人才强国建设沿着正确的方向前进。要加强党对人才工作的全面领导，管宏观、管政策、管协调、管服务，为人才“保驾护航”，搭建干事创业的平台。要坚持尊重劳动、尊重知识、尊重人才、尊重创造，实施更加积极、更加开放、更加有效的人才政策，做到人尽其才、才尽其用、用有所成。要教育引导广大人才弘扬科学家精神，服务国家、造福人民、开拓创新，把论文写在祖国大地上，把科技成果应用在实现社会主义现代化的伟大事业中。

（2）完善人才战略布局，建设规模宏大、结构合理、素质优良的人才队伍。建设一支宏大的高素质人才队伍，是全面建设社会主义现代化国家的基础。要紧扣科教兴国、创新驱动发展等国家重大战略需求，把人才集聚和重大战略实施同步谋划、同步推进，做到重大战略部署到哪里、人才集聚就跟进到哪里，党和国家事业急需紧缺什么人才、就优先集聚什么人才。要坚持各方面人才一起抓，统筹推进各类人才队伍建设，为全面建成社会主义现代化强国提供有力人才支撑。

（3）加快建设世界重要人才中心和创新高地，着力形成人才国际竞争的比较优势。人类历史上，科技和人才总是向发展势头好、文明程度高、创新最活跃的地方集聚。现在，我国正处于政治最稳定、经济最繁荣、创新最活跃的时期，必须抓住机遇、乘势而上。要坚持重点布局、梯次推进，坚持试点先行、改革牵引，促进人才区域合理布局和协调发展，加快形成战略支点和雁阵格局。要着力建设高水平人才高地和吸引集聚人才的平台，为我国人才事业发展提供强大牵引力和驱动力，加快形成我国在诸多领域人才竞争比较优势。

（4）加快建设国家战略人才力量，着力造就拔尖创新人才。战略人才站在国际科技前沿、引领科技自主创新、承担国家战略科技任务，是支撑我国高水平科技自立自强的重要力量。要坚持实践标准，树立长远眼光，把解决“燃眉之急”和满足长远所需统筹起来，不断壮大国家战略人才力量。要坚持为党育人、为国育才，全面提高人才自主培养质量，努力培养造就更多大师、战略科学家、一流科技领军人才和创新团队、青年科技人才、卓越工程师、大国工匠、高技能人才。要坚持全球视野，加强人才国际交流，千方百计引进顶尖人才，使更多全球智慧资源为我所用，用好用活各类人才。

（5）深化人才发展体制机制改革，激发人才创新创造活力。释放人才创新创造活力，必须通过改革建立起既有中国特色又有国际竞争比较优势的人才发展体制机制。要坚持问题导向，以激发活力为核心，坚决破除人才培养、引进、使用、评价、激励、流动、保障等方面的体制机制障碍，破除唯论文、唯职称、唯学历、唯奖项现象。要根据需要和实际，向用人主体授权，为人才松绑，把人才从科研管理的各种形式主义、官僚主义的束缚中解放出来。要充分发挥人才发展体制机制保障作用，真心爱才、悉心育才、倾心引才、精心用才，求贤若渴，不拘一格，把各方面优秀人才集聚到党和人民事业中来。

3. 保持良好心态

毕业生就业的成功与否与是否具有良好的心理状态有着密切关系。如今，我们面对严峻的就业形势、众多的竞争对手，如果没有良好的就业心态，没有正确的就业技巧和方法，是难以成功的。因此，毕业生在就业前，一定要有足够的思想准备，树立良好的就业心态，克服不良的心理障碍，排除不利的心理干扰，这样才能做到顺利就业。

4. 适时抓住机遇

我国经济发展稳中向好，这种良好的局势能给大学生带来许多就业与创业的机遇。如今全国掀起了创业热潮，大学生应该适时把握机遇，选择适合自己的职业或创业项目，并进行充分的调研准备，同时注意避免盲目跟风的创业行为。

当然，在就业与创业的过程中，大学生不可避免地会遇到很多竞争与挑战。大学生一定要树立强烈的竞争意识，不畏惧竞争，不逃避挑战，要把外在竞争的压力化作自己进步的动力，从而在提升自己的同时，向用人单位或创业团队展示自己的能力。

第四节 大学生的就业心理调适

一、大学生在就业中常见的心理问题

大学生经过大学的学习生活后，对就业有着强烈的意愿和动机，以实现个人价值。然后当今社会人才济济、竞争激烈，一些毕业生因为各种因素，面对种种压力，会不同程度地出现心理问题，一般有如下几种表现形式。

1. 焦虑

焦虑是由心理冲突或挫折而引起的，是紧张、不安、焦急、忧虑、恐惧等感受交织成的情绪状态。绝大多数大学生在求职择业过程中，都会或多或少地出现焦虑。优秀学生焦虑的问题是能否找到实现人生价值的理想单位，学业成绩不理想的学生焦虑是担心没有单位选中自己，来自边远地区的同学为不想回本地区而焦虑，女同学为一些用人单位只要男性而焦虑，还有一些大学生优柔寡断，竟因不知自己毕业后向何处去而焦虑。

大学生的上述焦虑状态一般并不会对未来职业产生影响。一般来说，适度的焦虑会使学生产生压力，这种压力可以增强人的进取心，激发人的奋斗精神。但是，如果焦虑不能得到及时地缓解，就有可能向病态发展，如头痛、消化紊乱、背痛、口干、心慌、饮食障碍、睡眠不足等，这些症状若得不到及时处置，则会危及学生的身体健康和心理健康。

2. 自卑

自卑心理表现为对自己的能力评价过低，看不起自己，这源于他人对自己的不客观评

价和自己对自己的消极暗示。反复地消极暗示可能导致人的认知功能丧失。这一消极有害的心理在不少大学生身上存在，尤其是对于一些自我意识发展不健全的大学生，部分择业困难的大学生，以及性格内向或有生理缺陷的大学生来说，强烈的自卑心理会成为他们择业乃至生活的最大障碍。他们通常在择业时缺乏主动争取和利用机遇的心理准备，认为自己竞争力不够，不敢大胆推荐自己，不敢主动、大胆地与用人单位交谈，也就不能很好地表达自己，不能很好地向用人单位展示自己的才华，谨小慎微，生怕说错话，害怕回答不好问题而影响自己在用人单位代表心目中的形象。这种心理严重妨碍了一部分毕业生正常的就业竞争，使得那些原本在某些方面比较出色的毕业生也陷入不战自败的困境，常常错失良机，求职成功率降低。

3. 自负

自负心理是指过高地估计个人的能力，失去自知之明。在自负心理的支配下，部分大学生的就业观念不正确，心理定位偏高，只看到自己的优点，看不到自己的缺点，表现出非常强的优越感，往往不切实际地追求收入丰厚、社会地位高、福利待遇优、地理位置好、风险小和工作轻松的单位，而对一般的工作单位百般挑剔，甚至提出过高的要求。孤傲导致脱离实际，当就业目标与现实产生很大的反差时，其结果必然会高不成低不就，迟迟不能落实单位。看到别人都签了约，他们常常会牢骚满腹、抱怨“上苍的不公”和“命运的戏弄”，对社会、学校和他人都可能怀有不满情绪，但有时也会向相反方向发展，一旦高不成、低不就，梦想变成泡影，心理上会出现孤独、失落等现象。

4. 依赖

就业中的竞争为毕业生提供了公平的竞争环境。竞争让毕业生获得了在一定范围内直接选择职业和单位的机会。但在求职中，毕业生的依赖心理还是普遍存在的，有的大学生缺乏自我选择决断能力，择业信心不足，不积极主动地为就业工作准备，不敢或不愿去面对激烈的就业竞争，将希望寄托在家长、亲朋好友和学校身上。例如，有的毕业生认为家里有关系，找个好工作不成问题，用不着自己去操心；还有部分毕业生认为家里没有关系，而自己的成绩又不出类拔萃，于是就自暴自弃，干脆听天由命。前者是将就业的希望寄托在关系上，想不通过竞争就找到满意的工作；后者则完全放弃了竞争，将自己的命运交给偶然事件。总之，就是不能通过主动的就业竞争实现就业。

5. 攀比

每位毕业生都希望自己的工作无论是薪水还是福利都能比其他人好，这种想法是人之常情。但这种职业定位沉溺在对未来的设想中，缺乏艰苦创业的心理准备，不能从小事做起，从基层做起，是不切实际的。这种定位要么引发期望和能力的矛盾，导致用人单位排斥；要么引发同学间的攀比和竞争，忽视自身的个体特异性与自我创造性，导致个人价值取向的从众心理，对职业产生急功近利的思想。大学生在求职时，重要的是要考虑未来的职业发展机会、企业方向与管理水平等前瞻性因素，在职业发展中体现个人价值，而不仅考虑薪水、福利等。

二、大学生就业心理的因素分析

（一）主观因素

1. 生理特点

学生毕业时一般是在 23 周岁左右，处在这个时期的青年多幻想，好冲动，接受事物快，自我意识强。同时也有部分学生心理发展还不成熟、不稳定，生理与心理发展具有明显的不同步，再加上他们的知识结构不完善，每个人的生活体验又有差别等因素，因而其个性心理特征有较大差异，在求职择业中就表现出心理活动的复杂性和矛盾性。

2. 个性特点

个性贯穿着人的一生，影响着人的一生。正是人的个性中所包含的需要、动机和理想、信念、世界观、兴趣指引着人生的方向、人生的目标和人生的道路，也就是说人的个性特征中所包含的气质、性格、能力影响着和决定着人生的风貌、人生的事业和人生的命运。

俗话说："人上一百，各样各色。"不同的个性特点，决定了毕业生在择业时有不同的心理和行为表现，决定了择业的不同取向。如有的毕业生希望得到一份稳定的工作，有的毕业生甘愿承担一定的风险而自主创业，有的毕业生希望到经济发达的地区，有的毕业生甘愿到艰苦的地方，有的毕业生择业时消极自卑，有的毕业生充满自信等。

3. 知识结构

知识结构是指知识体系在求职者头脑中的内在联系。结构决定着能力，不同的知识结构预示着能否胜任不同性质的工作。随着科学技术的发展，职业发展呈现出智能化、综合化等特点，根据职业发展的特点，从业者的知识结构应该更加宽泛、合理。大学生在校学习期间，不仅要掌握本专业的知识技能，而且要对相近或相关的知识技能进行学习。只有掌握宽厚的基础知识和必要的技能，才能适应因社会快速发展而对人才要求的不断变化。

4. 社会经验

学生对社会了解不多，因而在观察问题、分析问题、处理问题时，只是凭书本上讲的条条框框去生搬硬套，缺少理性的眼光。在自我评价上，有的学生因为学到了一些专业技能便夸夸其谈，纸上谈兵，择业时容易期望值过高，缺乏承受挫折的心理准备。也有的学生过多地看到社会的阴暗面，择业时期望值较低，有时过分依赖家长、教师，缺乏主动进取和抓住机遇的心理准备。

（二）客观因素

1. 社会环境

人是社会性动物，生活于社会中的个体难免会受到社会环境的影响。影响就业心理的社会环境因素包括社会风气、社会经济发展对人才的需求状况、就业形势、就业政策等。随着我国就业制度的发展与改革，市场竞争已成为现在毕业生择业的主要手段，也给了毕业生更大的择业自主权和更广阔的空间，形成有利于毕业生公平、公正、自主地去就业的局面。因此，毕业生应深入地了解社会、分析社会，及时调整自己的就业心理，以达到适应社会、顺利就业的目的。

2. 学校环境

随着人们对教育认识的深化，现在各高校不仅重视专业教育，而且重视对学生进行全面的素质教育。学校作为社会的一个缩影，担负着对学生进行社会化的教育与培训工作。这个时期的学生会在学校为之提供的社会化教育环境中不断积累生活阅历，在自己的学习、生活实践中，去了解、认识社会，掌握社会生活的本领，从而使心理不断走向成熟。

3. 家庭环境

家庭是社会的基本细胞，父母是子女的启蒙教师。家庭的教育方法、经济状况、家长的价值观念都在影响着学生的心理发展。毕业生在就业时，其就业心理很容易受到家庭因素的影响。从家庭期望来看，多数家庭对子女的期望值过高，作为父母，都希望子女毕业后能够有不错的单位，不希望子女平庸无为。

三、大学生就业心理调适的方法

就业本身其实是我们认识和适应社会的一个过程，在求职过程中遇到困难，甚至经过几次挫折才成功是正常的情况。大学生在就业中难免会产生焦虑、自卑、自负、攀比、依赖等心理问题，遇到此类问题，要学会调整自己的心理状态，使自己能从容镇静地面对就业这一人生课题，做出正确、客观的选择。如果大学生遇到就业心理困扰，可以从以下几个方面进行心理调适。

1. 认清自我、客观面对

在就业市场上用人单位找不到人、大量的毕业生无处去的“错位”现象普遍存在，这是因为大学生的就业期望普遍较高。因此，要顺利就业就必须首先根据自己的实际情况和就业形势，调整自己的就业期望值。调整就业期望值不是对单位没有选择，只要有单位就去，而是要在职业生涯规划和职业发展观念的基础上重新确定自己的人生轨迹。这就是说要树立长远的职业发展观念，摆脱过去那种择业就是“一次到位”，要求绝对安稳的观念。要知道即使在再好的单位工作，将来也有下岗的可能。

2. 合理规划、着眼发展

在择业时不能只考虑经济收入、工作条件、地点等因素，更要考虑职业对自我一生发展的影响与作用，应看重职业能否帮助自己实现自我价值。因此，要在考虑社会需要的基础上，树立重自我职业发展、才能发挥、事业成功的职业价值观。对于那些现在工作条件不怎么样，但发展空间大，能让自己充分发挥作用的单位要优先考虑；对于那些现在经济发展水平不太高，但发展潜力大，创业机会多的工作地点也要重视。总之，盲目到一些表面上看来不错，但不适合自己，自己的才能得不到有效发挥的单位去工作，是不会让自己满意的。与其将来后悔，不如现在就改变自己，树立适应我国当前市场经济发展、人才需求规律的合理的职业价值观，以指导自己正确择业。

3. 职业自我、把握机遇

大学生就业中的许多心理困扰都与大学生不能正确认识和接受职业自我有关，因此正确地认识自我的职业心理特点并接受自我，是调节就业心理的重要途径，并可以帮助自己找到适合自己的职业方向。要知道自己喜欢什么样的职业、需要什么样的职业、自己的择业标准，以及依自己目前的能力能干什么样的工作，这样才能知道什么样的工作更适合自己。许多毕业生通过亲身的求职活动后就会发现自己的能力与水平并不像自己以前想象得那么高，并容易出现各种失望、悲观、不满情绪。因此，在认识自我的特点后还要接受自我，对自我当前存在的问题不能一味抱怨，也没有必要自卑，因为自己当前的特点是客观现实，在毕业期间要有大的改变是不可能的，要承认自己的现状，学会扬长避短。另外，要用发展的观点来看待自己，要知道有些缺点并不可怕，可以先就业，然后在工作岗位上不断发展自己。

大学生就业中的机遇因素也是非常重要的，因此了解并接受了自我特点以后，还要学会抓住属于自己的机遇，这样才能保证以后的求职顺利。要抓住机遇，首先必须多收集有关的职业信息，多参加一些招聘会，并根据已制定的择业标准进行选择。需要注意的是，机遇并不是对任何人都适用的。一个工作的好与不好是相对的，对别人合适的，对自己不一定合适，因此一定不能盲从；要时时记住，只有合适自己的才是最好的。最后，要注意机遇的时效性，在发现就业机会时要主动出击，不能犹豫，也不要害怕失败，应有敢试敢闯的精神。

4. 迎接挑战、优化方法

对社会现实生活保持良好的接触，不回避现实，主动面对现实生活中的各种挑战，当个人需要与社会现实发生矛盾时，能充分发挥主观能动性，积极妥善地处理环境与自身的关系，创造条件使自己始终处于有利的环境中。在主观上要采取积极的态度，而不是消极地等待；在选择对策上要审时度势，有条件地选择改造环境的方法，无条件地选择改造自身的办法，这样才能既不想入非非，又不自暴自弃，从而找到最佳处理就业压力的方案。总之，要正确评判就业所面对的压力，调整自己的策略，学会安慰鼓励自己，提高心理承受力。

5. 调整心态、完善人格

通过对自己在就业时出现的种种不良心态的分析，可以发现自己平时不容易察觉的一些人格缺陷。应该说这些人格缺陷是产生这种就业心理问题的根本原因，如果现在没有很好地完善自己的人格，那么这些问题还会在今后的工作、生活中继续带来困扰。因此，有关问题其实是暴露得越早越好，同时，也不必为自己所存在的人格缺陷而懊恼，因为很少有人是绝对人格健全的，关键是要在发现自己的问题的基础上，积极改变自己、发展自己，使自己的人格更加成熟，使自己将来的人生道路更加顺利。

6. 开拓进取、勇于创业

世界上绝对安全可靠、有百分之百把握的事是极少的，只要从事创业活动，就必然会伴随着某些风险，而且常常是事业的范围和规模越大，能够取得的成就越大，而伴随的风险也就越大，承受风险的心理负担也越大。对于从事创业活动的人来说，假如没有第一个“吃螃蟹”的冒险精神，那是什么都干不成的。创业要敢作敢为，但是敢作敢为并不等同于盲目冲动，更不是肆意妄为。敢作敢为是建立在对主客观条件进行科学分析和实事求是的基础上的。

本章小结

通过对本章内容的学习，了解目前的就业形式，以及大学生应具备的基本就业能力；树立正确的大学生就业观；理解党的二十大报告中“强化现代化建设人才支撑”的意义；掌握大学生就业心理调适的方法。

课后习题

1. 就业形式都有哪些？主要形式是哪种？
2. 大学生基本就业能力包括哪些内容？
3. 大学生就业理念存在哪些问题？
4. 如何才能树立正确的就业观？
5. 查阅资料，了解自己家乡在“强化现代化建设人才支撑”方面的举措。
6. 结合自己求职或者兼职经历，谈谈你在就业过程中遇到哪些心理问题及解决办法。

第三章
漫谈就业程序与途径

学习目标

知识目标：

1. 了解就业管理的基本流程。
2. 了解户口及档案迁移、暂缓就业等相关知识。
3. 了解技能人才队伍建设的举措。

能力目标：

1. 能够掌握就业信息的收集方法。
2. 能够筛选出有效的就业信息。

素养目标：

培养大学生具备全面、客观地分析处理就业信息的意识。

第一节　就业程序详解

一、就业数据库的建立

就业管理部门需要从本校的学生学籍管理部门获取本年度应届毕业生的学籍信息，并将有关数据转入教育部高校毕业生就业系统，建立本校毕业生就业数据库。在建立好毕业生就业数据库的基础上，高校就业管理部门需要对本年度应届毕业生的就业数据进行统计，一方面便于在年度就业管理工作之初从整体上大致了解本年度毕业生的基本情况，另一方面也可以为用人单位的招聘和毕业生就业推荐提供参考。

传统意义上的就业数据统计一般是针对毕业生的基本信息进行统计，包括姓名、性别、出生年月、政治面貌、生源地、专业、学历等。这类统计数据较为简明地呈现了一所高校毕业生的基本情况，但随着近几年高校就业工作的深入细化和用人单位校园招聘信息

需求的不断扩大。就业管理部门有必要对现有的就业数据进行进一步的统计、分类和整理，从整体上提高高校就业管理工作的规范化和科学化，满足各类用人单位具体的招聘需求。

1. 专业信息统计

毕业生就业数据统计的重要一项是毕业生专业信息统计，主要是指统计应届毕业生中各个专业的毕业生人数。就业管理部门可以印制专门的毕业生专业统计表，供用人单位在招聘时参考。

2. 生源地信息统计

统计毕业生就业数据的另一个重要项目是毕业生生源地信息统计，毕业生生源地审核的原则如下。

（1）本科生以入学前户籍所在地为其生源所在地。

（2）研究生、第二学士学位毕业生若入学前未间断学业而连续攻读，其生源地为本科入学前户籍所在地；入学前有过若干年工作经历并已在工作地落户的，原则上以其工作地为生源所在地。

（3）毕业生在学期间若父母户籍居住地变更，须根据父母落户地相关政策办理接收手续后，方可变更生源地。

3. 学习成绩及综合测评成绩

毕业生在校期间的学习成绩及综合测评成绩是反映其学业状况和能力水平最直接的依据。很多用人单位在进行校园招聘时都把学习成绩和综合测评成绩作为重要的参考指标。因此，高校就业管理部门可以对这两方面的信息进行统计，为用人单位招聘和毕业生就业推荐提供参考。具体包括以下四点。

（1）学习成绩：各学科成绩，特别是必修课的学科成绩。

（2）学习成绩排名：主要是指学生在其同级同专业中的排名。由于能够反映学生在校学业状况的相对水平，学习成绩排名也是用人单位重点关注的信息。

（3）绩点及平均学分绩点：为了更具体地比较学生之间学习质量的差异，体现学分的评价功能，通常将原始的分数转换成一定的等级来统计，称为绩点。平均学分绩点就是每门课的学分乘以相应绩点后的总和除以总的学分。

（4）综合测评成绩：是指按照一系列的量化指标与实施细则，对学生的德、智、体等方面进行全面的个人评估。综合测评成绩是了解毕业生综合素质能力的一个重要指标。

学习成绩和综合测评成绩是体现每个毕业生基本情况的最直接、最重要的考量要素，这两项成绩往往需要学校相关部门进行初步统计，就业管理部门则需要在此基础上进行一定的分类、整理和统计，并提供给各类用人单位。提供完整且真实的学习成绩及综合测评成绩信息是高校就业管理工作的一项重要内容。

4. 实习实践经历

毕业生的学习成绩和综合测评成绩往往是用人单位在筛选简历时的主要考量指标，而毕业生参与社会实习实践活动的经历则是用人单位在面试中着重了解的内容。一般来说，实习实践经历包括如下内容。

（1）学生干部工作经历：学生干部工作经历在一定程度上体现毕业生的组织能力和管理能力，特别是学生会（研究生会）主席和部门部长、班长，以及学生社团负责人等经历是毕业生求职时非常有利的因素。学生干部工作经历包括起止时间、担任职位、主要职责及主要成绩等。

（2）社会实践经历：社会实践是大学生利用寒暑假走向社会，以了解认识、考察体验社会为目的的实践活动，这类活动能够提高学生的综合素质，具有较为丰富的社会实践经历的毕业生，在用人单位看来往往具备较高的综合素质。用人单位需要的社会实践经历一般包括实践活动的起止时间、具体的实践经历等。

（3）实习经历：实习是学生在即将工作前到用人单位进行的一段工作经历。实习经历往往体现毕业生经历中与求职职位最相关的部分，也是用人单位在面试中比较关注的内容。实习经历统计数据包括起止时间、实习单位、主要工作及业绩等。

对于学生实习实践经历的统计，一方面有助于方便用人单位更加全面地考核毕业生，另一方面也有助于帮助毕业生全面回顾自身经历、制作有针对性的求职简历，提高求职的成功率。

二、签订《就业协议书》

1. 发放《就业推荐表》

毕业生就业推荐表是学校向用人单位推荐毕业生、介绍学生在校学习表现情况的证明材料，仅供毕业生本人联系就业单位时使用。在很多省市，就业推荐表是用人单位为毕业生申请当地落户指标的必备材料之一，用人单位需要毕业生的推荐表、成绩单等资料才能申请到人事批件。

就业推荐表是为了就业而制作出的一份推荐表，一般情况下，就业推荐表为各学校统一规定模式，再交由学生根据自己实际情况填写表格内信息，完善表内信息后，需有学校盖章方为有效。

为保证毕业生推荐材料的真实性、严肃性、唯一性，对《就业推荐表》的管理规定如下。

（1）《就业推荐表》供毕业生向用人单位应聘时使用，由就业管理部门统一制作并印发，每个学生一份，复印有效，学生可以另行制作个人推荐表，学院只对按此统一格式制作的《就业推荐表》进行审核盖章。

（2）《就业推荐表》原则上只进行一次审核后加盖一次公章，并由毕业生所在系、部把关核实，故在交到系、部盖章前认真检查核对，以免造成不必要的麻烦。

（3）《就业推荐表》的各项内容要认真、如实、用黑色钢笔或签字笔填写，字体要工整、清晰。

（4）毕业生的基本情况由学生本人如实填写。

（5）《就业推荐表》由系负责人根据毕业生日常表现，对毕业生做出综合评价，提出推荐意见并盖章确认，交学院招生就业处审核盖章。

《就业推荐表》的样式示意如图 3-1 所示。

×× 届 ×× 省普通高校毕业生就业推荐表

（此表仅限非定向毕业生使用）

<table>
<tr><td rowspan="8">个人
信息</td><td>姓名</td><td></td><td>性别</td><td></td><td>民族</td><td></td><td colspan="2" rowspan="6"></td></tr>
<tr><td>政治面貌</td><td></td><td>出生日期</td><td></td><td>健康状况</td><td></td></tr>
<tr><td>毕业学校</td><td></td><td>院系</td><td></td><td>专业</td><td></td></tr>
<tr><td>学号</td><td></td><td>学历</td><td></td><td>学制</td><td></td></tr>
<tr><td>生源地区</td><td colspan="3"></td><td>毕业时间</td><td></td></tr>
<tr><td>通信地址</td><td colspan="3"></td><td>邮政编码</td><td></td></tr>
<tr><td>联系方式</td><td colspan="3"></td><td>电子邮箱</td><td></td><td></td><td></td></tr>
<tr><td>奖惩情况</td><td colspan="7"></td></tr>
<tr><td>社会实践</td><td colspan="8"></td></tr>
<tr><td>特长及能力</td><td colspan="8"></td></tr>
<tr><td rowspan="3">学校推荐
意见</td><td>毕业生培
养方式</td><td colspan="3"></td><td>就业范围</td><td colspan="3"></td></tr>
<tr><td colspan="4">院（系、所）意见
（公章）
×× 年 ×× 月 ×× 日</td><td colspan="4">就业管理部门意见
（公章）
×× 年 ×× 月 ×× 日</td></tr>
<tr><td>就业管理
部门名称</td><td></td><td>联系人</td><td></td><td>联系电话</td><td></td><td>传真</td><td></td></tr>
</table>

用人单位回执

________大学（学院）：

经研究，我单位拟同意接收你校________（专业）毕业生________（学号：________），请凭此回执换发就业协议书，并请在____月____日之前与我单位签订协议书，否则此接收意向取消。

____年____月____日（用人单位人事部门公章）

<table>
<tr><td>单位名称</td><td colspan="3"></td><td>所有制
性质</td><td></td><td>上级主管
部门</td><td colspan="2"></td></tr>
<tr><td>单位地址</td><td></td><td>邮政编码</td><td></td><td>联系人</td><td></td><td>电话</td><td colspan="2"></td></tr>
</table>

图 3-1 《就业推荐表》的样式示意

2. 发放《就业协议书》

就业协议书是明确毕业生、用人单位和学校在毕业生就业工作中的权利和义务的书面表现形式，一般由教育部或各省、市、自治区就业主管部门统一制表。就业协议书由学校发放，毕业生签字，用人单位和学校盖章，毕业生本人保存一份作为办理报到、接转行政和户口关系的依据。签订就业协议书是国家为规范高校毕业生就业工作，避免混乱，杜绝就业欺诈行为，维护高校毕业生就业工作的严肃性，维护毕业生、用人单位和学校的合法权益而采取的一项必要措施。

毕业生与用人单位充分洽谈，达成签约意向后，持《就业推荐表》下方的“用人单位回执”或用人单位开具的“接收函”（无格式要求）及个人有效证件到学校就业管理部门领取空白《就业协议书》。就业管理部门必须制定相关的《就业协议书》领取制度，严格按照毕业生名册核对发放《就业协议书》，并及时登记领取的协议书编号以备案。《就业协议书》是学校上报就业方案的依据。对于《就业协议书》应该建立严格的核查制度，严防弄虚作假。

《就业协议书》的样式示意如图 3-2 所示。

××届××省普通高校毕业生就业协议书

毕业生基本情况	姓名		性别		民族		出生日期	
	政治面貌		健康状况		身份证号			
	毕业学校		院（系）		专业			
	学号		培养方式		学历		学位	
	生源地区				学制		毕业时间	
	家庭地址				家庭电话			
	电子邮箱				电话 / 手机			
用人单位基本情况	单位全称				组织结构代码			
	单位地址				邮政编码			
	联系人		联系电话		单位传真			
	电子邮箱		企业规模		岗位名称			
	行业类型							
	单位性质							
	档案转寄单位名称				档案转寄地址			
	档案接收联系人			档案接受电话			邮政编号	
	户口迁移地址							

图 3-2 《就业协议书》的样式示意

续表

<table>
<tr><td rowspan="2">培养单位
基本情况</td><td>单位名称</td><td></td><td>联系人</td><td></td><td>联系电话</td><td></td></tr>
<tr><td>通信地址</td><td colspan="3"></td><td>邮政编码</td><td></td></tr>
<tr><td colspan="7">经毕业生（甲方）、用人单位（乙方）、培养单位（丙方）协商。同意达成以下约定：
（1）甲、乙、丙三方须共同遵守协议背面所列内容。
（2）甲、乙双方如有其他约定，可本着平等协商、权利义务对等的原则另附约定，并视为本协议的一部分。
（3）其他约定（如工作地点等，可另附页说明）</td></tr>
<tr><td>毕业生
意见</td><td colspan="6">签名：</td></tr>
<tr><td>用人单位
意见</td><td colspan="3">用人单位人事部门意见：
负责人：　　（公章）
年　月　日</td><td colspan="3">用人单位上级主管部门意见：
负责人：　　（公章）
年　月　日</td></tr>
<tr><td>学校意见</td><td colspan="3">毕业生所在院（系）意见：
负责人：　　（公章）
年　月　日</td><td colspan="3">学校毕业生就业主管部门意见：
负责人：　　（公章）
年　月　日</td></tr>
<tr><td colspan="7">备注：（1）本协议书限国家统一招生录取的普通高等教育非定向本、专科（含高职）毕业生使用。
（2）甲、乙双方签署意见后，应在一个月内交送丙方签署意见。逾期所产生的后果由责任方承担</td></tr>
</table>

图 3-2 《就业协议书》的样式示意（续）

3. 签订《就业协议书》

毕业生在领取了《就业协议书》之后，需在学校规定的时间内完成协议的签订，三方签字盖章后，学校、学生、用人单位各执一份，具有同等效力。另外，三方各自的要求、承诺及约定等，应在协议中注明，并视为《就业协议书》的一部分。

在签订《就业协议书》时，高校就业管理部门需要提醒毕业生注意的事项如下。

（1）查明用人单位的主体资格。签订《就业协议书》的当事人必须具备合法的主体资格，一般而言，用人单位必须具有从事各项经营或管理活动的能力，单位应有录用指标和录用自主权。

（2）按规定的程序签订协议。毕业生凭学校发放的就业协议书，在与用人单位签约后交学校就业工作部门盖章。此程序由学校做最后把关，有利于维护学生的合法权益。

（3）有关条款的内容必须明确。毕业生与用人单位在签约时，尽量采用示范条款。如确有必要进行变更或增加，亦应在内容上明确。

（4）注意与劳动合同的衔接。由于毕业生就业协议签订在先，为避免在日后订立劳动合同时产生纠纷，应尽可能将劳动合同的主要内容体现在就业协议的约定条款中，并明确表示在今后订立劳动合同时应予以确认。

（5）对协议的解除条件做事先约定。毕业生就业协议一经订立，就对当事人具有约束力，不得随意解除，否则应承担违约责任。

4. 解除《就业协议书》

就业协议书一经签订，原则上不得变更，必须严格按照就业协议书执行。在一些特殊情况下，需要再次择业的毕业生会出现原有协议书解除的问题。首先要分清就业协议书解除的不同情形：就业协议的解除分为单方解除和双方解除。单方解除，包括单方擅自解除和单方依法或以协议解除。单方擅自解除属违约行为。单方依法或以协议解除，是指一方解除就业协议有法律上或协议上的依据，此类单方解除，解除方无须对另一方承担法律责任。双方解除是指毕业生、用人单位，经协商一致，取消原订立的协议，使协议不发生法律效力。双方均不承担法律责任，但须征求学校同意。

就业协议书生效后，毕业生未将就业协议书邮寄或送交用人单位，用人单位拒绝接收的，其后果由毕业生自己承担。

三、制定就业方案

每年的3—6月，高校就业管理部门都要审查《就业协议书》是否合法有效，手续是否齐全。每年的6—7月，毕业生所在高校的就业主管部门要根据学校、毕业生和用人单位三方签订的《就业协议书》制定就业初步方案，经毕业生本人核对、确认就业初步方案后形成就业方案。

在核定毕业生毕业去向的基础上，对于各类不同情况的毕业生给予不同的处理，并制定本年度毕业生就业方案，报送上级有关部门审核。除签订《就业协议书》外，毕业生就业去向还有如下处理方法。

1. 灵活就业毕业生的处理

除通过签订三方《就业协议书》参加就业的形式外，其他未取得工作地户口指标的各种就业形式均为灵活就业，其中包含“签订劳动合同”“单位用人证明”“自由职业”“自主创业”四种具体形式。

选择灵活就业的毕业生，须在学校上报就业方案之前，填写“应届毕业生毕业去向登记表”提交给校级就业管理部门，并出具相关证明材料，具体要求如下。

（1）选择“签订劳动合同”的毕业生，须递交与用人单位已签订完成的劳动合同复印件。

（2）选择“单位用人证明”的毕业生，须递交用人单位开具用工或试工的证明材料（需盖单位公章）。

（3）选择“自由职业”的毕业生，须递交个人从事自由职业的声明。

（4）选择“自主创业”的毕业生，如自主创立公司已注册成立，须递交所创立公司营业执照复印件，如自主创立公司尚未注册，须递交个人自主创业声明。

2. 未就业毕业生的处理

到学校上报就业方案时，仍未办理确定毕业去向手续的毕业生称为未就业毕业生。未就业的毕业生可根据个人情况，到学校就业管理部门办理相关手续。例如，转回生源地待就业，户档暂存学校等。

3. 结业、肄业或退学学生就业的处理

（1）结业学生：在学校上报就业方案前，若仍未确定就业去向，学校不再为其办理就业有关事宜，应在离校时到学校就业管理部门办理户档转回生源地的手续；若已与用人单位签订就业协议，学生应通知用人单位自己为结业生。

（2）肄业或退学学生：这部分学生原则上回生源省区就业，学生应在拿到肄业证书或退学证明后到校级就业管理部门办理回生源省区就业的手续，逾期仍未办理的，学校不再负责其就业的有关事宜，其户口、档案转回生源地自谋职业。

4. 定向、委培学生就业的处理

定向学生、委培学生原则上按原定向或委培合同就业。如确因特殊情况不能回原定就业单位，征得原单位的同意，报就业主管部门批准，并缴纳相应的违约金和培养费后，可调整就业单位。

5. 患病学生就业的处理

毕业生离校前应在学校进行健康检查，因病不能坚持正常工作的，应回家休养。一年以内治愈的（须经学校指定县级以上医院证明），可随下一届毕业生就业。

四、就业离校

1. 办理离校范围

学生应办理毕业离校手续的范围如下。

（1）毕业离校。

（2）自请休学、退学或转学。

（3）被开除学籍或勒令休学、退学。

2. 办理离校方式

离校手续的办理最好采取集中办理的方式。高校就业管理部门要提前与相关部门（图书馆、财务室、团委、网络中心、就业中心、餐饮中心、保卫部门等）就离校手续办理时间、人员、注意事项等做好沟通安排，以方便毕业生集中办理。

为方便毕业生办理离校手续，高校就业管理部门要明确办理离校手续的流程，并制作专门的办理流程手续表印发到每个毕业生手中，同时在各处办理现场张贴办理说明。

五、户档转移

毕业生的人事档案由学校人事档案办公室按其就业的单位，经机要局统一投寄到毕业生工作单位所归属的人事档案管理部门，毕业生无权携带人事档案。

毕业生户口关系的转移，由学校户口管理部门到辖区公安机关按规定办理，公安机关按国家就业计划上标明的毕业生就业单位地址迁移户口（在高校所在地就业的毕业生一般用从学校领出的户籍卡就可以办理，不需要办理迁移手续），毕业生不得自行指定迁移地址。领到户口迁移证后，毕业生应仔细核对并妥善保管，不要折皱污损，更不能丢失，有错漏不能自行涂改，否则作废。到工作单位报到后，持户口迁移证及工作单位证明到辖区公安部门办理户口迁移手续。

户口迁移的常见误区

典型案例 3-1

案例背景：

小赵是某重点大学国际经济与贸易专业毕业生，他来自安徽，毕业后想到上海工作。大学四年，小赵专业成绩在班上名列前茅，年年获得奖学金，并担任学院学生会学习部长。凭着漂亮的简历和过硬的专业功底，小赵在求职过程中并没有太多的悬念，上海张江工业园区一家国内著名的商贸公司于当年5月向他发出了录取通知函。到公司报到后，老总对他非常器重，答应让他先实习三个月，每个月3 400元工资，实习期满后，工资每月4 250元。

当年9月，小赵与公司签订了正式协议，老总还让他参加了一个重要的与国外合作的项目，这样一忙就到了12月底，他也出色地完成了公司交给的任务。就在这时，一个他没有料到的事情发生了，小赵从同学处得知，外地毕业生在上海就业需要办理“蓝表”审批手续，他这才模模糊糊地想起学校还有一些手续，由于忙于公司的项目，一直拖延未办。于是，他向公司请了假，急急忙忙赶回学校办理相关手续。学校教师告诉他，按照当年的政策规定，进沪手续已经在10月底截止，而以后若想解决上海户口，就只能通过复杂的人才引进手续来办理了。听教师这么一说，小赵后悔不已！

案例分析：

通过案例可知户档转移手续的重要性，因此高校就业管理部门和院系就业工作负责人要通过讲座、通知等形式让所有毕业生（包括专升本、出国）都要在离校前明确档案、户口关系转移相关手续，尤其是办理时间及期限，避免造成学生没有及时办理户档转移手续，而后可能由于种种原因无法办理转档手续等问题。

第二节　就业信息的收集与利用

一、就业信息的意义

就业信息对于每一位谋求工作的毕业生来说至关重要。因为择业决策同其他决策具有同等的性质，绝不是瞬间的行为，而是一个动态过程。

在这个过程中，就业信息的收集和处理是基础。决策的科学性取决于信息的可靠性、准确性和充分性。信息越全面准确，决策过程中思维的深度和广度也就越大，决策质量就会越高。决策过程实际上是一个与决策问题、目标有关的信息收集、加工和转换的过程。科学的决策只能形成于准确、可选、全面系统的信息基础之上，信息错误必然导致决策失误。

从以上分析可以看出，就业信息在毕业生求职过程中具有重要作用，它将贯穿就业理性决策的始终。毕业生要想在激烈的人才竞争中取胜，就必须注意收集、处理和利用好就业信息。

二、就业信息的范围

（一）就业政策

（1）了解国家就业方针、原则和政策，不仅可以了解当年的就业政策，更重要的是了解当下的就业形势和政策。

（2）了解相关的就业法律法规。这样不仅可以取得合法权益，而且可以捍卫自己的正当权利，减少不必要的损失。作为大学毕业生来说，必须了解就业法规、法令，一方面严格遵守就业法规，另一方面要学会用法律保护自己。

（3）地方的用人政策，如外地生源进沪、进京的户口申请政策和程序；参加选调生考试的条件；参加西部志愿者的相关政策等。

（4）学校的有关规定。为了保证毕业生就业的顺利进行，学校一般会根据国家的政策要求制定若干补充规定，这也是毕业生需要了解和遵守的。

（二）就业市场

大学毕业生在就业前需要对就业市场有一个基本的认识，包括就业需求量和供应量、不同行业的需求量、不同专业的就业率、就业情况和形式、所学专业的市场需求量等。

（三）用人单位

毕业生需要对用人单位有一个完整的认识。例如，用人单位的形式，是国企还是民企，是事业单位还是行政机关；用人单位的经营情况、地理位置、主营业务、岗位需求、薪酬水平、福利待遇等；用人单位的企业文化、用人理念、发展前景等。

三、就业信息的分类

按照不同的分类标准，就业信息有如下分类。

（一）按发布机构的不同分类

1. 宏观信息

宏观信息是指国家的政治经济情况，国家或地区社会经济的方针政策规定，国家对毕业生的就业政策与劳动人事制度改革的信息，社会各部门、企业的职业需求情况及未来产业、职业发展趋势所要求的信息。简单来说，宏观信息包括行业信息、职业信息、企业信息等。掌握这些信息，就可宏观地把握就业方向。

2. 微观信息

微观信息是指某些具体的就业信息，如用人单位的职位空缺情况、岗位职责、职业发展前景、需求专业、任职条件、福利待遇等。这些信息是在大学即将毕业时所必须收集的具体材料。

（二）按就业信息内容的不同分类

1. 人才供应的信息

人才供应的信息包括当年全国、本地区、本校、本专业毕业生的人数、质量、就业的冷热点等。这些信息使求职者可以从总体上把握人才的供求状况。同时，通过各种渠道收集往届本专业毕业生的就业情况，对自己就业提供有价值的信息。

2. 人才需求的信息

人才需求的信息包括国家的就业政策、对口行业人才需求状况、可选择的就业区域范围、变通性就业行业的状况，相关行业的职业要求和特点等。

3. 就业参照性信息

就业参照性信息包括就业的经验和教训，各种实用性强的就业方法和技巧。这类信息可以使自己了解就业中的种种误区，避免走弯路，提高就业成功率。

4. 具体的用人信息

具体的用人信息包括职业的信息、应聘条件的信息，以及关于招聘程序方面的信息。

（三）按信用的实用性分类

1. 实用的信息

实用的信息有助于大学生职业选择的准确。实用的信息，包括各种政策法规、用人单位的人才需求、背景资料，以及具体的工作条件和福利待遇等。

2. 不实（或垃圾）的信息

不利于大学生就业选择的信息，包括虚假招聘信息、道听途说的内部消息等。

（四）按求职者的兴趣分类

1. 首选信息

自己非常感兴趣，主动去争取的就业信息。

2. 备选信息

自己比较感兴趣，但有所顾忌，需要充分考虑，才去采取行动的就业信息。

3. 无用信息

自己丝毫不感兴趣，毫无自用价值的就业信息。

四、就业信息的收集途径

在互联网环境下，大学生获取就业信息的渠道十分丰富，既可以通过各种媒体平台收集就业信息，也可以通过学校就业主管部门、双选会、网上招聘平台等渠道收集就业信息。

1. 学校就业主管部门

当前，各高校都专门设立了为毕业生就业提供服务的机构，如毕业生就业指导中心、就业工作处、就业办公室等。这类机构所提供的信息，无论是全国性、地方性还是行业性的，一般都来自政府部门或大型企业，主要是由用人单位根据高校学科专业设置提供的。该渠道的准确性、权威性、可信度非一般渠道可比，因此通过这一渠道获取的信息专业对口性强、参考价值大。

2. 双选会

双选会，顾名思义即双向选择的招聘会，是专门为大学毕业生准备的，它搭建起了大学毕业生与用人单位之间的桥梁，使双方在都愿意的前提下签订就业协议书。双选会一般是当年 11—12 月、次年 3—4 月在各高校举行，每年年底各大城市也有相应的大型双选会举办。

3. 网上招聘平台

现如今，互联网已经成为大学毕业生获得就业信息的主要渠道。互联网提高了招聘、就业的便捷性，而且其中包含大量的招聘信息，扩大了大学毕业生的选择范围。通过互联网获取就业信息有以下三种渠道。

（1）专业的招聘网站。互联网上有大量专业的招聘网站，如智联招聘、前程无忧、BOSS 直聘等，每个招聘网站均提供大量就业信息，大学毕业生不仅可以在招聘网站上查看信息，还可以通过各招聘网站提供的岗位，结合自身情况与用人单位联系，传达就业意向。

（2）企业官方网站。一些大型的企业会将招聘信息发布到企业的官方网站上，大学毕业生可前往心仪企业的官方网站了解招聘信息，寻找适合自己的岗位。

（3）地方政府和学校的网络就业平台。这就像网络版的“双选会”，为了方便大学生更好地选择职位，越来越多的地方政府和学校设立了网络就业平台，将用人单位的招聘信息发布在平台上，供大学生选择。

4. 社会关系

个人的信息接触面总是有限的，而拓宽社交范围可以扩大自己的信息接触面。亲朋好友及其他社会关系是较直接的社交对象，由于他们分布在社会的各个领域，因此通过他们了解和收集就业信息的针对性更强，信息的可信度和有效性更高。

5. 社会实践、毕业实习或业余兼职

求职者通过社会实践、毕业实习或业余兼职的机会建立了与有关单位的联系，可以直接掌握部分就业信息，加之彼此间有一定的了解，若该单位有意招聘，即为不错的就业机会。

五、就业信息的利用

（一）就业信息的收集方法

毕业生收集就业信息的方法如下。

1. 全方位收集法

把与自己的专业有关联的就业信息统统收集起来，再按一定的标准进行整理和筛选，以备使用。这种方法获取的就业信息广泛，选择的余地大，但较浪费时间和精力。

2. 定区域收集法

根据个人对某个或某几个地区的偏好来收集信息，而对职业方向和行业范围较少关注和选择，这是一种重地区、轻专业方向的信息收集法。按这种方法收集信息和选择职业，也可能由于所面向地区的狭小和“地区过热”（有较多择业者涌向该地区）而造成择业困难。

3. 定方向收集法

根据自己选定的职业方向和求职的行业范围来收集相关的信息。这种方法以个人的专业方向、能力倾向和兴趣特长为依据，便于找到更适合自己特点、更能发挥能力的职业和单位。值得注意的是，当选定的职业方向和求职范围过于狭窄时，有可能大大缩小选择余地，特别是所选定的职业范围是竞争激烈的“热门”工作时，很可能给下一步的择业带来较大困难。

（二）就业信息的鉴别要点

1. 就业信息的真伪性

真实性是就业信息是否可靠的基本前提。了解求职信息的真伪，一定要弄清楚求职信息的来源渠道、信息的提供者是谁、提供者提出该求职信息的依据是什么。

2. 就业信息的权威性

了解就业信息的来源与质量，掌握信息提供者的背景，比较同类信息。例如，从国家政府部门获得的就业信息，人事部门最有权威；从学校来的信息，毕业生分配（或就业指导）办公室最有发言权。对于小报上发布的信息则要仔细斟酌。

3. 就业信息的相对性

任何求职信息都是在一定的时间、地点下产生的，而事物又是在不断地发展变化。今天有用的就业信息，明天就有可能没有任何价值，因为岗位可能已经被他人抢先占据。所以，应该注意就业信息的相对性，就业信息是动态的信息，它有一定的时效性。

4. 就业信息的适合性

收集求职信息的目的就是为自己找一个合适的岗位。可以从专业性、兴趣爱好及性格特征三个方面来鉴别求职信息的适合性。

（1）专业的适合性。专业对口，往往是用人单位与求职者的共同目标。专业对口可以缩短个人进入职业岗位后的适应期，使个人更容易发挥专业特长，避免自己专业资源的浪费，也可以减少单位在职业培训中的投入。因此，应该选择专业对口的求职信息加以考虑。

（2）兴趣爱好的适合性。兴趣爱好是一个人在职业中取得成功的重要条件，对所从事的工作有兴趣，不仅可以促使从业者投入大量的精力，而且对其身心健康有益。在大多数情况下，一个人的专业特长与兴趣爱好是基本一致的，不过也有两者发生矛盾的情况，此时一定要权衡利弊，做出决策。

（3）性格特征的适合性。如前所述，一个人的性格特征本身无所谓好坏，但是就具体的工作职位而言，性格特征是有适合与不适合之分的。为此，在考虑专业性和兴趣爱好的同时，也要兼顾求职信息与自己性格之间的吻合度。

（三）就业信息的科学筛选

对收集到的就业信息要点进行鉴别之后，就要结合自己的实际情况，根据国家有关政策、法规、社会常识对它们进行去伪存真、去粗取精的筛选。筛选是对就业信息进行科学处理的一个重要环节，应从以下几个方面进行科学筛选。

1. 科学分析

（1）可信度分析。一般来说，高校毕业生就业管理部门提供的信息可信度比较高，而通过其他渠道收集到的信息，由于受时效性或广泛性的影响，需要进一步核实才能判断其可信度。

（2）有效性分析。对信息的有效性进行鉴别，注意该信息是否与自己的兴趣、特长、专业、爱好，甚至收入，工作环境、地域等相符，还要注意用人单位对生源地、学习成绩和个人素质方面的要求。

（3）价值性分析。价值性分析，即对就业信息的价值性进行分析，通过分析，对就业信息去粗取精，剔除无用的信息，保留与自己的兴趣或专长有关的信息。

2. 厘清主次

在对就业信息进行取舍的同时，还要将就业信息按与自己相关的程度进行排序，对相关性强的信息重点研究，一般信息仅供参考。

如果主次不分，就可能会因为在并不重要的信息上浪费过多的时间和精力而错过择业的最佳时机。只有把握重点、赢得时间，才有可能抢占先机。

3. 加深了解

对于重要信息应抽丝剥茧，收集相关资料，仔细了解信息的具体内容，如某一职位的过去、现状、前景和要求等，对该职位的待遇、进修培训、晋级晋升等信息要通过合适的方式侧面了解。了解得越深入，分析得越透彻，就越能准确找到适合自己的职位。完成就业信息的筛选后，大学生可以对就业信息进行对比衡量，也可分享给其他人，或者询问他人的意见，对就业信息的价值进行综合判断。

（四）就业信息的合理利用

就业信息进行科学筛选后，要对就业信息进行合理利用。只有充分利用那些可用信息并帮助自己顺利完成求职择业的过程，才算达到目的。在求职过程中，毕业生应学会利用好手中的就业信息，互通有无，及时出击，在有限的时间内找到一份令自己满意的工作。

1. 确定职业目标是前提

就业信息的使用必须做到：确定职业目标，职业目标是求职者的专长、兴趣、能力、性格、期望值、价值观与社会职业需求之间不断协调的过程。确定职业目标时还应该把收入目标、行业目标等考虑进去，尽可能地征求亲朋好友的意见。换位思考，了解信息背后的启示。思考假如你们是招聘单位，你们想招到什么样的人才。不难想出，其实用人单位最需要的是安全和保障，他们需要你们为他们创造价值、带来利润。了解信息背后的启示必须站在用人单位的角度考虑问题，不能以自我为中心。只有你的职业目标和用人单位的职业需要相一致的时候，才更适合自己的职业发展。

2. 选择适合自己的工作

收集和筛选信息的最终目的就是使用。要将职业的要求与自己已经具备的条件对照，选择适合自己的最佳职位，即达到入职的最佳匹配。当发现有适合自己的工作时，一定要及时主动出击，全力以赴，以免错失良机，遗憾终生。

3. 善于发现自己的不足

根据筛选出来的信息要求，对照自身条件，发现不足，主动调整自己的知识结构，提高就业能力。例如，发现自己哪方面的课程知识不足，就主动去学习；发现自己有哪些方面的技能欠缺，就马上去参加训练，主动学习和掌握相关的知识和技能，以弥补自己的不足，亡羊补牢还为时不晚。

二十大速递

我国将从五方面大力推动技能人才队伍建设

人力资源社会保障部副部长俞家栋在人社部举办的技能成才技能报国先进事迹报告会上表示，党的二十大报告首次将大国工匠、高技能人才提升为国家战略人才，下一步要站在国家战略需要的高度，从五方面精心谋划和大力推动技能人才队伍建设工作。

一要加大培养力度，提升培养质量。要着力构建以行业企业为主体、职业院校为基础、政府推动与社会支持相结合的技能人才培养体系；发挥技工院校、职业院校基础作用，全面提升技能人才培养能力；完善企业职工培训制度，聚焦重点行业、急需紧缺领域和重点群体开展大规模职业技能培训，促进缓解结构性就业矛盾。

二要科学合理使用，发挥人才作用。要引导企业充分发挥技能人才在生产一线的重要作用，真正让技能人才有稳定岗位、有事业舞台、有上升通道，评价结果要和使用、待遇挂起钩来；充分发挥市场引导和社会荣誉双重激励作用，引导企业落实技能人才薪酬分配指引，畅通他们的职业发展和晋升途径，让多劳者多得、技高者高薪。

三要坚持科学评价，畅通发展通道。要进一步落实好“新八级工”职业技能等级制度，加大特级技师和首席技师评聘力度，打破技能人才成长的“天花板”；不断健全完善职业技能竞赛体系，促使一大批优秀技能人才脱颖而出、茁壮成长。

四要完善激励制度，树立正确导向。要充分发挥高技能人才评选表彰的激励引导作用，引导全社会树立正确的就业观、职业观、人才观；加大政策支持力度，使技能人才在政治上有荣誉、经济上有待遇、社会上有地位、工作上有保障。

五要加大宣传力度，扩大社会影响。让大国工匠、青年能手成为广大劳动者特别是青年人学习和奋斗的榜样。

4. 及时输出有用的信息

有些信息对自己不一定有用，但对他人也许有使用价值，应当及时拿出来与他人进行沟通。同样，被帮助的人在获取对你有利的信息之后，也会反馈给你，从这种角度看，与人方便，就是与己方便。

典型案例 3-2

案例背景：

李某是某985重点高校的毕业生。他来自一个农民家庭，毕业后想找一份“离家近一点，可以照顾父母”的工作，但他并不想找一个与本专业有关的工作。因此，在与家里商量后，李某决定在北京市报个IT培训班学习Java，之后找个IT行业的工作。李某的求职之路并不顺利，通过互联网招聘平台在向20位HR发送信息后，最终收到一份名为“北京××公司”的招聘通知书，当这份致命招聘通知书摆在面前，对于家庭贫困、成绩优异、渴望成功、身负众望的李某来说，他实在太需要了，即使有可能有传销之嫌，他还是独自踏上了去天津的列车。然而，这份招聘通知书却成了他的“死亡请柬”，李某的尸体在天津静海区的一个水坑中被发现。经查，传销组织成员利用手机和邮箱在互联网招聘平台网上冒用“北京××公司”之名，发布虚假招聘信息，将李某骗至传销窝点，后为躲避警方打击，遣散部分人员，李某被送往火车站回家途中失踪，两天后在水坑中被发现溺亡。

案例分析：

现在，网上求职已成为大学毕业生最重要的求职手段之一。网络是一个取之不竭的信息宝库，弹指之间，信息尽收眼底，可谓轻松、时尚、高效。然而，网络也是一把双刃剑，就像本案例中的李某一样，在网上上当受骗，尝尽了苦头，乃至付出自己宝贵的生命。因此，网上求职，还得用之有方，关键在于要明确自己的择业目标，要选对可靠的网站，要正确、及时地处理信息。

第三节　大学生毕业涉及的常识

一、毕业生档案

1. 档案的种类

毕业生档案根据国家有关的管理规定，主要分为干部人事档案和流动人员档案两大类。

大学生毕业后，成为党政领导干部、参照公务员管理的机关事业单位工作人员、国有企事业单位领导人员、管理人员和专业技术人员后，这类人员的档案被称作干部人事档案，这里面不包含工勤人员的档案。

流动人员档案是指在以上人员以外的所有情况的档案，如非公有制企业和社会组织聘用人员、离开机关事业单位人员、未就业高校毕业生、自费出国升学工作的人员、外企中方雇员、自由职业或灵活就业人员等的档案。

这两类档案的区别主要是档案管理部门不同，干部人事档案一般由组织部门或者国有企事业单位管理。流动人员档案一般由地方公共就业和人才服务部门管理，或者是由被其授权的单位人资部门管理。也就是说，如果我们面对工作调动等各种需要使用档案的情况，根据这两类档案的管理单位不同，渠道也是不同的。

2. 档案的作用

对于毕业生个人来说，考研、考公务员、出国、升学、结婚、生育等，都要用到档案，否则，将无法办理相关证明。当公务员或进入事业、企业单位工作时，在职业生涯中

定调资、任免、晋升、奖惩等方面的呈报、审批材料都要记入本人档案，作为评价依据。如果有考公务员的意向，档案必须保管好。如果未归档，今后会影响入党、升学等，影响自己评定职称、考研政审、劳动保险及日后的离退休手续办理，也会影响出国留学。另外，工龄、待遇、社保受保时间等也是以个人档案的记录为依据的。如退休时需要依据档案认定个人出生时间，从而确定退休时间，需要确定个人参加工作时间，从而确定开始缴费或视同缴费的时间，以计算养老金金额等。除养老金外，其他社会保险，如领取失业金等，也与个人档案相关。

3. 档案的接收与管理

我国的人事档案只能由国家机关或其事业单位接收管理，这称为人事接收权。以前国家所有的企业均为国有，但现在私企、民营、外资等不是国有企业，就不能接收和管理档案，按国家政策规定，组织、人事部门所属的各级人才交流机构具有资格保存大中专毕业生就业后的人事档案，各种私营民营企业、乡镇企业、中外合资、独资企业都无权管理员工的人事档案，一般由委托的各级人才交流机构托管。

其他档案存放方式

高校毕业生到具有档案管理权限的机关、事业单位、国有企业就业的，由单位直接接收、管理档案。到无档案管理权限的单位（私营企业、外资企业等）就业的，可由各地公共就业和人才服务机构负责提供档案管理等人事代理服务。

二、毕业生落户

根据《国务院办公厅关于进一步做好高校毕业生等青年就业创业工作的通知》(国办发〔2022〕13号）的规定，取消高校毕业生离校前公共就业人才服务机构在就业协议书上签章环节，取消高校毕业生离校后到公共就业人才服务机构办理报到手续。应届高校毕业生可凭普通高等教育学历证书、与用人单位签订的劳动（聘用）合同或就业协议书，在就业地办理落户手续（超大城市按现有规定执行）；可凭普通高等教育学历证书，在原户籍地办理落户手续。教育部门要健全高校毕业生网上签约系统，方便用人单位与高校毕业生网上签约。对延迟离校的应届高校毕业生，相应延长报到入职、档案转递、落户办理时限。

三、工龄

1. 工龄的定义及作用

工龄是指职工以工资收入为生活资料的全部或主要来源的工作时间。工龄的长短标志着职工参加工作时间的长短，也反映了职工对社会和企业的贡献大小和知识、经验、技术熟练程度的高低。

2. 工龄的计算方法

（1）连续计算法。连续计算法也称工龄连续计算。例如，某职工从甲单位调到乙单位工作，其在甲、乙两个单位的工作时间应不间断地计算为连续工龄。如果职工被错误处理，后经复查、平反，其受错误处理的时间可与错误处理前连续计算工龄的时间和平反后的工作时间相加，连续计算为连续工龄。

（2）合并计算。合并计算也称合并计算连续工龄，是指在职工的工作经历中，一般由于非本人主观原因间断了一段时间，把这段间断的时间扣除，间断前后两段工作时间合并计算。如精简退职的工人和职员，退职前和重新参加工作后的连续工作时间可合并计算。

（3）工龄折算法。从事特殊工种和特殊工作环境工作的工人，连续工龄可进行折算。如井下矿工或固定在 32 华氏度以下的低温工作场所或在 100 华氏度以上的高温工作场所工作的职工，计算其连续工龄时，每在此种场所工作一年，可作一年零三个月计算。在提炼或制造铅、汞、砒、磷、酸的工业中，以及化学、兵工等工业中，直接从事有害身体健康工作的职工，在计算其连续工龄时，每从事此种工作一年，作一年零六个月计算。

在计算一般工龄时，应包括本企业工龄在内，但计算连续工龄时不应包括一般工龄（一般来说，因个人原因间断工作的，其间断前的工作时间只能计算为一般工龄）。现今确定职工保险福利待遇和是否具备退休条件时，一般只用连续工龄。所以一般工龄当今已经失去意义。实行基本养老保险个人缴费制度以后，以实际缴费年限作为退休和计发养老保险待遇的依据，之前的连续工龄视同缴费年限。工作年限或连续工龄计算应按国发〔1978〕104 号文件的规定计算，即“满”一个周年才能算一年。

本章小结

通过对本章内容的学习，了解大学生就业的程序，就业信息是如何收集和利用，以及毕业涉及的相关常识。通过对各类就业信息的收集及利用，提高找到工作的概率。了解党的二十大报告中首次将大国工匠、高技能人才提升为国家战略人才，推动技能人才队伍建设的举措。

课后习题

1. 就业形式的基本程序有哪些？
2. 就业信息的收集方法有哪些？
3. 如何利用就业信息？
4. 技能人才队伍建设的举措有哪些？
5. 工龄折算法应如何计算？
6. 结合自己求职或者兼职经历，谈谈你在就业过程中如何甄别就业信息的真伪。

第四章 求职材料与招聘的准备

学习目标

知识目标：

1. 了解自荐材料的准备内容。
2. 了解招聘的准备工作。

能力目标：

1. 能够撰写一份求职信、个人简历等。
2. 能够熟练掌握招聘会前的准备工作。

素养目标：

培养大学生务实灵活的求职观念、积极进取的求职精神。

第一节 自荐材料的准备

对于即将面临就业的每位毕业生而言，当务之急的事情恐怕就是制作一份个人自荐材料了。因为在双向选择过程中，大部分用人单位安排面试的依据是反映毕业生情况的自荐材料，通过这些自荐材料来判断和评价毕业生的学习成绩、实践技能、工作潜力。要让用人单位认识自己、了解自己、选择自己，从而实现自身就业愿望，就必须利用各种途径和方法正确地宣传自己和展示自己。大部分用人单位在多数情况下，是通过自荐材料来了解求职者的，因此自荐材料准备得充分与否，对于求职者能否成功就业是关键的一环。

一、自荐材料的内容、特点及作用

（一）自荐材料的内容

自荐材料的内容主要包括求职信、就业推荐表、个人简历、成绩单、社会实践及实习的鉴定材料、证件与证书等内容。

1. 求职信

求职信是毕业生在收集需要的信息后有目的地向用人单位做的自我介绍。其是针对特定单位（岗位）的特定人写的，主要表述求职者的主观愿望和特长，以求吸引面试官的注意力，取得面试机会。求职信在求职过程中作用重大，是学生自我推销、展示自己公关能力的重要一环。

2. 就业推荐表

就业推荐表是为了就业而制作的一份推荐表，一般情况下，就业推荐表为各学校统一规定模式，再交由学生根据自己的实际情况填写表格内信息，完善表内信息后，需有学校盖章方为有效。

就业推荐表是各地学校向用人单位推荐毕业生的书面材料，表中所填内容反映了学生的个人信息、学习成绩、奖惩、社会实践经历等方面的情况，是用人单位选择人才的重要依据，直接关系毕业生的切身利益。

就业推荐表涉及面广、内容丰富。用人单位在接收毕业生书面材料时，一般把学校统一制作的推荐表作为考查毕业生的主要依据。毕业生在寻找工作时，原则上用推荐表复印件。当用人单位确定要接收毕业生，正式签约时才用正式推荐表。

3. 个人简历

个人简历是反映求职者个人的简要经历，是一个人生活、学习、工作的经历与成绩的概括和总结。

通常来说，一份标准的简历通常需包含大学生的姓名、性别、年龄、民族、籍贯、政治面貌、学历、联系方式、自我评价、工作经历、学习经历、荣誉与成就、求职愿望等内容。当然，由于大学生所求职位不同，简历的内容也可以适当进行调整。例如，应聘财务人员的简历，可重点突出自己的求职意向、专业课程及成绩、所获证书和实习经历等；应聘新媒体运营人员的简历，则可以突出自己的性格兴趣、爱好特长、综合素质和实践经历等。

4. 成绩单

成绩单是大学毕业生学习成绩的证明，通常为表格形式，应由学校教务部门出具并盖章。

5. 社会实践及实习的鉴定材料

这能让毕业生体验社会生活，为毕业后踏进社会做好充分的准备，积累相关经验，提高自身的实力。鉴定材料是社会实践单位和实习单位给予的评价，对日后就业有一定的帮助。

6. 证件与证书

证件与证书是毕业生求职、任职、执业等的资格证，是企业招聘、录用人才的主要依据。它不仅会帮助毕业生获得更多的就业机会，是就业的敲门砖，而且可以提高毕业生打开招聘企业这扇门的概率。证书有外语等级证书、计算机等级证书、各类奖学金及其他获奖证书、各种技能证书、各种职业证书等。

除以上的主要内容外，自荐材料还包括导师推荐信、公开发表的论文（或文章）复印件或证明等。

（二）自荐材料的特点

1. 客观性

自荐材料必须以事实为基础，以能够顺利就业为目的。

2. 创造性

自荐材料从形式到内容，材料的结构和组织取舍，完全可以发挥求职者的创造性思维和丰富的想象力。一些用人单位常常被这些创造性很强的自荐材料所吸引，才决定给予面试的机会甚至聘用，但创造性并不等同于求奇求异，切忌把材料搞得花里胡哨，哗众取宠，要把握好创造性和求实的尺度。

3. 独特性

正因为自己编撰自荐材料是一项创造性的工作，最能充分展示择业者的个性特征，所以自荐材料具有不可取代的独特性。

4. 全面性

要针对应聘对象，取舍得当，突出重点，结构合理，条理清晰，让用人单位能够一目了然，印象深刻，促使对方及早做出面试的决定。切勿为求全面，过分讲究面面俱到，这样反而会显得烦琐异常，而应在全面中体现灵活性和针对性，努力向有利于就业的方向调整。

（三）自荐材料的作用

1. 评判自我，推敲就业方向

在编写自荐材料的过程中，毕业生逐渐清楚了解自己的实际情况，能对自身的情况做出全面的分析和评价，明确自己的专长和爱好，这样才能把职业的要求和自己的个性特征结合起来，理性思考，做出明智的择业趋向。

2. 推销自我，敲开就业之门

通过自荐材料，用人单位不仅可以了解求职者的个人简历，而且了解求职者的知识能力及特长、爱好，所以求职者才能更有把握争取到一次面试机会。

3. 应聘自我，敲定就业岗位

自荐材料是用人单位面试的出发点及面试后做出取舍的主要依据。

二、自荐材料的整理与包装

（一）自荐材料的整理

1. 收集材料

收集个人自荐原始材料是一项基础性工作。收集材料的原则就是为就业服务，以择业目标为基础，按需收集，即围绕就业目标所需的专业特长、知识结构和能力等进行材料收集，注意专业特点、个人能力与行业特点的结合。

2. 分类整理

收集的原始材料很多，在分类整理过程中一般按以下五个方面进行专题细分：个人简历性材料、专业学习材料、特长爱好材料、社会实践材料和奖励评论性材料。

3. 编辑审查

分类整理之后就要进行编辑审查，即对分类的材料进行汇总编辑，检查一下材料是否有明显遗漏，不能出现材料残缺。同时材料含糊甚至与实际情况有出入的，一定要撤除或修改。另外，还要对材料上是否有错别字等细节进行校对。

4. 汇总分析

编辑审查后，首先要把同类型的材料集中起来；其次对材料的使用价值进行自我分析评估；最后对材料进行综合价值评分，分清主次，一一罗列出来，以便于编写使用。

5. 合理编撰

在编撰自荐材料的过程中，要针对所应聘目标的具体情况，合理取舍，有机组合，充分体现择业者的优势与特长。

（二）自荐材料的包装

在原始材料基础上将自荐材料的主体部分根据不同的应聘目标编写完后，就要进行包装这一工序了，即完成封面（主题）设计和求职文案的装订工作。封面的设计是丰富的，但其基本原则是美观、大方、醒目、整洁。封面设计要有一个主题（标题），一个好的主题，往往能吸引用人单位眼球，促使招聘方进一步了解自荐材料的具体内容。而且封面的设计风格要与求职文案内部主体内容风格一致，具有同一性、整体性。同时，封面设计中最好体现出择业者的姓名、专业、年级、学校等最基本的内容。在求职文案的装订中最好采用 A4 标准纸打印，不要用繁体字（有特殊要求除外），装帧不要太华丽，保持整洁明快是最重要的。

三、求职信的写作

求职信是应聘的基础，对于毕业生来讲，就是在了解、认识对方的同时，利用各种途径和方法正确地宣传自己，让用人单位认识自己、了解自己、选择自己，从而实现自身的就业愿望。求职自荐在很大程度上决定自己是否能获得进一步面试的机会，因此求职信无论在格式上还是内容上都要给用人单位留下好的印象。

（一）求职信的写作格式

（1）称呼。称呼要顶格写，如“尊敬的招聘主管”“尊敬的单位领导”等。根据用人单位的性质不同，求职信接收人的称呼也应不同。要注意求职信是发给单位的某个人，而不是某个单位，这样你的信才可能有具体的人进行处理。

（2）开头。以问候语开头。

（3）正文。介绍自己应聘工作的条件，要注意表现自己的成绩，突出自己的优势。

（4）结尾。强调自己的愿望并致敬。

（5）附件。选用的证明材料要有盖章和签名。

（6）署名日期。

（二）求职信的写作技巧

1. 了解对方、有的放矢

求职信是交际的一种形式。它可以反映出一个人的专业水平，从用人单位的角度考虑问题是使求职信产生积极效果的重要方法。求职者应该采取换位思考的方法，针对某一单位的某一职位而求职，通过分析用人单位提出的要求，了解用人单位的需要，然后有针对性地向其提供自己的资料，表现出自己独到的智慧与才干，使他们从求职者的身上看到希望，并做出对求职者有利的决定。

2. 条理清晰、个性鲜明

从阅信人的角度出发组织内容，根据求职的目的来布局谋篇，把重要的内容放在篇首，对相同或相似的内容进行归类组合，段与段之间按逻辑顺序衔接。信件要具有个人特色且能体现出专业水平，意思表达要直接、简洁，书写要清晰，内容、语气、用词的选择和对希望的表达要积极，要充分显示出求职者是一个乐观、有责任心和有创造力的人。

3. 实事求是、恰如其分

用成功和事实代替华而不实的修饰语，恰如其分地介绍自己。求职信是用人单位对求职人的一次非正式的考核，用人单位可以通过信件了解求职者的语言修辞和文字表达能力，可以说求职信是用人单位对求职者获得的第一印象的凭证。

4. 简明扼要、不宜太长

一封求职信不能多于一页，不宜有文字上的错误，切忌有错别字、病句及文理欠通顺的现象发生。不宜是履历的翻版，应与履历分开，自成一体。要自存副本档案。用A4纸打印。

（三）求职信的写作内容

求职信通常为一页，有开头、主题和结尾三部分。求职信的内容格式并不固定，一般包括三到五个简短的段落，下面按五段的书写格式介绍一下求职信的写作要点。

第一段应该能够引起招聘人员对自己作为候选人的兴趣，并激发阅读者的热情。阅读者为什么要读这封信？自己能够为他（她）做什么？

第二段必须推销自己的价值。自己那些能够满足阅读者需要和工作要求的技能、能力、资质和自信是什么？

第三段展示自己突出的成就、成果和教育背景，它们必须能够直接有力地支持第二段的内容。如果可能的话，量化这些成就。

第四段必须写清将来的行动。请求安排面试，或者告诉阅读者自己将在近期打电话给他们，商谈下一步进程。

第五段应该是非常简短的一段，结束这封信并表示感谢。

（四）求职信的写作要点

（1）信封、信纸要选用符合标准的，切不可随意使用标有其他单位名称的信封、信纸。

（2）要坚持实事求是的原则，恰如其分地介绍自己各方面的能力，既不贬低自己，也不过分吹嘘，要把握好一个度，要知道没有人会喜欢一个没有自信或夸夸其谈的人。

（3）篇幅适中，不宜过长。因为信写得太长、太烦琐，一定不会引起他人的兴趣。

（4）文字要顺畅，字迹要清晰。要知道求职信是用人单位对求职者的一次非正式的考核。用人单位可以通过信件了解求职者的语言修辞和文字表达能力。如果自己能写一手好字，就工工整整地手写，这样招聘单位阅读求职者的内容时，也欣赏到了求职者的特长。

（5）求职信的内容排列要清楚，段落与段落之间要有空行隔开，想要突出的重点可用特别字体，如用黑体字加以突出。

（6）学会用多种语言写求职信，比如用中英文或中日文对照，尤其是去外资公司、商社应聘，这样既表明了自己的外语水平，同时又表示了自己对这家公司的尊重。

（7）求职信应该具有针对性。每申请一份工作，应该认真写好一份求职信，以表示自己对申请这份工作的真诚。不要千篇一律地复制几十份求职信到处投寄，其结果必然是处处落空。

第二节　个人简历的准备与制作

个人简历是大学生学习生活、工作经历的一个缩影，也是用人单位考察求职大学生的重要途径。通过个人简历，用人单位可以对大学生的工作经历、受教育程度、兴趣和特长等情况进行初步了解，从而形成对大学生能力的初步判断，而大学生也可以通过个人简历展示自己。

个人简历模板

一、个人简历的准备

（一）个人简历的形式

从形式上划分，简历可分为完全表格式简历，小册子式简历，提要式简历，半文章式简历、创造式简历，按年、月顺序式简历，功能式简历七种，见表 4-1。

表 4-1　个人简历的形式

序号	名称	简介
1	完全表格式简历	完全表格式简历综述了多种资料，易于阅读，通常适用于年轻、缺乏工作经验的求职者。求职者可简单列出所学课程、课外活动、业余爱好和临时工作等资料，因为他们不深的资历很少需要分析和说明
2	小册子式简历	小册子式简历是一种多页的、半文章式的活页格式简历。这种简历可以有 4 页、8 页，甚至 20 页。它的主要优点有两个：一是提供了一种可表述更多资料的便利工具；二是其封面上容纳了一份分别打印、专门设计的求职信。但小册子式简历需要很多专门的技能去撰写、设计，因此一般用得不多
3	提要式简历	提要式简历是一种摘要，它是在完成了一份较长的简历后才摘编而成的。经历很丰富的求职者会先写一份完整的简历（如 2 ～ 3 页）来概括其资历，然后从完整的简历中摘出其资历的要点。这种简历便成了该求职者用得较多的简历，而详细的简历只有在面试官要求时才提交出去
4	半文章式简历	半文章式简历使用较少的资料表格设计，表格的数量和文字记载的长度可以变化，以体现求职者的长处。这种简历通常适用于经验丰富的求职者，因为详述的资料能比高度表格化的资料占据更多的篇幅
5	创造式简历	艺术界、广告界、宣传界和其他创造性的求职者在准备简历时往往会打破标准的简历形式。创造式简历必须运用想象力，但也必须向面试官提供他们需要的内容。它只能用于创造性行业，一般要避免用于银行业、商业、交通运输业和制造业
6	按年、月顺序式简历	按年、月顺序式简历通过按时间顺序排列资料及突出日期来强调时间。时间顺序通常是与中国人的习惯倒过来的，即从最近的时间开始往前推，如在工作经历一栏下，按时间顺序的简历从最近的工作开始，然后是最近工作的前面一份工作，再次是再前面的工作；在教育一栏下，按时间顺序式的简历也是如此，倒序排列。这种简历可以是完全表格式简历，或是半文章式简历，也可以是创造式简历
7	功能式简历	功能式简历只强调工作的种类（功能），而不含有任何特别的时间顺序。功能式简历的主要优点是能突出实际成就，缺点是面试官不得不排出他们自己推算的时间顺序。如果严密的时间顺序对求职者不利，可使用功能式简历；如果求职者的职业进展已经有了进步，并且想找的工作和最近的工作一样，则可采用按年、月顺序式简历

（二）个人简历的内容

标准的个人简历主要由以下的基本内容组成。

1. 基本情况

基本情况主要是指姓名、年龄、性别、籍贯、学历、政治面貌、联系方式（电话号码和电子邮箱）等。个人信息模块的写作应该简单、直观、清晰并且没有冗余信息。

2. 教育背景

按照次序，写清所读学校名称、专业、学习年限及相关证明等，让招聘单位迅速了解求职者的学习背景，以判断与应聘职位的相关性。

3. 工作或社团经验

大学生一般都没有工作经验，但经常会利用假期等时间勤工俭学、兼职或积极参加各类性质的社团活动，可充分提供在校期间的打工经验、社团经验，说明自己担任的工作、组织的活动及特长等经验，供用人单位参考。

4. 爱好特长

无论是所学的专业还是单纯的个人兴趣发展出来的特长，只要与工作性质有关的才艺，都应在简历上写出来。这将有助于用人单位评估求职者的所长与应聘工作的要求是否相符。

5. 知识、技能水平

知识结构（主要课程和从事的科研活动）、外语和计算机水平，以及其他技能方面的证书等。

6. 求职意向

求职简历上需清楚地表明自己倾向就业的地区、行业、岗位等，以便招聘单位了解求职者的志向与追求，从而做出正确的选择。

（三）个人简历的要点

个人简历，一方面要真实地反映出过去的学习、生活经历，并说明择业的目标；另一方面要对用人单位的意愿做出机敏的反应。撰写简历的基本要点如下。

1. 真实性

求职材料是对自己大学生活的全面总结和反映，在内容上必须真实，切忌为赢得用人单位的好感而弄虚作假。

2. 规范性

这一原则的确立，是对毕业生所有文字材料的基本要求，求职择业材料，可以说是对毕业生大学生活的一个全面总结，在材料中既要全面反映自身的基本情况，如姓名、性别、出生日期、政治面貌、生源地、学习成绩等，又要反映自身优势、特长、爱好；不仅要突出自己的优点、成绩，也要说明自身存在的缺点；不仅要说明自己对用人单位职位感兴趣的原因，还要表达自己努力工作的决心。求职材料不仅格式要规范，而且填写术语要规范。例如在健康状况一栏，一般应填写“健康”。而不能填写优秀、良好、一般、健壮等。

3. 富有个性

这一原则主要是要求求职者的材料要体现求职者的个性，不能“千人一面”，更不能“张冠李戴”。而且，由于不同的用人单位对求职者的要求不尽相同，求职材料的准备也应根据不同的单位有所差异。

4. 突出重点

求职材料必须讲求简明扼要，突出重点，要让想了解你的人能很快地、明确地看到你的基本情况。有些同学的求职材料做工精巧，设计美观，但就是没有突出重点，前面很多

页全是一些无关紧要的东西，如学校简介、院系简介、人生格言等。有些用人单位如果投递材料的人比较多，这样的求职材料一般不会去看。这会影响求职成功率。

5. 全面展示

一个好的求职材料是在突出重点的情况下还可以全面展示自己。一个全面的材料至少应包括几方面内容：封面（写有姓名和联系电话）、照片、个人简历、求职信、推荐表、成绩单、外语等级证书复印件、技能证书复印证（计算机、驾照等）、获奖证书复印件。

6. 设计美观

准备求职材料的目的之一是吸引用人单位对求职者的注意力或者让用人单位对求职者感兴趣。因此，求职择业材料的设计就显得尤其重要。一般来说，求职择业材料，无论是文字的，还是表格的，都应采用 A4 复印纸打印或复印，复印件不要放大或缩小，并进行必要的版面设计。学习理工类专业的毕业生，求职材料的版面要讲究自然、朴实、理性、洁净的风格；学习文学、艺术、管理、软件设计等专业的毕业生，求职材料要富有创意。

7. 杜绝错误

所有的材料要杜绝一切错误，无论是语法上的、文字上的、用词上的、标点符号还是打印错误。就像你每天都能见到形形色色的广告一样，招聘经理们在招聘季节也是每天都能收到成百上千份简历。要让你的简历脱颖而出，让招聘经理注意到你的简历，并且相信你有可能是他们正需要的合格、合适的人，产生了把你叫来面试、进行一番“试用”的想法，就需要你在书写简历时，如同营销经理一样，运用合适的“营销组合”，对自己加以营销。

典型案例 4-1

案例背景：

张某是某高职院校的毕业生，学的是阿拉伯语，大学期间在一家贸易公司兼职做了 1 年翻译。兼职期间，张某的工作能力得到公司总经理的认可，并许诺他毕业之后就可以直接过来上班。

很快到了毕业求职的高峰期，张某与该公司总经理电话联系，由于该公司与沙特公司的贸易订单取消了，业务方向改为东南亚地区，因此公司不再需要阿拉伯语专业的人了。张某感到很沮丧，缓和心情以后，连忙制作个人简历。没有求职经验的张某，拿出 400 多元制作了 8 套精美的个人简历，仅 1 套个人简历就是厚厚的一叠。

来到招聘现场，面对人山人海的招聘会，张某深深地吸了一口气，开始在每个用人单位的摊位上查找与自己匹配的岗位。张某把个人简历一份份递上，得到的答案不是专业不对口，就是要求有 2 年以上的工作（或实习）经历。经过一段时间的搜寻，张某终于找到一家集团的海外贸易部，张某将个人简历递给 HR，“你是学什么专业？到底要应聘什么岗位？写那么多内容干吗？等电话吧！”说完就把个人简历扔进一大摞简历堆里。张某悻悻地走了，又在招聘会走了一圈，工作的事情仍然没有着落，可手上的简历已经一份不剩了。正当张某转身要离开招聘会场时，无意间看到了一家旅游公司，这家旅游公司招聘会阿拉伯语的导游，张某拿出随身携带的笔记本，将自己的姓名、专业、学校、特长、联系电话写在笔记本上，然后递给了旅游公司的负责人，负责人拿着张某写得歪歪扭扭字的白纸，皱了皱眉头，不情愿地收下，努力地挤出笑容说“回去等通知吧。”

一个星期过去了，张某没接到任何一家用人单位的电话，长叹了一口气，无奈地摇头。

案例分析：

案例中的张某轻信了兼职公司总经理的允诺，导致自己在求职过程中处于被动状态，匆匆忙忙中准备了几份简历。简历看似精美无比，实则华而不实。一般来说，简历一定要写得整洁清晰，反映出自己的真实情况。一般不超过一页纸，对于与求职目标有关的情况要重点突出。简历内容上，无论在用词上、术语上还是撰写上都要准确无误。诚实描述自己，做到不卑不亢，才能赢得 HR 的青睐。

（四）个人简历的细节

相对于职能部门，HR 们都是外行的，因此他们更多的是从企业的角度出发，查看求职者的个人素质是否与企业文化一致；他们同时还会站在职场发展的角度，查看求职者的基本能力和发展潜力。这两点也是求职者要在简历中重点予以体现和证明的。

面对大量简历的时候，如果 5 秒内在简历上还找不到和职位相关的信息，HR 们往往就不会再看下去，如果 15 秒还没有看到求职者胜任或适合岗位的优势信息，往往也不会再继续看下去。人的习惯都是自上而下、自左而右地看东西，但对于需要快速浏览简历的 HR 们来说，他们一般看的却是简历的中上部。也就是说，在一页简历的中上部的信息一定要和应聘职位相关，并且能反映个人对于应聘职位的最大优势。

HR 看简历时，首先是看求职者是否具有胜任该职位的能力与素质。知识、证书、技能与能力、经验等都是证明你能胜任这个职位的依据。其次，HR 会判断求职者是否适合他们公司。这就要看求职者的自身素质。求职者需要用实例来证明自己的诚信、认真等品格。

（五）个人简历的补缺

俗话说：人无完人。对于应届毕业生来说，缺乏相关工作经验便是求职的一个主要缺点。对于一些学生来说还存在着一些我们俗称“硬伤”的缺点。例如，学习成绩不够好、缺少公司实习经历、应聘的职位与专业不相关、学校没有名气，等等。那么在这样的不利条件下，我们该如何来调整自己的简历，让 HR 看到我们的优点呢？实际上，我们可以借用中国传统拳法——太极拳里的一个招式“借力打力”来“修饰”我们的简历，以在保持简历真实性的基础上，最大限度地展示我们的优点，淡化我们的缺点。

1. 学习成绩不好

首先明确一点，大多数公司在招聘应届毕业生的时候，学习成绩固然是一个很重要的考核指标，但不是决定性的。因为多数公司更看重的是应届毕业生的综合素质及能力。学习成绩好只能说明求职者在学习课堂知识方面有独特的方法，并不能说明其他能力也很优秀，高分低能的大有人在。

如果你的学习成绩一般，建议可以从以下两个方面来准备简历。

（1）突出相关的、高分的课程。建议将“相关的”“相对高分的”课程写到简历里面去，而将“不相关的”“相对低分的”课程从简历中删除。

（2）突出实习兼职、社团或学生会经历。如果学习成绩不是很好，那么建议突出相关的实践活动。因为“理论”与“实践”通常不可能总是“两全其美”的。而通过实践经历来证明综合素质，大多数情况下比突出成绩更有效。

2. 缺少公司实习经历

对于缺少公司实习经历，或者缺少与应聘职位或行业相关的实习经验的学生来说，应该从以下方面来弥补没有类似实习经验的劣势。

（1）突出社团、学生会等的实践活动。可以将在学校参加的社会实践活动作为工作经历、实习经历来描述。因为如果在学校担任过社团、学生会等的干部，有独立或带领团队合作安排社团活动的经历的话，从某种程度上来说，同样代表了你具备沟通能力、团队合作能力等企业看中的能力。不过特别值得一提的是，并不是每项社团经历对求职者都有帮助，也不是每一次的校内活动都有正面的意义，建议大家在处理这个部分的时候根据应聘的职位和公司慎重地进行选择和调整。

（2）强调个人技能、培训经历、快速学习能力。求职者应该强调自己已经掌握的知识、工具，或参加的培训经历，并以真实、详细的例子来证明自己具有极强的学习能力，能够有效地弥补自身所欠缺的工作、实习经验。例如，可以将论文中应用的研究方法、使用的软件等作为个人技能及经验的证明。如果有与应聘职位相关的培训经历，更要强调显示。例如，某学生应聘财务助理，职位说明中要求求职者能熟练操作财务管理软件，该学生的大学课程中有学习相关软件的课程，他就将此课程作为培训经历来重点描述，向 HR 强调自己的个人技能及快速学习能力。

（3）勤能补“拙”。可以在简历的工作技能部分强调“勤奋苦干”，同时，也可以表达不怕工作条件艰苦的意愿，例如“愿意在周末和晚上加班”或“能够接受出差或外派”，也许这样就能获取工作的机会。

3. 应聘的职位与专业不相关

也许求职者是一个采矿技术专业的学生，但是计算机编程能力很强，大学在读期间做了很多与编程相关的项目或者实习；也许学的是信息管理与信息系统专业，却自学了财务管理的课程……实际上，现在越来越多的应届毕业生所找的工作与自己所读的专业并不相关。因为越来越多的企业开始放宽对专业的限制，甚至不限专业，但是一般 IT 技术类的岗位还是要求专业对口。如果是跨专业求职，那么简历中该如何写？建议大家从以下方面来考虑。

（1）突出双学位 / 辅修专业 / 选修课程。虽然有些职业对专业性要求不强，但如果学生具有一定的相关专业背景，自然在求职中能更胜一筹。现在很多大学都开设了辅修专业课程，这对跨专业应聘的学生是很有帮助的。所以，准备跨专业求职的学生，有必要尽早规划就业去向，在专业课以外选修或辅修相关的课程。

（2）突出外语能力、个人技能。在跨专业求职中，工作能力是最重要的考量，外语能力、计算机能力、与职位相关的专业技能、沟通表达能力、团队合作精神等都是简历中应该突出的亮点。

（3）突出实习、社会实践经历。如果能够及早洞察自己未来求职要面临跨专业的问题，那么平时就应该多参与相关的实习及社会实践，用实践经历来说话。

4. 学校没有名气

如果求职者是毕业于高职高校，那么在简历中可以强调参加的校内、校外的实践活动及实习经历，或者参加过的这样那样的培训经历，或者拥有的技能、证书等，不要因为就读的是高职院校就自卑或怀疑自己，而要找准自己的职业定位，积极去争取属于自己的职位。

在每年招聘应届毕业生的企业中，倾向招聘名校毕业生的企业只占少数，大多数企业看重的是求职者个人的综合素质及能力。因为就算名校毕业的也有庸才，非名校毕业的也有精英。所以在求职战场中，你不能输在自信心上。

二、个人简历的制作

（一）个人简历的制作技巧

1. 应简洁有力

在个人技能方面的介绍要消灭废话，消灭罗列一大串最基本的计算机应用技能，改成“熟练使用 Word、Excel 软件”。不要罗列一大堆学过的课程，除与应聘职位有密切相关的课程外，其余尽量不体现。消灭套话、空洞的自我评价、感慨，所有信息应紧密围绕招聘的职位。

2. 用数据说话

修改前：获得国家励志奖学金。

修改后：获得 2022 年国家励志奖学金（奖金 5 000 元），全院系仅 1 人。

修改前：外语水平达到雅思水准。

修改后：雅思成绩 7 分，相当于英语专八级水平。

用数据或百分比指标来量化技能或成绩，可以让 HR 更加直观地了解求职者的技能或成绩水平。

3. 展现闪光点

如工作经验部分，大部分同学没有社会工作经验，成绩不明显。求职者可以围绕实习经历、志愿者经历、短期社会实践经历（兼职、勤工俭学等）等开展。

4. 信息相关性

如申请市场推广专员岗位，可以在社会工作经验中如下体现。

2020.10—2021.3，某超市商品促销员（促销商品稳居月销售第一名）。

2021.4—2021.5，某银行信用卡中心营销员（信用卡办卡成功率 90%）。

2021.6—2021.12，某房产中介经纪人（成交房屋 2 套，成交价 120 万）。

2022.1—2022.3，某地产公司市场推广专员（协助完成策划方案，小组获最佳策划奖）。

5. 有专业水准

如某结构设计专业毕业生，应聘 A 设计院的结构设计专员，为此在简历后附上了自己毕业设计作品——某住宅小区结构设计图纸，体现出求职者的岗位能力、水平和职业意识。

6. 要设计合理

良好的简历设计布局，可以让阅读者赏心悦目，就职成功率也会大幅增加。现在互联网平台上有大量的简历模板可供求职者使用，求职者可根据自己实际需要，选择合适的简历模板进行编辑。以下几组简历设计布局为比较优秀的范例，以供求职者借鉴（图 4–1）。

简历设计布局范例

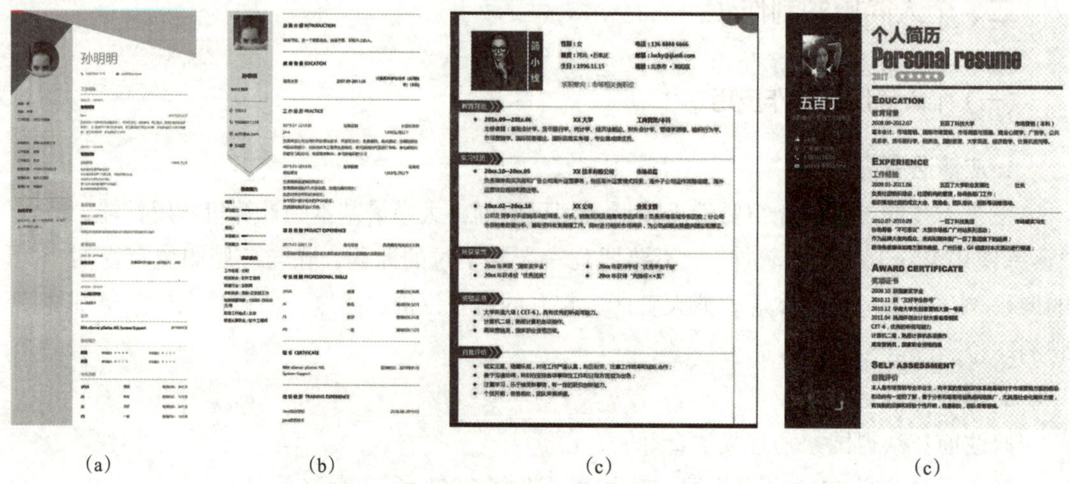

（a）（b）（c）（c）

图 4–1　简历设计布局范例

(二)个人简历的内容范例

个人简历

【个人概况】

姓名:××

性别:男

民族:汉

健康状况:良好

毕业院校:×× 职业技术学院

学历:高职专科

联系电话:×××××××××××

电子邮箱:××××××@××.com

通信地址:××××××

【教育背景】

2018 年 9 月—2021 年 7 月就读于 ×× 职业技术学院建筑与测绘工程系。

专业:智能建造技术专业。

【主修课程】

建筑结构、装配式建筑技术、BIM 技术应用、智能施工技术、Python 程序设计、智能机械与机器人、智能项目管理、智能检测与监测技术等。

【专业能力】

熟练掌握 CAD 制图技术,能独立完成一整套结构设计图纸的绘制工作。

【实习经历】

2019 年 7 月—2020 年 12 月,×× 设计有限公司从事结构设计助理工作,团队协作完成 25 万平方米的住宅楼群结构设计图纸的绘制工作。

2021 年 1 月—2021 年 3 月,×× 建筑设计集团从事结构设计制图员工作,独立完成 2.5 万平方米的商业楼结构设计图纸的绘制工作。

【外语水平与 IT 知识技能】

国家英语四级成绩优秀。

全国计算机等级考试二级(C 语言)合格。

熟练使用 3D max、Office 软件。

【获奖及成绩情况】

学习成绩本专业第二名,平均分为 92 分。

2019 年获“三好学生”称号和一等奖奖学金。

2020 年获国家励志奖学金(奖金 5 000 元),全院系仅 1 人。

【自我评价】

本人性格开朗、为人诚恳、乐观向上,拥有较强的组织能力和适应能力。

【求职意愿】

在建筑设计国有企业从事结构设计制图工作。

（三）个性简历的制作创新

在招聘求职会上，个性突出、特征鲜明的求职者容易在竞争中取胜，而个人简历也需要个性突出、特征鲜明，个性化的简历会从众多简历中折射出光芒，吸引招聘官的目光。但在各种简历模板、写作规则、注意事项前，许多求职者迷失了自我，个人简历失去了个性，把个人简历当成了自我吹捧的抒情散文，过于专注自己取得的每一项成就，这些八股文的简历在求职竞争中不仅不能为求职者带来帮助，反而会将原本有个性的求职者淹没在众多的泛泛而谈的垃圾简历中。

个性简历的制作主要从以下几个方面进行。

1. 针对用人单位进行创新

个性简历就是为目标企业量身定做的，具有唯一性和原创性，简历上体现了招聘官最经常见到的，但又最有感情的几个基本要素。以下两个事例可供参考。

第一位大学毕业生应聘的是某医药公司，他把自己的简历当作了该医药公司新产品的说明书来制作。在简历的封面充分表现了招聘官最希望看到的、最有感情共鸣的几个元素。新产品、企业标识、企业名称、企业识别色等企业视觉识别元素。

第二位大学毕业生应聘的是某银行，他的简历就是为该银行量身定做的，具有唯一性和不可复制性。他将简历做成了该银行刚开发的某种理财产品的说明书。封面设置了该银行名称、行徽，以及银行利率、理财产品、中间业务等元素。

对于招聘官而言，这些元素具有特殊的意义，他们带来的情感影响和共鸣绝非一匹奔马、一栋大楼、某学校大门、一台电脑，或某大学、某专业这些要素所能比拟的，招聘官通过观看这些要素传递的信息，极大地加深了对简历所有者的认同感和亲切感，我们很难想象，无论是医药公司还是银行的招聘官，甚至人事经理接到一份这样的简历时，他们会是什么样的心情，他们会怎样看待这份简历的主人？这份简历一定是一份能引起他共鸣的简历、独树一帜的简历、一个有心人的简历，招聘官绝不会把这份简历压在众多的垃圾简历中，被收废旧报纸的阿姨收走。

因此，只要认真思考，深入分析你应聘的单位，多认识、多了解，结合企业的基本情况，充分考虑招聘官的情感需求和心理愿望，把自己以合适的形式同企业相结合，以恰当的方式表现出来，你的简历就是独具个性、富有创意、被招聘官从众多的简历中抽出来放到一边的“黄金简历”。

2. 针对应聘岗位进行创新

简历还可以从体现求职者应聘岗位所需的职业技能和职业修养的角度进行创新，在简历上表现出求职者具有符合应聘岗位要求的能力、水平和职业意识，这是简历创新的第二个方面。以下一个事例可供参考。

小王同学应聘的岗位是某房地产开发公司的策划专员，他把个人简历做成了一份楼盘预售公告、一份楼书。

对于房地产开发公司而言，策划专员这个岗位要求求职者要具备独特的思维，富有创意和激情，要能做好策划工作，首先必须能够策划好自己的简历，既结合了从用人单位进行创新的要求，在简历中体现了招聘官喜闻乐见的基本要素，还结合了应聘的岗位进行简历的创新。我们想想，对于房地产开发公司来说，最熟悉、最亲切、凝聚了公司员工心血的东西是什么？最令他们骄傲的是什么？是他们成功开发的楼盘，对于房地产开发公司策划专员的要求是什么？是具备策划人员独有的创新意识和表现能力，而这位同学在求职简历中充分体现了上述要求。

楼书是房地产开发公司与顾客沟通的重要工具，也是最能体现房地产开发公司专业能力和策划水平的重要载体，还是最常见的楼盘表现形式，这位同学能进行大角度的思维转换，充分说明他完全具备策划人员的基本素质，而且还是个极富创意的策划人员，这样的人员正是企业打起灯笼都难找的人，他们会把这位同学的简历放进公司“人才库”吗？显然不会，招聘官大概率是马上就拿起电话，通知这位同学前来面试。

根据从岗位出发进行简历创新的要求，我们同样可以制作不同形式的个性简历，如从事人力资源管理岗位的，你的简历可以做成计划引进的人才档案，以人才档案的形式出现，内容可以是引进人才的原因、人才的主要成就等要素。

3. 针对专业进行创新

大学里的专业门类繁多，各个专业有其专业特点和专业术语，从专业出发进行个人简历的创新，可以用专业术语来对简历进行处理，通过简历体现专业素养和对专业的深入理解。以下一个事例可供参考。

小郑同学是计算机专业毕业的，应聘的岗位是某公司软件开发人员，他把自己的求职简历做成了一份程序设计书。

这样的简历体现了让招聘人员乐于见到的企业元素，还与他应聘的岗位——软件开发工作相结合，以计算机的语言——程序设计书的形式表现了这位同学极好的专业意识和专业素养。

程序设计是计算机专业人员体现专业技能的主要形式，也是对这一专业的工作人员最基本的要求，收到这样的简历，招聘人员基本上不会怀疑简历主人的专业能力和专业修养。成天面对千篇一律的求职简历的招聘人员突然间看到一份特别的、有自己企业的元素、极富专业意味的求职简历，那种豁然间耳目一新的强烈感觉会令其立刻做出通知简历主人面试的决定。

每一专业学科都有本学科的专业术语，以自己的专业术语来诠释、体现、制作简历，你的简历就一定会是一份让人过目不忘的简历，让人爱不释手的简历，让你未来的同事讨论的简历。要获得一个初级岗位，对于简历的主人而言，应该不会是一件困难的事情。

总之，简历是一件传递信息的工具，是协助简历的主人在竞争中脱颖而出的武器，只要是能切实有效地帮助求职者实现求职的阶段性目标的简历，就是一份成功的简历，从这个意义上来说，简历的创新并不是十分困难的事情，只要放开想象的翅膀，大胆尝试，敢于创新，任何人都能做出一份有创意的简历。

第三节　招聘的准备

一、招聘会的准备

参加人才招聘会是目前人才交流的最普遍的一种途径。在毕业生求职调查中，统计最有效的求职方式时，招聘会排列前三位。毕业生就业过程中，参加招聘会的目的是推销自己，赢得面试。为了有效、有益地参加招聘会，应注意的问题如下。

（一）事前准备应注意的问题

（1）通过网络或学校宣传了解参加招聘会的企业及其岗位要求，挑选自己比较满意和适合的岗位记录在本子上。

（2）思考需要沟通的问题，并记录。

（3）穿着打扮要求得体干练、素雅大方；言谈举止要求保持良好的精神状态，文明礼貌、谈吐自然；最后要谨记维权防骗。

（4）查找公交路线并记录。查好到招聘会现场的公交路线和时间，并记录在本子上或者用手机拍照。

（5）根据需要，准备对口的简历。一份简历打天下不是明智的选择。每一份工作的性质决定了它的岗位要求不一样：有的偏向市场销售与管理能力，有的侧重技术能力；或者有的侧向软件领域的技术经验，有的侧向于硬件开发经验。如果简历中规中矩，就不能突出重点，没有吸引力。所以，我们可以根据自己的职业规划和岗位需求，制作 2 ～ 3 份针对不同方向的简历。然后打印出来，贴上照片，每份简历复印 5 ～ 30 份不等。

（6）思考自己的薪水期望、工作地点、特别要求（如安置家人）等并将其记录在本子上，并提醒自己记得咨询公司的福利、食宿情况，并一一记下。如果在招聘会现场因为紧张而遗忘，查看记录即可。

（7）准备各类证书。参加招聘会要携带多份设计好的求职简历，多份身份证、毕业证、学位证、获奖证书的复印件；应准备笔、记事本等。

（8）其他准备。可准备一个透明的信封状的文件夹，这样在现场取简历会方便很多。将简历、证件与复印件、照片、笔，以及记录心仪企业的本子一起放进文件夹；将手机充好电，以防手机没电。

总之，即将走上社会的大学毕业生，事先要确定自己的职业方向，即自己分析自己，喜欢干什么，能干什么，具备的工作能力有多少，有哪些特长，确定最适合自己的职位，再做资料准备。为自己设计一份求职简历，让人 30 秒就能读懂，印象深刻、条理清晰较合适。比较有效的求职简历是：将自己的自然状况、学历情况、培训（工作）经历、考取的职业证书、专业特长、获得的奖励、求职意向、联系方式浓缩到一页 A4 幅面纸上。要求实事求是、语言精练、主题明确。有些毕业生花费心思设计的彩页、多幅、装订精美、成本较高的求职简历，并不适合在招聘会上使用，可在面试时使用；其后做心理准备，树立坚定自信心，勇敢走向社会，并准备遭遇挫折。这次招聘会可能有结果，也可能一事无成，但不怕失败。

（二）事中准备应注意的问题

（1）招聘会一般是在上午，进入人才市场的时间不宜太晚。早点进入现场，可以有充足的时间收集信息，了解行情，掌握到会单位的情况。

（2）索取现场地图或企业列表宣传单。通常招聘会现场外面会有人发送现场地图或企业列表报纸，索取后将心仪企业的位置标出。

（3）根据地图或列表指引，找到心仪企业。

（4）交谈不必太早。进入人才市场后，最好是先尽快地浏览一遍，根据自己的求职意向，确定几个重点，再去交谈。

（5）充分利用大会的会刊。从上面查找自己的专业和感兴趣的公司，然后直接去其所在场馆，这样能够提高应聘效率。仔细查看岗位要求，如果合适，投递对应的简历，与面试官交流。如果希望加深面试官对自己的印象，可在简历上贴一张彩色照片。

（6）在招聘会中，要有观、听、问、递、记的过程。

观：走马观花先浏览一遍，然后按照自己的求职意向，锁定几个目标，并确定主次。

听：在锁定目标的展位前，作为旁观者，听用人单位的介绍，听前来求职者对用人单位的询问，探听用人单位的口碑；应注意听面试官向其他求职者的介绍是否与你了解到的情况一致，听一听其他求职者的议论，再听取一下别人的建议和意见。

问：选择你最感兴趣的单位，最先和他们谈，要主动提问题。咨询用人单位的所有制性质、用工形式、企业发展情况、应聘岗位的人员结构、应聘岗位的任务责任、培训情况，以及其他相关信息。至于薪水、福利等问题，要在面试以后，公司对你有明确定位时方可提出。

递：决定应聘时，双手递交自己的求职简历，以显示应聘这个岗位的诚意。

记：记录自己投递个人简历的公司名称、应聘岗位、地址、联系方式、联系人，以及怎么得到的面试通知（时间、地点）等。

（7）面试时要沉着，展示自己最棒的一面。如果太紧张，不知道说什么，可以参考简历。重视举止形象。毕业生要掌握必要的礼仪和谈话技巧，并要适当地“包装”自己。

（8）向面试官咨询关心的问题。如有遗忘，可查看记录本。记录面试官对公司与工作的一些描述。

（9）善咨询、问明白。应仔细询问用人单位的详细情况，包括单位的上级主管部门、所有制性质、法人、招聘的内容和目的、用工形式、工作时间、月薪支付等，做到心中有数。

（10）心仪的企业面试完以后，按顺序在场内走一遍，并向有兴趣的企业投递对口简历、面试。记录公司的名称、岗位，以及面试官对公司与工作的描述。

（11）参会时不要带过多的证件原件。因为会场参加应聘的人很多，用人单位通常没有时间当场核验证件原件。

（12）注意时间的把握。一定要保证有充分的时间走完整个招聘现场。

（13）多小心、防受骗。近年来，骗子利用招聘会行骗的事时有发生，其手法往往并不高明，但总能得手，主要是因为不少求职者缺乏必要的自我保护意识。不要向用人单位抵押各种证件、交纳任何费用等。

（14）不让朋友，尤其家长陪同，以免给用人单位留下“缺乏独立性”的不良印象。

（15）留下必需的资料。大部分企业不会当场拍板，散会后两三天内要及时与用人单位联系，不能被动等待。另外，签约一定要慎重。

典型案例 4-2

案例背景：

“两分钟审核，五分钟到账”“无须抵押，分分钟汇款”“低门槛、高额度、无风险”这样的广告数不胜数，但这看似诱人的话语背后是一个个挖好的陷阱。近年来，“校园贷”屡屡被曝光，以下列举的是常见的“校园贷”典型陷阱，供大家警醒！

“培训贷”——在求职时遇到薪酬优厚的公司，签订实训就业协议时，还需交一笔高额培训费用；很多学生无力缴纳，公司人员表示，可先在公司或第三方贷款；在学生办理贷款后，公司承诺的高薪没拿到，反而因办理“培训贷”欠下上万元贷款。

“学习贷”——不法分子假扮职业培训机构工作人员招募学生，谎称需要通过报名人数来冲业绩，只要去报到，就能领取奖励金；参加培训的学费，需要通过贷款付清，这些机构声称会负责还清所有的本金和利息，报名人不需要承担任何费用；不久后，这些培训机构人去楼空，报名人却背上了巨额贷款。

“回租贷”（ID 贷）——学生把手机“租赁”给贷款平台，绑定指定的苹果 ID；平台“评估”手机价款，期间平台要求学生填写身份证、银行卡、紧急联系人等信息；发放“砍头贷”，学生获得的借款中已扣除相应“服务费”“评估费”；因手机任由本人使用，平台以手机“回租”的方式，与学生约定租用期限（即借款期限）和到期回购价格（即还款金额），如没按时还款，就通过读取手机通讯录、手机定位等威胁借款人。

“裸条贷”——借款人（多为女大学生）通过网络借贷平台借款，并设定高额利息；以借款人手持身份证的裸体照作为担保；当借款人不能按期还款时，贷款人以公开其裸照和与其父母联系的手段逼迫还款。

“美容贷”——主要瞄准爱美却缺钱的学生群体；当学生无力支付手术费时，咨询师推荐信用贷款及分期付款的方式，以“不收任何手续费和利息”怂恿学生贷款；由于美容机构和金融平台存在合作关系，且贷款发放过程比较随意，其间暗藏金融风险。

“刷单贷”——不法分子称网贷平台职工“刷单冲业绩”，支付小额佣金作为报酬；诱导学生用身份信息申请网络贷款，将放款转账至指定账号；骗子偿还前几期月供取得信任后，继续诱导学生贷款；最后，骗子拿放款的钱跑路，未还款项需学生自己偿还。

“分期贷”——以大学校园为目标，通过和科技公司合作等方式进行诱导性营销；针对在校大学生，发放一千元至数千元的短期互联网消费贷款，其利率往往超过 36% 的法律红线；以“零首付”“不用卖肾就能换手机”等噱头，引诱大学生过度超前消费，导致部分大学生陷入高额贷款陷阱。

“传销贷”——不法分子借助校园贷款平台招募大学生作为校园代理；要求大学生上交会费、发展下线并进行逐级提成，具备传销的特点。

案例分析：

“校园贷”陷阱可谓千变万化，应谨记以下几点以防受骗。

（1）保护好个人信息。大学生要增强防范意识，谨慎使用和妥善保管个人身份信息，不轻易对外泄露自己的家庭住址、宿舍住址、父母联系电话等关键信息及个人隐私，更不能贪图小利而帮助别人“刷单”或提供贷款担保，切忌答应他人以自己的名义通过网络借贷平台办理分期贷款。

（2）树立正确的价值观、消费观。树立正确的消费观念是避免深陷“校园贷”陷阱的基本前提，大学生应该树立正确的价值观和消费观，理性认识自己的消费能力，根据自身经济条件制订消费计划，合理安排生活支出，避免过度消费和超前消费，不盲目消费，不跟风攀比，要培养理性消费意识和良好的消费习惯，学会对金钱的合理分配和使用，做到量入为出。

（3）了解正当的借款渠道。如果确需申请贷款的，一定先和父母沟通，认真评估自己的还款能力，到正规银行业金融机构寻求正当的借款渠道，办理助学、留学、创业贷款等相关业务。贷款前还应仔细阅读合同内容，明确贷款的额度、利率、还款方式、违约责任等重要信息，确保合同条款合法、合理。

（4）警惕“注销校园贷”骗局。实际上，相关部门、业内并没有推出所谓的“注销校园贷”操作，个人征信信息也无法人为修改，只要大学生借款后能够按时还清贷款，就不会影响到个人征信。

大学生如果对个人征信存在疑问的，可通过当地人民银行征信部门、中国人民银行征信中心信息服务平台或是拨打征信中心客服电话等官方渠道进行咨询。在接到自称贷款平台工作人员要求“注销校园贷”或类似的电话时，一定要保持高度警惕，保护好自身财产安全，不轻易向陌生账户转账。

（5）主动学习金融消费知识。大学生应当主动学习有关金融方面的消费知识，尤其是要了解金融服务方面的法律法规以及国家在大学生贷款方面的政策，提高对各种形式“校园贷”陷阱的辨别能力和自我保护能力，对借贷机构广告宣传中的“免费”“优惠”“打折”等内容要多留个心眼，增强防范意识。

（6）用法律的武器保护自己。我国政府一直高度重视不良“校园贷”的整治工作，并由教育部、公安部作为牵头部门，持续对不良“校园贷”机构进行严厉打击，以保障广大学生的合法权益。

因此，学生如不慎踏入不良“校园贷”陷阱或者遇到疑似不良“校园贷”诈骗的情形，应当积极收集并留存有关证据，可通过有关部门如实进行登记举报、提供线索，或是直接拨打110报警、向教师求助。

（三）事后准备应注意的问题

（1）保持手机开机。

（2）回顾自己在现场的表现，写下自己可能被录用以及期望被录用的企业名称。

（3）面试结果会在当天下午或事后一周内给出。要及时电话询问投递简历的用人单位，了解自己的求职结果。如果半个月内都没有消息，就不是好消息。如果企业只是为了储备应届毕业生的简历，则不一定。

（4）面试的结果可能是参加复试，也可能是被录用。接到录用通知的时候，要留一周至一个月的时间等待其他机会，比较决定。具体看与录用企业沟通的结果。如果企业急着用人，那只能作取舍了。

（5）在接到录用通知前，甚至在正式上班前，都不要停止寻找工作。

（6）招聘会后，如果没有面试机会，也不要气馁。总结经验，收集就业信息，等待机会，以利再战。

二十大速递

2023 年北京地区毕业生就业服务月活动启动

2023 年北京地区毕业生就业服务月活动的首场线下招聘会日前举行，有 75 家用人单位提供岗位 650 个。北京市人力资源和社会保障局同步开展“校区对接”活动，组织北京市朝阳区、海淀区、房山区等人社部门的工作人员现场与校方对接，将政策和服务送进校园，帮助毕业生早就业、就好业。

为深入贯彻落实党的二十大精神，促进高校毕业生高质量充分就业，推动公共就业服务向校园延伸，“2023 年北京地区毕业生就业服务月活动”即日起正式启动，将持续 3 个月。活动由北京市人力资源和社会保障局与北京市教委、市国资委、市工商联共同举办。

预计 6 000 余家用人单位提供就业岗位 10 万余个

活动期间，北京市将充分发挥高新技术产业基地密集、创业产业园区数量较多的优势，积极开发不同类型岗位资源，持续推进资源汇聚，精准对接毕业生需求，提升服务效能。根据毕业生需求，还将走进中国人民大学、北京工业大学、北京建筑大学等校园，组织开展专精特新小巨人企业、医药健康、人工智能等特色专场招聘会。活动期间，北京市将举办百余场线下线上招聘活动，预计将有 6 000 余家用人单位提供就业岗位 10 万余个。

本次服务月活动的服务对象不仅包括北京地区高校毕业生，还将往届离校未就业高校毕业生及 35 岁以下登记失业青年纳入服务范围。另外，求职者还可以通过线上渠道获取相关就业服务，主要有：北京市人社局“北京毕业生就业创业服务平台”“就业超市”，北京市教委“北京高校大学生就业创业信息网”，“好工作”“百姓就业”“成功就业”“京企直聘”微信公众号以及北京市各区和各高校网站、直播平台等。

服务月期间将组织“一进五送”系列活动

在2023年北京地区毕业生就业服务月期间，市人社局根据北京地区高校特点和毕业生就业需求，将组织“一进五送”系列活动，即市区“人社局长进校园”，送政策、送岗位、送信息、送指导、送培训。

后续，还将陆续组织全市人社系统的更多局长走进高校，开展政策宣讲和解读。同时，组织职业指导师、知名企业HR等，配合开展就业指导、直播带岗、空中宣讲等活动，进一步擦亮“职业指导直通车”品牌，通过多种途径，拓宽学生获取政策和岗位信息的渠道，增强高校毕业生对就业市场的把握能力，提升就业竞争力。

二、网络招聘的准备

（一）网络招聘信息的收集

在网络求职的过程中，要学习一些网络求职技巧，随时关注自己“瞄准”的企业的招聘信息，以提高求职的成功率。

1. 浏览专业招聘网站

目前许多企业，包括知名企业的招聘，主要都是通过专业的招聘网站发布信息，另外还会根据情况举办不同类型的网上招聘会。在招聘网站上发布招聘广告既方便他们收集和筛选简历，又有利于他们丰富自己的人才库。

2. 经常查看学校就业指导网站

对于即将毕业的学生来说，除招聘网站外，校园的就业指导网站也可以成为收集就业信息的一个重要途径。目前，大部分学校就业指导部门的网站均发布最新就业信息。相对其他网站的信息而言，学校发出的招聘信息真实得多，可信度较高，而且更新更快。

3. 浏览企业网站

一般来说，知名企业的网站都建设得比较好，栏目丰富，而且具有独立的招聘专区。在招聘专区中，会公布一些岗位需求信息，对岗位职责、求职者的要求描述得比较详尽。如果毕业生对知名企业感兴趣，可以进入目标公司的网站进行查询。目前在网上招聘的知名企业很多，涉及的行业也比较广。

求职者对专业招聘网站的网址一般都比较熟悉，但对于企业网站就不一定了解了。最简单的方式就是利用搜索引擎，用目标公司的名称作为搜索关键词即可查到该公司的网址。进入公司网站后，找寻相应的招募专区即可。

4. 浏览大型综合网站或行业网站

许多大型综合网站或行业网站也设有人才频道（有的称为招聘频道、求职频道），毕业生浏览这些网站时不妨多留意里面的招聘信息。

（二）网络求职的方法

收集到有效信息后，就要采取适当的网上求职方法，以便从浩如烟海的网上信息中解

脱出来，避免浪费时间和经历，提高求职成功率。下面介绍几种方法，供大家参考。

1. 选择适合自己的网上招聘会

有的网上招聘会针对的是有工作经验的社会求职人员，应届毕业生即使投了简历，也会因为条件不符而被用人单位拒之门外。因此，应届毕业生在求职的时候要注意选择适合自己的网上招聘会。

2. 主动出击发布个人信息

毕业生网上求职时，还可以化被动为主动，利用自己的技术优势，在互联网上建立自己的个人主页，充分展示自己的特色，吸引用人单位的眼光。个人主页应该图文并茂，内容应包括自己的求职信、简历、论文、实习报告、日记、个人论坛和发表的文章等；也可以将个人的求职信息张贴在“国家大学生就业服务平台”“应届生求职网”等专业网站里；或将个人信息发布在一些点击率较高的网站的招聘专栏上；或登录用人单位的网站，捕捉人才招聘网页上随时发布的招聘信息，直接与用人单位联系。

3. 参加网上在线招聘

对于用人单位的提问，回答一定要简明扼要，要突出个人特点和优势，网上应聘最忌讳一开口就谈钱。受网络时间、视频空间的限制，网上应聘给每个求职者的时间是有限的，应聘毕业生要问最想知道的内容和最关键的问题。获得用人单位的首肯后，一定要留下明确的联系方式，为下一步的面试做好准备。

（三）网络求职的注意事项

1. 明确求职目标，关心就业政策

网上应聘时应明确求职目标、专业方向和求职领域。例如，土木工程专业的学生应该多浏览土木工程行业的需求信息。毕业生在浏览就业信息时，应尽量登录一些政府主管机构设立的毕业生信息网站，了解相关地区的就业政策及就业市场需求。明确本地区的就业政策和就业形势，对于顺利就业会起到事半功倍的效果。

2. 掌握网络应聘最佳时机

网络应聘不要急于一时，人少时求职，效果反而更好。通常网上招聘会持续一段时间，大可不必赶在最初的几个小时去应聘。人少时应聘，更容易引起招聘单位的注意。当然，也不要因为网络拥挤，而放弃求职机会。

3. 投递简历应目的明确

投递简历要根据个人的专业、爱好、特长，有目标地向用人单位求职，不要简历“满天飞”，漫无目的地投递简历等于没投。尤其是不要应聘同一单位的不同岗位，这样容易给招聘单位留下随意、不专业、缺少诚信的不良印象。

4. 自荐材料的内容要有所侧重

自荐材料的内容应突出专业、学校、社会实践、自身性格，是否具有工作经验等重点内容。面面俱到、内容太多、太花哨的简历往往容易被淘汰。

5. 投递简历时应附上求职信

毕业生发送简历的同时，应该附上一封求职信，这是毕业生常常忽略的。

6. 以邮件正文的方式发送

发送求职简历最好以邮件正文的方式发送，不要使用附件的形式。因为，很可能由于技术的原因，导致一些用人单位的计算机无法打开邮件，而让好的工作机会白白流走。

7. 要主动与用人单位联系

在网上招聘会结束后，要主动通过 E-mail 或打电话询问情况，向用人单位表示诚意，也让自己心中有数。

8. 要及时整理信息

对网上有用的求职信息要及时进行分类整理，根据个人求职意向进行比较对照，逐步明确目标，增强应聘成功率。

9. 要保持平和心态

近年来大中专学校毕业生就业形势严峻，网上招聘会提供的岗位数量有限，而求职者又多，求职的毕业生要坦然面对挫折和困难，不必自卑胆怯和过分焦虑，要积极调整心态。

10. 保存记录

要将所有的应聘材料，包括信件、传真、E-mail 等存档并做好记录，以便展开下一步行动。

本章小结

通过对本章内容的学习，了解自荐材料应如何准备，求职信和简历如何制作，以及招聘的准备工作有哪些。通过对上述内容的介绍，端正毕业生找工作前的态度，为找工作做好充足准备。

课后习题

1. 自荐材料有哪些内容？起到什么作用？
2. 求职信的写作技巧有哪些？
3. 个人简历常见的不足之处有哪些？如何去弥补？
4. 个人简历的制作有哪些技巧？
5. 查阅资料，了解自己家乡为贯彻党的二十大报告精神，促进高校毕业生高质量充分就业所采取的具体措施。
6. 网络招聘信息的收集方式有哪些？
7. 结合自己所学专业，写一份个人简历和求职信。

第五章
求职自荐、笔试与面试

知识目标：

1. 了解应聘中的自荐、笔试、面试环节。
2. 了解笔试、面试应如何准备。

能力目标：

1. 能够运用笔试、面试的技巧方法。
2. 能够掌握面试过程中的常见问题，明确面试考察的内容。

素养目标：

培养大学生处事不惊、遇事不慌的求职精神。

大学毕业生求职应聘的过程包括很多环节，有求职前的考察、自荐、笔试、面试、入职谈判、入职体检、签约等环节，而最为关键的是自荐、笔试、面试三个环节。

第一节 求职自荐

一、自荐的类型

自荐有直接自荐和间接自荐两种。

（1）直接自荐是指由本人向用人单位做自我介绍、自我评价、自我推销。

（2）间接自荐是指借助中介人或物推荐自己，不需要自己亲自出马，只需要将自己的想法或条件告诉第三人，或形成材料就能达到推荐自己的目的。

二、自荐的方式

自荐的方式包括招聘会自荐、学校推荐、实习自荐、他人推荐、网络推荐、书面自荐、电话自荐、上门自荐、广告自荐等，见表 5-1。

表 5-1 自荐的方式

序号	自荐方式	简介
1	招聘会自荐	带上自己的自荐材料到人才招聘会（或双选会）上推荐自己
2	学校推荐	学校通过就业指导办公室，加强与用人单位的联系与信息收集工作。他们一方面对用人单位的情况比较了解，另一方面对毕业生的情况也比较了解，再加上学校以组织的形式向用人单位推荐，对用人单位来说具有较大的可靠性和权威性，容易得到用人单位的认可
3	实习自荐	通过各种实习、社会实践推荐自己
4	他人推荐	通过教师、亲朋好友、同学的推荐，达到自我推荐的目的。一些教师具有广泛的社会关系或较高的学术声望，他们的推荐容易被用人单位接纳。亲朋好友、同学也可以助力扩大毕业生的自荐空间
5	网络推荐	网络推荐是近几年出现的一种新的自荐方式，其具有时效性强、覆盖面广等优点，是今后自荐的发展方向
6	书面自荐	通过向用人单位邮寄或呈送自检材料的形式推荐自己。该形式不仅不受时空限制，又能扩大自荐范围。特别适用于文笔好但路途遥远、学习忙碌的毕业生
7	电话自荐	通过公布的人事部门电话，主动向用人单位推荐自己
8	上门自荐	带上自己的自荐材料亲自到用人单位推荐自己
9	广告自荐	借助传播媒介进行自荐，其与网络推荐具有同样的优点

二十大速递

为民解忧，倾力打造就业服务“一刻钟服务圈”

党的二十大报告中强调，强化就业优先政策，健全就业促进机制，促进高质量充分就业。同时要健全就业公共服务体系，完善重点群体就业支持体系，加强困难群体就业兜底帮扶。今年以来，历下区不断健全就业促进机制，倾力打造就业服务“一刻钟服务圈”，进一步解民忧、暖民心。

历下区燕山街道打造城区步行 15 分钟、乡村辐射 5 公里的公共就业“一刻钟服务圈”。积极提供帮代办或指导服务，包含公共就业需求登记、求职登记、岗位推介、招聘会、就业失业登记、就业指导、创业开业指导等服务。为了方便群众就近享受公共就业服务，燕山街道依托便民服务中心及社区服务站，设立公共就业服务“一刻钟服务圈”窗口，实行“无差别一窗受理”，让居民出门办事更加方便。

甸柳街道在社区设置显著标识的同时，自主开发了“人社 E 站”24 小时政务自助服务平台，帮助“找工作”“想创业”“要培训”“需援助”的社区居民了解相关政策及岗位信息，使社区居民不出社区就可以享受到优质高效便捷的就业服务。

历下区将持续推动全区资源整合，扩展公共就业服务功能，不断提升就业服务便捷度，提高辖区居民的幸福感、获得感。

三、自荐的技巧

1. 自荐要诚恳、谦虚、礼貌

诚恳、谦虚、礼貌是为人处世的基本要素，是赢得用人单位好感的应有态度，对大学生应聘十分重要。

诚恳，即做到言而有信。大学生自荐应以信为本，在介绍自己的时候，要做到不吹牛，不撒谎，不虚情，给对方以信任感。

谦虚是一种美好的品德，是尊重对方的一种态度。在就业市场上，常有不少心高气傲的学生因口若悬河，夸夸其谈，吃了“闭门羹”。因此，在任何时候，谦逊、虚心的态度都是用人单位最为欢迎的。

礼貌是道德的一种外在表现形式。大学生在自荐的时候，无论是表情，还是一句称呼、一声感谢、一个动作，都能反映一个人的内在修养与素质，都会被用人单位看在眼里。因此，自荐时要以礼待人，不能认为这都是小细节。即使对方当场回绝或不太理睬你的时候，你都要保持冷静，给对方留下明事理的印象。

2. 自荐要自信、主动、勇敢

大学生自我推荐，首先必须自信，清醒地知道自己具备达到目标所需的实力，并完全依靠自己的实力进行竞争，这是求职者成功自荐的奥秘之一。

自荐是求职者的主动行为，任何消极等待的态度都是不可取的，要做到：不等对方索要材料，便主动呈送；不等对方开始提问，就主动介绍自己；不消极等待对方回应，就主动询问。

成功的自荐还必须有足够的勇气，要在别人面前勇敢地介绍自己，证明自己。有的学生去用人单位之前，脑子里已准备好了对方各种问题，甚至语调、动作都想好了，可到了面试的时候，竟紧张得全忘了；还有一些学生在与用人单位沟通时，旁边还站着陪同的家长和教师，帮着出谋划策。这类行为恰恰反映部分学生自荐缺乏信心与勇气的被动应付心理和态度。

3. 自荐要善于展现自己

善于展现自己，要做到以下几点。

（1）会介绍自己。“良好的开端等于成功的一半。”自荐时，要先入为主，首先就简明扼要，说明来意。在介绍自己时要有理有据，言简意赅。

（2）会提出问题。提出问题是为自我服务，除了想搞明白某些情况，还可借助提出问题，更好地展现自己。例如，“贵单位需要什么样的大学生？”必要时，也可以率先提问，不要老是等对方提问。

（3）会回答问题。回答问题是为了说明情况，展现自己。要学会正确运用闪避、转移、引申、模糊应答等方法。

（4）会凸显优势。自荐必须从引起别人注意开始，如果别人不在意你的存在，那就谈不上推荐自己。引起别人注意的关键是要扬长避短，有自己的特点，使对方对自己产生兴趣。

4. 自荐要观察对方需求

自我推荐应注重对方的需要和条件，并根据他们的需要和条件说服对方，使自己被对方接受。例如，自己所告诉的正好是对方所要的，自己所问的正好是对方要告诉的。要做到这点，首先要充分准备，做到成竹在胸，仔细考虑一般用人单位需要什么，他们会提出什么问题，对什么最感兴趣；其次，临场要"察言观色"，把握对方心理，随机应变。

5. 自荐要控制情绪

人的情绪有振奋、平静和低潮三种表现。实践证明，无论是谁，心情紧张时，说话总是节奏过快，使听者很费力，容易厌烦。大学生初次接触社会，缺乏说话技巧。因此，在推荐自己的过程中，要善于控制情绪，说话节奏适中，才能最佳地表露出自己的才华、学识、能力和社会阅历，增加对方对自己的了解。

6. 自荐要把握时间

自荐时间不宜过长，因为在招聘会上，门庭若市、摩肩接踵，有时还要排队，必须遵守现场秩序，所以必须在最短的时间内，最大限度地推销自己。

典型案例 5-1

案例背景：

张某是某高职院校室内设计专业的毕业生，学习成绩优秀，综合素质高。听说本市的一家装饰装修公司在招人，他先请教了老师，了解室内设计专业的行情。然后，花费了一天时间研究了该单位一些基本信息。最后，他拿着自荐材料走进了该公司的人事部门，该公司的人事经理看完了他的自荐材料后问道："你为什么要来我们公司应聘，你觉得我们公司有哪些特点和不足?"……几番对话，对方不住地颔首，告诉他一周后听"反馈结果"。三天之后，张某如愿以偿，他在十几名竞争者中获胜。

案例分析：

自我推荐应注重对方的需要和条件，并根据他们的需要和条件说服对方，使自己被对方接受。比如，自己所告诉的正好是对方所要的，自己所问的正好是对方要告诉的。要做到这点，首先要充分准备，做到成竹在胸，仔细考虑一般用人单位需要什么，他们会提出什么问题，对什么最感兴趣；其次，临场要"察言观色"，把握对方心理，随机应变。

第二节　求职笔试的类型与准备

一、求职笔试的内涵

求职笔试是招聘时常用的一种考核办法，是考核求职者学识水平的重要工具。用人单位以书面形式对求职者进行全面的考核，是用人单位了解求职者真正潜力的办法，也是对求职者所掌握的基本知识、专业知识、文化素养和心理健康等综合素质进行考核和评估的方法。

求职笔试的优点在于：一是经济性。笔试可对大批应试人员在不同空间、不同时间内实施，测评效率高。二是有效性。求职笔试的内容涵盖面广、容量大，一份笔试试卷常常可以出几十道乃至上百道不同类型的试题，因而通过求职笔试可以测试出求职者的基本知识、技能和能力的深度及广度，测试的有效性高。三是客观性。这是笔试最为显著的优点。考卷可以密封，主面试官与被测者不必直接接触，评卷又有可记录的客观尺度，考试材料可以保存备查，体现客观、公平、公正原则。总之，采用笔试的方法，机会均等且相对客观，这是其他方法所无法替代的。

二、求职笔试的类型

1. 专业能力考试

专业能力考试主要是检验求职者担任某一职务时是否能达到所要求的专业知识水平和相关的实际能力。专业知识考试的题型，如外资企业、外贸企业对求职者要考外语，科研机构招聘人员要考动手能力，公检法机关录用干部要考法律知识等。值得注意的是，这种考试方式已被越来越多的“热门”单位所采用。

2. 智力和心理测试

智力测试主要为一些著名跨国公司所采用，它们对毕业生所学专业一般没有特殊要求，但对毕业生的素质要求较高，主要测试求职者的分析和观察问题的能力、综合归纳能力、思维反应能力。

心理测试主要测试求职者的性格、兴趣、能力等心理特征。心理测试是用事先编制好的标准化量表或问卷要求被试者完成，根据完成的数量和质量来判定其心理水平或个性差异。一些特殊的用人单位常常以此来测试求职者的态度、兴趣、动机、智力、个性等心理素质。应聘中常见的心理测试的类型有性格测试、气质测试、职业兴趣测试、需要层次测试、成就动机测试、职业价值观测试等。

人格与职业测评

3. 综合能力测试

综合能力测试兼有智力测试的要求，但程度更高。例如，求职者要在规定的时间内对一组数据、一组资料进行分析，找出其合理的地方和存在的问题，并设计出解决问题的方案。这是对学生的阅读理解能力、发现问题的能力、分析和解决问题的能力等素质的全方位测试，甚至有时候问答都是用英语进行，相对来说难度更大一些。

有一些公司笔试时采用一般能力测验。一般能力测试包括语言能力、数学能力、逻辑推理能力、空间知觉能力、机械推理能力、知觉速度、文字识别能力等。

4. 命题写作

命题写作是检验求职者分析、综合、比较、归纳、推理等思维能力的方法。其形式为论述题或自由论答型试题。该笔试的最大长处，是有利于考查求职者的思考能力，从而能够考查求职者思想认识的深刻程度。这种测试往往会导致种种不同的答案，易于发现人才，远比简单的测验题更能判断一个人的水平。命题写作要求毕业生讨论问题要深刻、有见地。

5. 录用考试

国家公务员、事业单位或个别大型企业在招聘时通常以录用考试的方式来选取所需人才。例如中央、国家机关考试录用机关工作人员和乡镇以上国家公务员的考试，主要是通用性的基础知识测试。个别大型企业或事业单位录用考试会涉及相关专业方面的知识考试等。

三、求职笔试的题型

笔试的题型中最为常用的是选择题、填空题、匹配题、是非题、简答题、问答题和小论文，每一种题型都有它的优缺点，为了提高笔试的全面性，企业往往会结合以上七种题型综合出题。

四、求职笔试的准备

大学生在日常学习中经历过各种考试，对笔试考核的方式往往比较熟悉，但求职笔试与日常考试不同，笔试内容、笔试形式往往更加灵活，因此大学生应了解求职笔试，做好求职笔试准备，以从容应对求职笔试。一般来说，在进行求职笔试的准备时，大学生应注意以下三个方面。

1. 了解笔试内容

笔试一般包括以下内容：一是知识面测试，主要是一些通用性的基础知识和担任某一职务所要求具备的业务知识。二是智力测试，主要测试毕业生的记忆力、分析观察能力、综合归纳能力、思维反应能力、不断接收新知识的学习能力。三是技能测试，主要是对受聘者处理问题的速度与质量的测试，检验其对知识和智力运用的程度和能力。

良好的笔试成绩来自平时的努力学习。在大学期间刻苦学习，将所学专业及基础知识弄懂学会，这样在考试时就能信心十足，得心应手。

有时用人单位笔试内容包括该单位的工作特点、企业文化等，以了解笔试人员对该单位的关注程度。所以，考前一定要浏览该单位的官方网站，熟悉该单位的相关内容。

2. 进行必要复习

复习已学过的知识是笔试准备的重要方式。一般来说，笔试都有一个大体的范围，可围绕这个范围翻阅一些有关的图书资料。有些课程内容，因时间已久，可能淡忘，经过必要复习，有助于恢复记忆。

3. 保持良好心态

考试前，一定要适当减轻思想负担，适当参加一些文体活动，从而使高度紧张的大脑得到放松休息；要有良好充足的睡眠，以保证考试时有充沛的精力和良好的竞技状态。

第三节　求职笔试的技巧方法

一、求职笔试的考查分析

大学毕业生要想轻松应对求职笔试，首先需要了解用人单位在笔试考查过程中的主要侧重点。一般而言，用人单位在进行笔试时考查以下三个方面。

1. 考查分析、解决问题的能力

分析、解决问题的能力几乎是所有企业都会考查的一个重点。这一侧重点主要考查求职者在分析问题、解决问题的过程中是否具有逻辑性，逻辑关系是否清晰，内容是否完整。同时，还能考查求职者是否具有从不同角度分析问题的能力，是否具有拓展、发散思维的能力，在解决问题的过程中是否能够与实践相结合，不仅是为了解决问题而解决问题，还要考虑到是否具有实践意义。

2. 考查书面表达能力

无论是中文写作还是英文写作，都是对求职者思路的表达，它是表达分析、解决问题的能力的手段和工具。面试官会通过诸如词汇量、写作的思维方式和文字的驾驭能力来判断求职者分析和解决问题的能力，因此它们是相辅相成的。没有好的分析、解决问题的办法，文字表达水平再好也无法写出有价值的东西。同样，没有过硬的写作水平，再好的思路也无法传达给面试官。

3. 考查与岗位相关的专业知识能力

这一类型的考查主要集中于一些专业化程度比较强的岗位，如考查简单的数理分析能力，包括数列的规律、速算、平面几何和立体几何的一些简单应用；对日常生活中的一些常识性问题和时政方面的考查，通过这些能反映求职者平时对生活、社会，以及国家经济和政治知识的积累；考查文字分析、图形推理的能力，招聘企业出这种考题主要是想从中发现求职者是否具有相应的形象思维和抽象思维能力；还有一些企业会用判断对错等题目来测试求职者的语言理解和表达能力。

二、求职笔试的技巧方法

大学毕业生在参加笔试时，可采用一些技巧和方法来提高自己回答问题的正确率，并消除紧张情绪。

1. 有备无患

提前熟悉考场环境、掌握注意事项，有利于消除应试时的紧张心理。除携带必备的证件外，一些考试必备的文具，如签字笔或钢笔（最好为黑色签字笔）、2B 铅笔、橡皮等，也要准备齐全。不要把复习重点放在难点、怪题上，要把基础知识掌握好，在实际运用上下功夫。

2. 增强信心

笔试怯场，大多是缺乏自信心所致。客观冷静地对自己进行正确评估，能克服自卑心理，增强自信心。求职笔试同高考不同，高考是“一锤定音”，而求职应聘考试则有多次机会。

3. 科学答卷

拿到试卷后，首先应浏览一遍，了解题目的多少和难易程度，以便掌握答题速度。然后按照先易后难的原则排出答题顺序，先攻相对简单的题，后攻难题。这样就不会因为攻难题而浪费太多的时间，而没有时间做那些会答的题。遇到较大的综合题或论述题，则应先列出提纲，再逐条撰写。最后，要尽量挤出时间对容易出错的地方进行复查，特别注意不要漏题，更不能犯跑题、出现错别字、语法不通、词不达意等错误。另外，应当注意卷面整洁、字迹清晰，书写过于潦草、字迹难于辨认会影响考试成绩。因为求职笔试不同于其他专业考试，“醉翁之意不在酒”，有时招聘单位并不特别在意求职者考分的些许高低。认真的态度、细致的作风，会大大增强被录用的可能性。

三、求职笔试的注意事项

1. 不得作弊

参加笔试应严格遵守考场纪律及相关注意事项。从这个意义讲，应试不仅是对求职者知识水平的考核，更是对求职者思想道德素质的检验。

2. 遵守考试规则和考场纪律

仔细阅读了解试卷的说明，不要仓促作答，不要跑题、漏题或文不对题；更不能不顾考场纪律，把参考资料随意带进考场，擅自翻阅字典、使用电子词典等。

3. 手机等通信工具主动上交

大学毕业生参加笔试，一定要注意按照监考人员的要求，关掉手机将其放在包里或直接交给监考人员保管。否则手机等通信工具响起来，求职者会不自觉地去看，就有作弊的嫌疑或给用人单位留下不好的印象，这将直接影响到笔试的成绩。

第四节　求职面试的类型与准备

一、求职面试的内涵

面试是一种最为古老，同时也是最具生命力的人才选拔方式。其产生和发展的历史可以追溯到先秦时期的孔子，甚至更远。

当时孔子面试时至少从两个方面对人进行考察，即一个人的言谈和举止形象，通过言谈对其能力进行了解。

三国时期的诸葛亮对面试的方法也有一定的研究，对于面试中的言谈与观察，他提出了一套系统的方法，这就是著名的识人之道——七观法：问之以是非而观其志；穷之以辞辩而观其变；咨之以计谋而观其识；告之以祸难而观其勇；醉之以酒而观其性；临之以利以观其廉；期之以事以观其信。

面试就是一种事先经过精心设计的、面试官与求职者之间面对面地观察、直接交谈或置求职者于某种特定的情景之中进行观察，从而对求职者的知识储备、工作能力、工作经验、性格秉性、做事态度和待人接物的方式等素质进行考察的一种人员选拔的测试活动。

二、求职面试的要素

求职面试的要素，是指构成面试的一些基本的必要因素。面试要素有十个，即面试目的、面试内容、面试方法、面试官、面试考生、面试试题、面试时间、面试考场、面试信息、面试评定，见表 5–2。

表 5–2　求职面试的要素

序号	面试要素	简介
1	面试目的	面试想要达到的目的，希望实现的结果
2	面试内容	面试需要测评求职者的基本素质内容。在面试时一般把求职者的素质结构划分为许多具体的素质指标，施测时，只选择部分重要的和相关的素质指标进行测评。因此，如何恰当地有针对性地选择与岗位要求密切相关的素质进行测评，是十分重要的问题

续表

序号	面试要素	简介
3	面试方法	面试活动的组织方式，是影响面试效果的重要因素之一。不同的面试方法对求职者素质测评的侧重点也不同。常见的面试方法很多。例如，面谈法、情景模拟法、无领导小组讨论法等
4	面试官	面试的直接组织者，在面试中扮演着十分重要的角色，面试官的素质如何对面试结果有很大影响。面试官的任务是提出试题，了解求职者在面试中的行为表现，并进行素质评定
5	面试考生	面试试题的直接承受者。在面试中，求职者通过对面试试题的反馈，即作答，达到被测试的目的
6	面试试题	主要指面试官向求职者提出的各种不同的行为要求。面试方法不同，提出的要求也不相同。在自由式面谈中，这种要求表现为“随意的话题”；在结构化面谈中，这种要求表现为精心设计的一个个具体的“问题”；在小组讨论面试中，它表现为“讨论的议题”；在情景测评中，试题则体现为具体情境中的各种要求
7	面试时间	面试活动在时间维度上的体现。一般而言，面试时间越长，面试结果可信度越高。但是，受各种因素影响，面试时间往往比较短
8	面试考场	面试活动在空间维度上的体现。面试时，场地的大小、温度的高低、光线的明暗，以及噪声、干扰等问题对面试都有很大影响，不可忽视
9	面试信息	面试测评过程中面试官所发出的信息。最主要的面试官信息，是面试官对求职者下达的测评指令，以及对求职者的行为反应所表现的态度等。求职者信息，指面试测评过程中求职者所表现出的行为反应信息，包括自觉发出的和不自觉发出的、语言的和非语言的。最主要的求职者信息是对面试官的测评指令做出的行为反应，即作答情况
10	面试评定	面试官对考生素质能力情况进行评分或评价

三、求职面试的类型

面试的方法很多，根据不同的分类标准，可以划分出很多具体的面试类型。根据面试的标准化程度可以划分为结构化面试和非结构化面试；根据面试实施的方式可分为单独面试和小组面试；根据面试题目的内容可划分为情景面试和经验面试；根据面试的气氛设计可分为压力面试和行为描述面试。在这里我们不做一一详述，只把关键的几种面试类型简单地介绍一下。

（一）根据面试官人数分类

根据面试官人数的多少，可以将面试的方法分为个人面试法和集体面试法。

1. 个人面试法

个人面试法是面试官与求职者一对一单独面谈的方法。这种方法是企业招聘最普遍也是最基本的方式。该面试方式又有两种类型：一是只有一个面试官负责全过程。这种面试多在小型单位或招聘职位较低的职员时采用，或当求职者太多时，也会采用这种方法进行初选。二是由多个人分工负责面试的整个过程，但每次均由一个面试官与求职者面谈。

个人面试法的优点是能够提供一个面对面的机会，让面试双方较深入地交谈了解，可以就细节和个人特殊问题交换意见。但由于面试官只有一位，由一个人对求职者下结论，

有可能会出现偏差，容易受个人因素影响，失去公平性。

2. 集体面试法

集体面试法就是由面试小组集体对求职者进行面试的方法。各位面试官同时围绕面试的重点内容，依据拟定的基本面试问题及求职者的回答情况，对求职者进行提问。每面试完一人后，面试官们依据求职者的应答情况进行打分，填好面试成绩评定表。每位求职者面试结束后，面试小组核定出其面试总成绩。

集体面试法的优点是由多名面试官一起参与面试评分，可以减少因面试官个人偏见产生的误差。面试官提问可以互相补充，这样可以更全面、从容地掌握信息，透明度高，较为客观公正。

集体面试法的不足主要在于：面试小组由多名面试官组成，难免给求职者造成心理压力，可能影响求职者水平的正常发挥。另外，主要面试官一般由单位主要领导担当，这样会给其他面试官造成心理压力，会以主要领导的意见作为评分标准，失去公正性。

（二）根据结构化程度分类

根据面试的结构化程度，可以将面试的方法分为结构化面试法、非结构化面试法和混合面试法。

1. 结构化面试法

结构化面试法又称直接面试法，是带有指导性的面试方法。它一般是按照预先确定的内容、程序、分值结构进行的面试。对于同类求职者，主面试官用同样的语气和措辞、按同样的顺序、问同样的问题、按同样的标准打分，并且所问问题的结构就是招聘岗位所需要的人员素质的结构，有时候还会预先分析这些问题可能的回答，并针对不同的回答划分标准，以帮助面试官进行评定。

结构化面试法一般应用于行政部门、事业单位、政府机关等比较正规场合的面试。因为每个求职者都被问相同的问题，评分标准也相对固定，这种面试具有客观性、规范性、相对准确性、便于掌握评分标准等优点，因此受到人们的普遍信赖。

2. 非结构化面试法

非结构化面试法又称间接面试法。面试时由面试官根据具体情况随时提问，鼓励求职者多谈，再根据求职者对问题的反应，考查他们是否具备某一职务的任职条件。尽管面试内容没有事先确定，可以围绕不同的方向展开，但问题必须与招聘和录用有关。因此，对于不同的求职者，提出的问题、测试的过程和问题的答案都是因人而异的。也就是说，在面试过程中，面试官有很大的主动性，可以根据求职者的具体情况随机提出问题，以获得自己想要得到的信息。在外企、三资企业或者民营企业面试时，一般会采取这种比较轻松的非结构化面试法。

非结构化面试法有四个特点。

（1）面试问题的不确定性。主试者起初提出的问题是相同的，一般是从个人介绍开始话题，但后面的追问部分则有很大的不确定性。

（2）面试答案的非标准性。同一个问题可能有不同的答案，但这些答案在一定条件下都是合理的，所以无法给出“标准答案”。

（3）面试过程的分散性。结构化面试的过程是线型的，以同样的问题让每个求职者回答；而在非结构化面试中，却是一种树型的过程，一个问题往往有多种答案，根据每种回答可以继续提出不同的问题，所以整体方向很散，追问可以从多个方向展开。

（4）面试评分标准的模糊性。非结构化面试的评分，没有一个明确的标准，他可以根据面试者的答题方式、风格等特征来评分，所以评分标准比较模糊，主试官的主动性较大。

3. 混合面试法

混合面试法是将结构化面试和非结构化面试结合起来运用，即求职者回答同样的问题，但同时又根据他们的回答情况做进一步提问，以求更加深入、细致地了解求职者。混合面试法也是当前单位招聘中常使用的一种典型面试方法。

（三）根据面试气氛与情景分类

根据面试气氛与情景可将面试分为压力面试法和行为描述面试法。

1. 压力面试法

压力面试法是在面试过程中逐步向求职者施加压力，以考查其能否适应工作中压力的面试方法。压力面试法对面试官的面试技巧要求较高，在对岗位分析的前提下，确定岗位的主要情境，根据岗位工作中可能遇到的压力，设计一些问题。压力面试法一般适用于独立性强、难度大、责任重的岗位，如质检、调试、审计等。这种面试法经常采用集体面试的形式，事先设计一个或几个问题，面试官采用穷追不舍的方法提问并逐步深入，直至求职者处于无法回答的境地，以考查其机智程度、应变能力及心理素质。

例如，提问求职者：“你认为自己的最大优点是什么？”假如求职者回答：“我认为自己最大的优点是肯吃苦。”面试官又会接着问：“在我们单位吃苦就是意味着经常在休息时间加班，你又如何理解？”或者问：“在我们公司最欣赏会巧干的人，而不是只会苦干的人，你如何理解？”面试官会这样顺着你的回答不断为难你，直至你无法应对。

压力面试法的最大优点是能够观察求职者的心理素质，看求职者在适度的批评之下是否有高度的敏感反应。心理素质好的求职者会表现得理智、大度、从容、灵活，而心理素质较差的人，则会显得紧张、烦躁，沉不住气，无法控制。压力面试法在我们的面试过程中是经常遇到的。

2. 行为描述面试法

行为描述面试法是基于行为的连贯性原理发展起来的。面试官通过求职者对自己行为的描述来了解两方面的信息：一是求职者过去的工作经历，判断求职者选择在本组织发展的原因，预测他未来在本组织中发展的行为模式；二是了解求职者对特定行为所采取的行为模式，并将其行为模式与空缺职位所期望的行为模式进行比较分析。面试过程中，面试

官所问问题都是求职者过去经历的某些问题，这些问题与工作业绩有密切关系，主题主要围绕四个方面：情景、任务、行动和结果进行。例如，一个营销岗位的职员，需要较强的沟通能力、语言表达能力、亲和力和不甘失败的顽强精神。面试官会围绕这些要求询问求职者是否具备这些能力和实践经验，如果有过类似经历，面试官会继续了解求职者过去的学习工作情况、知识、工作业绩等，然后决定录用与否。行为描述面试法也是目前企业运用比较广泛的面试方法。

（四）常用的其他面试方法

1. 群体游戏

现在有不少企业开始采取群体游戏的方式开始面试。很多初次接触群体游戏这种应聘方式的求职者有点不知所措，有的只觉得是面试官为了放松求职者紧张的心理而做的游戏，殊不知在游戏过程中，面试官在静静地观察求职者的领导、组织、沟通、协调等多方面的能力。群体游戏的优点是它能够突破实际工作情景时间与空间的限制，模拟内容真实感强，富有竞争性，具有趣味性。作为求职者，在做群体游戏时，既不要太紧张，也不要太随意。要冷静思考，沉着应对，全身心投入，恰到好处地展示自己多方面的才能。

2. 无领导小组讨论

在无领导小组讨论中，求职者被划分成每组人数四到八人不等，不指定负责人，大家地位平等，要求就某些争议性比较大的问题，例如干部提拔、工作任务分配、额外补助金分配等问题进行讨论。在某些情况下，还要求小组形成一致意见，并以书面形式汇报。每个组员都应在上面签字，以表示自己同意所做的汇报。在无领导小组讨论中，主面试官评分的依据标准是：发言次数的多少；是否善于提出新的见解和方案；敢于发表不同的意见，支持或肯定别人的意见，坚持自己的正确意见；是否善于消除紧张气氛，说服别人，调解争议，创造一个使不愿开口的人也想发言的气氛，把众人的意见引向一致；看能否倾听别人的意见，是否尊重别人，是否侵犯他人发言权；还要看语言表达能力如何，分析、概括和归纳总结不同意见的能力如何，看发言的主动性、反应的灵敏性，等等。

作为求职者，在进行无领导小组讨论时要注意以下几点。

（1）对自己充满信心。无领导小组讨论虽然是求职竞争者之间的“短兵相接”，但也不是特别难对付的可怕事情，因为各求职者还是一样公平竞争。

（2）态度自然，有理有节。即使表达与人不同的意见和反驳别人先前的言论，也不要恶语相加，要做到一方面能够清楚表达自己的立场，另一方面又不令别人难堪。

（3）不可滔滔不绝，垄断发言，也不能长期沉默，处处被动。每次发言都必须有条理、有根据。

（4）最好找机会成为小组讨论的主席，以展示自己引导讨论及总结的才能。尤其是对该问题无突出见解时，当主席实在是明智之举。

3. 角色扮演

角色扮演是一种常见的情景模拟活动。有些主面试官经常采用“攻其不备”的方式，让求职者在毫无准备的情况下做出抉择，以考查求职者能否胜任某项工作。比如以招聘推销员为例，求职者刚刚坐下，毫无心理准备，主面试官立即出示该公司的一种产品，请求职者当场向他推销。碰到这种情况，应最好事先做好准备，对该公司的产品不但要有大致的认识，而且要清楚产品的优点和缺点。

4. 案例分析

案例分析的面试形式最早出现于管理咨询公司的招聘中，近年来逐步被许多知名企业采纳。案例分析，是指面试官给出一个商业案例，并以此为基础延伸出一些问题，要求求职者加以分析解决。在案例分析面试中，求职者要在很短的时间内，根据自己的经验和有限的信息找到问题的症结，总结出答案，由此可以考查求职者的综合分析能力和做出判断决策的能力。案例分析是求职者最难做准备的一种面试方式，主要是靠自己在平时积累的经验和临场发挥。对于面试官来说，案例分析面试也是最难设计的，通常需要专业部门的人士花费一定的时间专门设计出来。

5. 管理游戏

在这种活动中，面试官给小组成员分配一定的任务，必须合作才能较好地完成。在这种测评中，面试官让求职者置身于一个模拟的环境中，面临管理中常常会遇到的各种现实问题，要求他们想方设法解决。例如，以总经理的身份去处理经营中的难题，进行人事安排，或者作为谈判代表与别人进行商业谈判的模拟练习。通过求职者在完成任务中所表现出来的行为来测评求职者的各项素质。管理游戏是一种以完成某种“实际工作”为基础的标准化模拟活动，通过活动观察求职者的管理能力。

四、求职面试的准备

面试官在面试中往往会针对大学毕业生的个人情况、大学生对公司和职位的看法等提出问题。大学生要想相对完美地回答相关问题，就需要深入了解用人单位，做好充分准备，必要时也可以进行面试技巧训练，并调整面试状态。“不打无准备之仗”，可以说，做好面试准备工作，面试就已经成功了一半。

1. 考察用人单位

为了使面试前的准备工作做得更充分、更主动，面试前求职者必须对面试单位进行摸底调查，全面了解，做到心中有数，尽可能使一些问题处理得合理一些。其工作思路从以下几方面着手考虑。

（1）了解面试单位概况。用人单位的性质、规模、产品、效益、发展前景、应聘岗位职责、待遇、违约金、单位主管部门等问题都要详细地了解。如果应聘单位是企业，应从单位性质、注册资金、资产总值、职工人数、专业技术人员层次结构、产品经营、人事制度、工资奖金等方面予以较全面的了解；若是应聘学校等事业单位，应从学校的性质、规模、师资、学生状况、工资待遇、发展前景等方面予以了解；若是应考公务员，应熟知所报考公务员位置的基本情况、职责、任务、待遇及发展前景等。

（2）实地考察。面试前，如果面试单位确实是你想去的工作单位，那么有必要去实地考察，进一步增加自己的感性认识。主要了解一下该单位所处的地理环境、员工的工作环境以及企业文化和企业精神。去学校的求职者还要了解学校的软硬件设施、学生学习情况及校园文化氛围等情况。

总之，在面谈前最好弄清你想去单位的各种情况，以便理清思路，明确该采取什么策略，从而在面谈时把握主动地位。

2. 设计自我介绍

面试官往往以询问求职者的有关情况作为面试的切入点。面试前准备一个简短的自我介绍腹稿是必要的。自我介绍要精简凝练、恰如其分，在有限的时间内，针对“客户”的需要，将自己最美好的一面，毫无保留地表现出来。自我介绍要明确以下重点内容。

（1）自我认识。首先必须认清自我，一定要弄清以下三个问题：你现在是干什么的？你将来要干什么？你过去是干什么的？

第一个问题：你现在是干什么的？回答这个问题，要点是：你是你自己，不是别人。除非你把自己与别人区别开来，在共同点的基础上更强调不同点，否则你绝无可能在众多的应征求职者中夺魁。对于这个问题，自我反省越深，自我鉴定就越成功。

第二个问题：你将来要干什么？如果你申请的是一份举足轻重的工作，雇主肯定很关注你对未来的自我设计。你的回答要具体、合理，并符合你现在的身份，要有一个更别致的风格。

第三个问题：你过去是干什么的？你的过去当然都在履历上已有反映。你在面试中再度回答这个问题时，不可忽略之处是：不要抖落一个与你的将来毫不相干的过去。如果你中途彻底改行，更要在描述你的执着、就业目标的一贯性上下些功夫。要做到这一点，又要忠实于事实和本人，最简单的方法是：找到过去与将来的联系点，收集过去的资料，再按目标主次排列。

用这样的方法，以现在为出发点，以将来为目标，以过去为证实，最重要的是加深了你的自我分析和理解。其实，在面试的时候不一定有机会或者有必要照搬你的准备材料，但这三个问题的内在联系点一定会体现在自我表述的整体感觉中，使你的形象栩栩如生。

（2）投其所好。清楚自己的强项后，便可以开始准备自我介绍的内容，包括工作模式、优点、技能、突出成就、专业知识、学术背景等。

只有短短几分钟，所以一切还是与面试单位有关为好。如果是一个 IT 公司，应说些 IT 行业有关的话题。但有一点必须谨记：话题所到之处，必须突出自己对该单位可以做出的贡献，如增加营业额、减低成本、发掘新市场等。

（3）铺排次序。内容的次序也很重要，是否能抓住面试官的注意力，全在于事件的编排方式。所以排在头等位置的，应是你最想让人记住的事情。而这些事情，一般都是你最得意之作。与此同时，可呈上一些有关的作品或纪录增加印象分。

3. 面试心理准备

许多用人单位对大学生最重要的印象往往来自其面试时的状态，大学生面试状态的好坏，与其最终是否被录用关系非常密切。

（1）调整心情。大学生在面试前要适当放松，调节生活规律，保证充分的休息时间，以饱满的精神状态面对面试官。

（2）准备面试用的服装和物品。大学生在面试的前一天应准备好面试用的服装、包、笔、记事本等。

（3）独立应对面试。非必要情况下，大学生不应让自己的父母或亲戚朋友陪同，要独自前往面试地点，这样可以避免用人单位质疑大学生的独立能力和自信心。

（4）遵守约定的时间。参加面试，大学生最好在约定时间前到达面试地点（一般提前15 分钟到达），以稳定自己的情绪做好面试准备。大学生到达用人单位后应礼貌对待前台接待人员，在规定的地方等候，不可随意走动。如果有意外情况，大学生最好能在面试前通知用人单位并说明理由，告知对方自己不能准时到达面试地点，求得用人单位的谅解，寻求继续参与面试或重新面试的机会。

4. 语言能力训练

对于求职者来说，流利自如的谈吐是面试成功的必备条件。在面试前，应在以下几方面进行准备。

（1）口头表达能力训练。自跨进大学校门，就要积极参加各种集体活动，有意识地加强语言表达能力的训练，逐步养成与陌生人自如交谈的习惯，多参加集体活动，课堂讨论大胆发言。也就是说，口头表达能力的训练不能等到面试时才去锻炼，否则，见人脸红、遇事心慌、心中无谱、口中无词，说不上几句话，摆在面前的就业机会就会白白流失。

（2）书面表达能力训练。面试单位要对求职者的文字水平、书法水平进行考察，也就是说，要考察求职者是否具备一定的人文素质，对文字的理解能力如何。一个人的字相当于一个人的外表，也是其工作过程中最基本的能力。如果这方面的能力欠缺的话，往往就会给用人单位留下文字修养不高，字也写得不怎么样的印象，直接影响面试结果。

（3）交流协调能力。主面试官出一道工作难度较大、人事关系较复杂的问题让求职者解决，即在复杂的人际关系中如何协调工作中的各种矛盾，就是直接考察求职者交流、沟通、协调能力如何。因此，作为大学毕业生应该善于处理好在校期间学习、工作、生活中的各种矛盾，遇到问题不要回避，久而久之，这方面的能力就能提高。

（4）问题归纳能力。表达一件事或做自我介绍时，如果讲了半天，听者不知道你在讲什么，那就说明表达没有抓住重点，思路比较乱。因此，面试前，要将需要表达的问题进行重点和一般的分类，按照前后次序加以整理归纳，以此来提高面试效果。

第五节　求职面试的基本礼仪

一、服饰礼仪

现代服饰不仅是人们的外在包装，还是一种文化、一种观念、一种能够影响许多人意识的社会文化心理。它不仅反映了一个国家、一个民族的政治、经济、文化、思想、意识的某些迹象，更反映了一个人的思想、文化、修养、兴趣、爱好，以及内心的欲望、追求等，是一种无声的、特殊的语言。因此，掌握和运用服饰这种特殊语言，是求职者不应忽视的一个重要方面。

1. 穿着得体，符合身份

穿着得体是一种礼貌，是一种礼仪要求，它体现了一个人的文化素质和文明程度，也体现一个人对他人、对社会的尊重态度。一位刚踏出校门的大学毕业生穿着休闲衫和牛仔裤去参加某公司的就业考试，他认为这身装扮一定会给主考官留下一个充满活力的可用之才的印象，却没有注意应有的社会常识，就自然地被淘汰了。因为就公司方面来说，服装可以说是衡量一名毕业生有无社会常识及礼貌的先决标准。

2. 穿着舒适，协调统一

穿着在得体之余，还要力求舒适，包括精神上和身体上的舒适。舒适与否是求职成败的重要因素。再也没有比发现身上穿的裙子一坐下就合不拢，裤腰、裙头太紧或高领的上衣令你汗流浃背更糟的事了。

3. 穿着要遵循 TPO 原则

搭配服饰要规范、得体，一定要按照 TPO 原则，即穿着打扮要符合时间（Time）、地点（Place）、场合（Occasion）相统一的原则。职业场合着装有六大禁忌，即职场着装六不准：过分杂乱、过分鲜艳、过分暴露、过分透视、过分短小、过分紧身。制服、套装需要遵守三色原则，即全身颜色不多于三种。而饰品使用要同质同色，符合习俗，不可多用。

研究表明，大学毕业生的外表和着装对于求职的成功与否有着直接的影响。因为你的形象不仅代表你自己，更重要的是还将代表公司、单位。这种以貌取人的做法似乎很肤浅，其实不然，我们生活在一个高度竞争的社会中，每一家公司、每一个单位都在力争上游。也正因为如此，多数公司或单位都力求找到能够提高公司、单位形象的最佳候选人，这些候选人不仅应能胜任工作，还应有良好的形象。

二、举止礼仪

在求职过程中，大学生要遵循以下原则，以表现出良好的修养。

1. 保持诚恳的态度

在求职面试过程中，求职者应该适当放松，不要过分紧张，记得要保持微笑，并对身边每一个人彬彬有礼。切不可一切以自我为中心。

2. 注意身体语言

身体语言在人际交流中占有相当重要的地位。在许多面试失败的案例中，求职者都不知道自己输在哪里，觉得自己专业对口，对答无误，也没有什么不合礼仪的表现。其实，很多时候是不当的身体语言暴露了求职者的弱点。面试时，求职者面对主考官应该保持目光接触，以示尊重。但目光接触不是一直盯着主考官看，而应是适时地和主考官对视，每次对视一般以不超过 10 秒为宜。切记不可目光闪烁、左顾右盼，这既会让人感到不被尊重，也会让人怀疑求职者缺乏自信。除了保持目光接触，身体姿势和习惯动作也同样要注意。无论走路、坐下都要有端正的姿态，挺胸抬头，展现饱满的精神面貌；交谈时也不要手舞足蹈，只要用适当的手势配合自己的话语，表达清楚自己的意思就可以了。

3. 注意声音控制

语言除了所表达的内容，其本身也可以透露出许多信息。人们可以通过声音来判断一个人是否紧张，是否自信。大学生们在平时应有意地练习演讲、交谈的艺术。在交谈中要注意控制自己的语速、语调、音量。保持正常或略慢的语速、平静的音调、适中的音量，同时减少不必要的语气词，可以更好地表现说话者的素质。

三、面试过程中的礼仪

求职面试时，应该何时到达面试地点是求职者遇到的第一个问题。通常而言，比约定时间早 5 ～ 10 分钟到达面试地点较好，这样既可以有充裕的时间到洗手间整理一下服饰和仪容，也可以平静一下求职者的心情，以便更好地面对即将到来的面试，切记不可让招聘人员等候。如果提早来到面试地点，千万不可以在等待区走来走去，更不可在公司内闲逛，随意翻阅公司资料。否则，不但会打扰正在工作的公司职员，更会给人留下没有规矩、不懂礼数的不良印象。

毕业生在面试过程中表现出的礼仪水平，可以反映出人品、修养等个人形象，因此面试过程中应注意如下几个方面。

1. 入座礼仪

进入面试官的办公室，一定要敲门而入，等到面试官示意坐下再就座。如果没有指定的座位，可选择面试官对面的位子坐下。另外，注意坐姿的优美与精神。坐椅子时，最好只坐 2/3，两腿并拢，身体可稍稍前倾。千万不要直接坐到座位上，更不要和面试官并排坐在一起，这都是不礼貌的，会让求职者在面试还没开始时就先丢分。

2. 自我介绍的分寸

当面试官要求你做自我介绍时，不要像背书似的把简历上的一套再说一遍，那样只会令面试官觉得乏味。用舒缓的语气对简历中的重点内容稍加说明就可以了，如姓名、毕业学校、专业、特长等。面试官想深入了解某一方面时，你再做介绍，如果能用简洁明了的话语回答面试官的问题，效果往往会更好。

3. 行为举止

求职者在面试时要注意自己的行为举止，具体如下。

（1）注意站正坐直，不要弯腰低头。

（2）双手放在适当的位置，不要做些玩弄领带、掏耳朵、挖鼻孔、抚弄头发、掰关节、玩弄招聘者递过来的名片等多余的动作。

（3）双腿不要不停晃动、翘起。

（4）自己随身带着的公文包或皮包，不要挂在椅子背上，可以把它放在自己坐的椅子旁边或背后。

典型案例 5-2

案例背景：

江某今年即将大学毕业，由于学习成绩优异，她对于即将到来的面试胸有成竹，面试前几乎没做任何准备。到了面试现场，她看到已经有十几个大学生在等候，他们都细心打扮，有些人默念着手里的纸条，显然是在温习自己的简历或者其他相关内容。看到他们认真准备的模样，江某有些忐忑不安。

轮到她面试时，她看到面前坐了5位面试官，面试官表情严肃，不苟言笑，瞬间让她将临时准备的说辞忘得一干二净了，自我介绍也磕磕巴巴的。

坐在正中间的面试主考官问："你应聘这个岗位的优势有哪些呢？"江某应聘的岗位是市场推广，她的专业正好对口，并且辅修了英语，对于应聘这个岗位来说再合适不过了。但是偏偏她一紧张，平时的小动作都暴露了，她不断地撩拨头发、耸肩、抖腿。这些小动作都被面试官一览无余。面试官最终一致给予她初试不通过的评价。

案例分析：

面试时，大学生的姿态举止直接影响面试官对其综合素质的判断，坦荡、大方、礼貌的行为举止会让大学生显得更加从容和成熟，因此，大学生在面试时应注意控制和规范自己的姿态，保持得当的行为举止。

4. 学会聆听

面试形式多种多样，求职者不但要学会准确地表达自己所要表达的内容，还要学会聆听他人的话语。在考官或其他求职者讲话时，要认真地听，不要随意打断对方。必要时，可以边听边把重点记录下来。对于赞同的内容可以适时地点头并给予微笑表示认同。而对不同的意见，要保持冷静、客观，以开阔的心胸来包容。遇到不明白的问题，要勇于提问，如果能多问几个关键问题，反而可以体现求职者敏锐的观察力。

5. 及时告辞

有些面试官以起身表示面谈的结束，另一些人则用“同你谈话我感到很愉快”这样的辞令来结束谈话。对此，求职者要十分敏锐，及时起身告辞。告辞时应同面试者握手，还要将椅子放回原位，然后面带微笑地向面试官致谢。

四、面试后的礼仪

面试结束后两天之内，求职者可以根据需要向面试官写一封感谢信。内容包括自己的优点、对应聘职位十分感兴趣、能为用人单位做出的具体贡献，以及希望能早点收到用人单位的回复等。感谢信最好在面试结束后 24 小时内发出。哪怕求职者预感可能落选了，也可以发一条短信说明即使没有成功，也很高兴有面试机会。这样做不仅能显示求职者良好的素养，还能让用人单位在出现另一个职位空缺时想到该求职者，为自己创造一个潜在的就业机会。

第六节　求职面试的技巧方法

一、自我介绍的技巧方法

我们不管是去应聘，还是当面试官，寒暄之后说的、听到的第一个问题几乎千篇一律：请您简单地做一下自我介绍。有的求职者已有多年的工作经验，却详细介绍着自己的爱好、专业，迟迟没有说到工作经历；有的则说了几句话，不到一分钟就已经停住，等着面试官说话；有的更是以不屑的眼神告知：“我的简历上都详细说明了，请您看一下。”在回答这个问题前，求职者有没有认真地想过，面试官为什么在看过简历后，还要求求职者做自我介绍？

自我介绍是向别人展示自己的一个重要手段，自我介绍做得好不好，直接关系到给别人的第一印象的好坏及之后发展得顺利与否。心理学的“首因效应”就是第一印象效应，面试官极有可能根据面试最开始的几分钟得到的印象决定面试的结果。所以，把握面试最开始 3 ～ 5 分钟的自我介绍，绝对是面试成功的必要手段。那么初出校园的大学毕业生该如何介绍自己呢？

1. 要围绕岗位

有人总结说，80% 要围绕应聘岗位所需要的专业胜任能力模型展开，20% 要围绕求职岗位所需的行为风格模型来介绍。这样的要求或许有些“粗暴”，但能清楚地告诉我们做自我介绍时应介绍哪些内容。面试官只关注你与岗位匹配度有关的事情、最能体现你与岗位相关联的能力。

典型案例 5-3

案例背景：

宋某是某高职院校的毕业生，甚是健谈，口才甚好。对于面试时的自我介绍，他自认为很简单，所以没有做准备。毕业后，宋某结合自己的兴趣，应聘了一家大型广告公司的策划专员一职。在做自我介绍时，他从自己家里的打印店谈起，一直说到国内外广告行业的走向，但由于跑题实在太远，面试官不得不数次把主题拉回来，最终自我介绍只能半途而废，面试也草草结束。

案例分析：

自我推荐要精简凝练、恰如其分，在有限的时间内，针对面试官的需要，将自己最美好的一面，毫无保留地表现出来。自我介绍的内容次序极其重要，是否能抓住面试官的注意力，全在于事件的编排方式。切记漫无边际、不着主题地瞎扯。“言不在多，达意则灵。”语言是传递信息和交流思想的工具，求职者的技巧和表现手法主要体现于语言的运用上，要语不烦，字字珠玑，简洁有力，能使人不减兴味。

2. 要有理有据

自我介绍要有论点和论据，不能只有论点而没有论据支撑。例如，要说明自己有很强的意志力，可以表述为“我每天坚持晨跑 3 000 米，冬天坚持用冷水洗澡，既节约了生活费用，又锻炼了意志”。介绍社会实践和实习情况，可以说“一天最多销售 60 台电视机，我的人学期间学杂费和生活费有一半是自己挣来的”等。除此之外，进行自我介绍要实事求是，不要言过其实。求职者要特别注意自我介绍与个人简历、报名材料上的有关内容相一致，不要有出入，更不要有意夸大或制造事实上并不存在的优点。

3. 要吐字清楚

自我介绍时普通话应力求标准，不可讲错字或念错字音，最好不用方言。同时，声音要沉稳、自然、洪亮，语速要适中，吐字要清晰，声调要开朗响亮，这样才能给面试官以愉悦的听觉享受。自我介绍时应使用灵活的口头语言，切忌以背诵或朗读的口吻介绍自己。

二、交流对话的技巧方法

面试场上的语言表达艺术标志着成熟程度和综合素养，对求职者来说，掌握语言表达的技巧无疑是重要的。

1. 语言礼貌，生动形象

礼貌用语是一个人文化修养的表现，也是对他人的尊重。因此，面试中应注意使用礼貌语言，如“您”“请”“对不起”“谢谢”等，切不可将日常交往中使用的随便语言和市井街头常用的俗语用于面试中。当然，礼貌语言不仅仅局限于上述那些客套话，它还应包括在语言交谈中的委婉含蓄、豁达大度。有时面对难堪的局面，即使自己有理，也需礼让三分，使面试官感到你通情达理，随和而有诚意，礼貌而有修养。同时，还应不失时机地肯定面试官有价值的观点，让其充分表达思想。其实每个人都有一种虚荣心理，那就是滔滔不绝地讲述自己懂得和熟悉的东西，都喜欢别人赞同自己的观点。所以，你给面试官好话，面试官就给你好感。

2. 口齿清晰，语言流利，沉着应对，表达简洁

交谈时要注意发音准确，吐字清晰。还要注意控制说话的速度，以免磕磕绊绊，影响语言的流畅。为了增添语言的魅力，应注意修辞美妙，忌用口头禅，更不能有不文明的语言。在面试中，面试官有时会故意问一些古怪难答的问题，这种提问是作为一种“战术”而进行的，让求职者不明真意，似是而非；或故意提出不礼貌、令人难堪的问题，其目的是要“重创”求职者，从而考查其“适应性”“应变性”和“机敏性”。此时，如果求职者缺乏修养或没有经验而反唇相讥、恶语相伤，或与面试官激烈争论，就会大上其当，铸成大错。对于面试中的类似问题，应保持冷静，不动声色，待明确对方意图后，再委婉应对。

有时，求职者有意无意间会使自己的语言与要表述的含义之间出现差距，这无疑是件憾事。例如，本来很简单的问题，由于你过分讲究或刻意加工，反倒可能冗长而乏味；本来可以简单加以陈述的事情，经过你的口却令人感到费解；本来可以清楚表述的东西，反而越说越让人糊涂；本来用白话表达可使人感到亲切，你却文绉绉地运用抽象怪僻的语句去表达，反倒令人生厌。所以，求职者的谈话和应答要做到简洁、清晰、准确。

交谈时一般先将自己的中心论点表达出来，然后再做叙述和论证。否则，议论冗长，让人摸不着要点。回答问题要有独到见解，不可泛泛而论，因为面试时间很短，闲话太多会冲淡主题。如果你有某些主见，直说无妨，即使不准确，也可显示出“个性”，获得好评。

3. 语气平和，语调恰当，音量适中

面试时要注意语言、语调、语气的正确运用。打招呼时宜用上语调，加重语气并带拖音，以引起对方的注意。自我介绍时，最好多用平缓的陈述语气，不宜使用感叹语气或祈使句。声音过大会令人厌烦，声音过小则难以听清。音量的大小要根据面试现场情况而定。两人面谈且距离较近时声音不宜过大，群体面试而且场地开阔时声音不宜过小，以每个面试官都能听清你的讲话为原则。面试并不要求求职者表现出高超的演讲技巧，只要求其讲话条理清楚，不急不缓，通过表情、声音、语调的配合，传达出热情、诚恳、乐观、合作的态度。不管你措辞多么恰当，内容多么丰富，与面试官交谈时，一定要语气自信、语速适中。一旦你的声音中注入了活力和自信，对面试官的感染将是非常强烈的。如果你

有优美的嗓音，一定要充分展示，为自己增添魅力。

4. 语言要含蓄、机智、幽默

说话时除了表达清晰，适当的时候可以插进幽默的语言，使谈话增加轻松愉快的气氛，也会展示自己的优越气质和从容风度。尤其是当遇到难以回答的问题时，机智幽默的语言会显示自己的聪明智慧，有助于化险为夷，并给人留下良好的印象。如果求职者谈话情理交融，将丰富的情感融进要表达的道理之中，就会增加谈吐的感染力，让人感到你富有魅力、值得信赖。一个谈笑风生、幽默风趣的求职者，会给面试官留下精明强干、充满生机和活力的良好印象；相反，讲话呆板、生硬、语意不畅的人，就是一个死气沉沉的人，其能力和素质都会令人怀疑。

5. 掌握倾听的技能，注意听者的反应

语言分为讲和听两部分，一个成功的人，聆听的时间一定大于说话的时间。虽然面试中发问的是面试官，回答的是求职者，求职者说的时间比听的时间多，但求职者还是必须学会倾听。求职者要时刻关注面试官思维的变化、谈话的要点、主题的转变，以及语音、语气、语调、节奏的变化等各种信号，准确进行分析判断，然后才能采取合理有效的应对措施，因此“听”清楚面试官的每句话，是最基础、最根本的问题。

据心理学家研究，谈话的正常速度是每分钟约 120 字，而人的思维速度则是谈话速度的四至五倍，所以对方未说完或只说几句话，我们已理解了他的全部意思。这时注意力就会不集中，对对方的话就会充耳不闻。所以，“听”并非简单地用耳朵就行了，必须同时用心去理解，并积极地做出反应。那么，如何才能成为一个优秀的聆听者呢？

（1）要尊重面试官，保持耐心。面试官讲话时，要耐心地倾听，即使对一个你知之甚多的话题，出于尊重，也不能心不在焉。面试的目的在于让面试官了解你、信任你、接受你，而不是与面试官争高下，所以要尽量让面试官把话讲完，不要不顾面试官的想法而发挥一通。如果确实需要插话，应先征得面试官同意，用商量的语气问一下：“请等一等，让我插一句”或“我提个问题好吗？”同时不要质疑与反驳，这样可以避免面试官对你产生反感。请记住马歇尔将军的忠告：“听听别人的故事，听听别人完整的故事，先听听别人完整的故事。”当你闭上自己的嘴巴，认真耐心地倾听别人的谈话时，你才是真正尊重和重视对方，你才能得到对方情感上的回报。

（2）要专心致志，适时提问。求职者应全神贯注，始终保持饱满的精神状态，专心致志地注视着面试官，以表明你对他的谈话感兴趣。在对方谈话过程中，你应不时用微笑或点头表示听懂或赞同。如果你一时没有听懂对方的话或有疑问，不妨提出一些富有启发性或有针对性的问题，这样不但使你的思路更明确，对问题了解得更全面，而且对方在心理上也会觉得你听得很专心，对他的话很重视，从而对你产生好感。

（3）要洗耳恭听，敏捷应对。求职者要具备足够的敏感性，善于从对方的话语中找出对方没有表达出的意思。同时了解面试官对你的话是否真正理解了，对你谈的内容是否感兴趣，作为调整自己谈话的根据。

总之，求职者的聆听要始终表现出对面试官的尊重与信任，这是一条根本原则。对面试官表现出尊重，是面试获得成功的必要条件，否则即使你才高八斗、学富五车，恐怕也于事无补。

求职面试不同于演讲，而是更接近于一般的交谈。交谈中，应随时注意听者的反应。例如，听者心不在焉，可能表示他对自己这段话没有兴趣，你得设法转移话题；侧耳倾听，可能说明由于自己音量过小使对方难以听清；皱眉、摆头可能表示自己言语有不当之处。根据对方的这些反应，就要适时地调整自己的语言、语调、语气、音量、修辞，包括陈述内容。这样才能取得良好的面试效果。

6. 乘“兴”而进，赢得成功

有经验的面试官大多注意把握面试的气氛和情绪。面试中当你的表达有“新意”时，面试官会点头，或会心地一笑，或者鼓励说“你再说下去”，这是面试官对你感兴趣的表示。面试官对你感兴趣，是个极好的机会，是你与面试官沟通的最有利时机，一定要好好把握。当你发现他对你谈的某一点感兴趣时，一定要做出快速反应，就这一点可多谈一些，或者干脆停下来，听听他对你的评价。抓住面试官的兴趣点，乘“兴”而进，扩大战果，是赢得面试成功的秘诀之一。

三、手势运用的技巧方法

在日常生活交际中，人们都在自觉不自觉地运用手势帮助自己表达意愿，求职面试中的手势运用亦是如此。

1. 表示关注的手势

在与他人交谈时，一定要对对方的谈话表示关注，要表示出你在聚精会神地听。对方在感到自己的谈话被人关注和理解后，才能愉快专心地听取你的谈话，并对你产生好感。面试时尤其如此。一般表示关注的手势是，双手交合放在嘴前，或把手指搁在耳下；或把双手交叉，身体前倾。

2. 表示开放的手势

开放的手势表示你愿意与听者接近并建立联系。它使人感到你的热情与自信，并让人觉得你对所谈问题已是胸有成竹。这种手势的做法是手心向上，两手向前伸出，手要与腹部等高。

3. 表示有把握的手势

如果你想表现出对所述主题的把握，可先将一只手伸向前，掌心向下，然后从左向右做一个大的环绕动作，就好像用手“覆盖”着所要表达的主题。

4. 表示强调的手势

如果想吸引听者的注意力或强调很重要的一点，可把食指和拇指捏在一起，以示强调。

以上介绍的是面试中常见的手势，但要达到预期的目的，还应注意因时、因地、因人灵活运用。

四、求职面试的禁忌行为

面试失败的原因

面试是体现大学毕业生综合能力的一次机会，大学毕业生在面试过程中需要注意的事项很多。例如，在面试时要做到诚实自然、把握重点、语言精简。此外，还要注意避开一些面试禁忌，以免引起面试官不愉快，影响面试结果。

1. 攀关系

在面试过程中，有些大学毕业生为了拉近自己与用人单位、面试官的距离，可能会说“我认识你们单位的某某”“我和某某是同学，关系很不错”等，这种话很容易给面试官留下“攀关系”的印象，降低面试官对大学毕业生的好感度。

2. 问待遇

待遇是每个大学毕业生都非常关心的问题，但在实际面试过程中，千万不要急于询问对方：“你们的待遇如何？”否则会给用人单位留下“工作还没干，就先提条件”的印象。谈论待遇无可厚非，但是要看准时机，一般在双方已有初步的合作意向时，再委婉地提出。

3. 盲目自夸

在面试过程中，有的面试官会问：“请告诉我你的一次失败经历。”有些大学毕业生为了体现自己的优秀或对自己过于自信，可能会说：“我想不起自己曾经失败过。”还有些面试官会问：“你有何优缺点？”一些大学毕业生会回答：“我可以胜任一切工作。”这样的回答其实是不合理的，“人无完人”，大学毕业生不必过于掩饰自己的失败或缺点，否则不但不能提升面试官对自己的好感度，还可能给面试官留下不可靠、不诚实的印象。

4. 称呼欠妥

面试不同于闲聊，应对语言和遣词用字都有讲究。如在面试过程中，有时面试官会让大学毕业生自行提问，一些缺乏经验的大学毕业生往往会问：“你们公司怎么样？”这种问题不容易获得面试官的好感。既然选择到该公司面试，往往证明大学毕业生对这个公司是认可的，这时可以十分礼貌客气地称该公司为“贵公司”。

5. 问题欠妥

在一些面试中，有些大学毕业生会提出如“你们单位的规模有多大？”“录取比例是多少？”等有失分寸的问题，这样的问题在不恰当的时机提出很容易引起面试官的反感。

有时面试官会问：“关于工资，你的期望值是多少？”很多大学毕业生会反问：“你们定的标准工资是多少？”这其实也是欠妥当的，很容易引起面试官的不快。大学毕业生可合理表达自己的真实想法，也可委婉地表示：“我相信公司会参考市场水平制定一套自己的薪资体系，也会根据每个职位的重要程度及该职位需要的个人工作能力而科学地设定岗位薪酬。薪酬多少与我自己的努力程度也相关。”

6. 态度冷漠

有的大学毕业生出于自身性格等原因，在面试过程中常表情冷漠，不能积极与面试官配合，缺乏必要的热情和亲切感。实际上，所有的用人单位都希望自己的工作人员能够在工作中与人为善，使人感到轻松愉快，这样才能提高工作效率。

7. 盛气凌人

有些参加面试的大学毕业生，在学校时担任过学生干部，得到教师的好评、同学的尊重，各方面条件也较优越，因此就有可能恃才傲物，在面试中态度傲慢，说话咄咄逼人。这主要表现在以下三方面。

（1）当面试官不够满意自己的回答或对自己进行善意引导时，通常强词夺理、拼命狡辩、拒不承认错误。

（2）想占据面试的主动地位，在对方还未显露录用意向时反问面试官一些与面试内容无关的问题，如用人单位的福利如何、是否包吃住、自己将担任何种职务。

（3）某些大学毕业生有一些工作经验，在被问及原单位时，常贬低原单位的领导及工作，会给人留下喜欢背后议论别人的印象。

五、求职面试的主要内容

在人员甄选实践中，面试测评的主要内容如下。

1. 仪表风度

仪表风度是指求职者的体型、外貌、气色、衣着举止、精神状态等。因此，仪表风度是用人单位录用面试的一项重要内容。研究表明，仪表端庄、衣着整洁、举止文明的人，一般做事有规律、注意自我约束、责任心强。

2. 专业知识

了解求职者掌握专业知识的深度和广度，其专业知识是否符合所要录用职位的要求，作为对专业知识笔试的补充。面试对专业知识的考察更具灵活性和深度，所提问题也更接近空缺岗位对专业知识的需求。

3. 工作实践经验

一般根据查阅求职者的个人简历或求职登记表的结果，做些相关的提问，查询求职者有关背景及过去工作的情况，以补充、证实其所具有的实践经验。通过工作经历与实践经验的了解，还可以考察求职者的责任感、主动性、思维能力、口头表达能力及遇事的理智状况等。

4. 口头表达能力

面试中求职者是否能够将自己的思想、观点、意见或建议顺畅地用语言表达出来。考察的具体内容包括：表达的逻辑性、准确性、感染力、音质、音色、音量、音调等。

5. 综合分析能力

面试中，求职者是否能对主考官所提出的问题通过分析抓住本质，并且说理透彻、分析全面、条理清晰。

6. 反应能力与应变能力

主要看求职者对主考官所提的问题理解是否准确贴切，回答的迅速性、准确性等。对于突发问题的反应是否机智敏捷、回答恰当。对于意外事情的处理是否得当、妥当等。

7. 人际交往能力

在面试中，通过询问求职者经常参与哪些社团活动，喜欢同哪种类型的人打交道，在各种社交场合所扮演的角色，可以了解求职者的人际交往倾向和与人相处的技巧。

8. 自我控制能力与情绪稳定性

自我控制能力对于诸如国家公务员及许多其他类型的工作人员（如企业的管理人员）显得尤为重要。

9. 工作态度

一是了解求职者对过去学习、工作的态度；二是了解其对现报考职位的态度。在过去学习或工作中态度不认真，做什么、做好做坏都无所谓的人，在新的工作岗位上也很难说能勤勤恳恳、认真负责。

10. 上进心、进取心

上进心、进取心强烈的人，一般都确立有事业上的奋斗目标，并为之而积极努力，表现为努力把现有工作做好，且不安于现状，工作中常有创新。上进心不强的人，一般都是安于现状，无所事事，不求有功，但求能敷衍了事，因此对什么事都不热心。

11. 求职动机

了解求职者为何希望来本单位工作，对哪类工作最感兴趣，在工作中追求什么，判断本单位所能提供的职位或工作条件等能否满足其工作要求和期望。

12. 业余兴趣与爱好

了解求职者在休闲时间爱从事哪些运动，喜欢阅读哪些书籍，以及喜欢什么样的电视节目，有什么样的嗜好等，可以了解一个人的兴趣与爱好，这对录用后的工作安排常有好处。

另外，面试时主考官还会向求职者介绍本单位及拟聘职位的情况与要求，讨论有关薪酬、福利等求职者关心的问题，以及回答求职者可能要问到的其他一些问题等。

六、常见的面试问题集锦

大学毕业生在求职面试时，总会碰到用人单位主考官提出的一些问题，对这些问题的回答，可能将直接影响到主考官对毕业生的印象和最终录用结果。下面给大学毕业生设计了常见的面试问题，供大学毕业生参考。

（1）请你自我介绍一下你自己。

回答提示：一般人回答这个问题时过于平常，只说姓名、年龄、爱好、工作经验，这些在简历上都有。其实，企业最希望知道的是求职者能否胜任工作，包括最强的技能、最深入研究的知识领域、个性中最积极的部分、做过的最成功的事，主要的成就等，这些都可以和学习无关，也可以和学习有关，但要突出积极的个性和做事的能力，说得合情合理企业才会相信。

企业很重视一个人的礼貌，求职者要尊重考官，在回答每个问题之后都说一句“谢谢”。企业喜欢有礼貌的求职者。

（2）你觉得你个性上最大的优点是什么？

回答提示：沉着冷静、条理清楚、立场坚定、顽强向上。乐于助人和关心他人、适应能力和幽默感、乐观和友爱。

（3）说说你最大的缺点。

回答提示：这个问题企业问的概率很大，通常不希望听到直接回答的缺点是什么等，如果求职者说自己小心眼、爱忌妒人、非常懒、脾气大、工作效率低，企业肯定不会录用你。绝对不要自作聪明地回答“我最大的缺点是过于追求完美”，有的人以为这样回答会显得自己比较出色，但事实上，他已经岌岌可危了。

企业喜欢求职者从自己的优点说起，中间加一些小缺点，最后再把问题转回到优点上，突出优点的部分。企业喜欢聪明的求职者。

（4）说说你对加班的看法。

回答提示：实际上好多公司问这个问题，并不证明一定要加班。只是想测试你是否愿意为公司奉献。

（5）说说你对薪资的要求。

回答提示：如果你对薪酬的要求太低，那显然贬低自己的能力；如果你对薪酬的要求太高，那又会显得你分量过重，公司受用不起。一些雇主通常都事先对求聘的职位定下开支预算，因而他们第一次提出的价钱往往是他们所能给予的最高价钱。他们问你只不过想证实一下这笔钱是否足以引起你对该工作的兴趣。

（6）说说在五年的时间内你的职业规划。

回答提示：这是每一个求职者都不希望被问到的问题，但是几乎每个人都会被问到。比较多的答案是“管理者”。但是近几年来，许多公司都已经建立了专门的技术途径。这些工作岗位往往被称作“顾问”“高级软件工程师”等。

当然，说出其他一些你感兴趣的职位也是可以的，比如产品销售部经理、生产部经理等一些与你的专业有相关背景的工作。

要知道，考官总是喜欢有进取心的求职者，此时如果说“不知道”，或许就会使你丧失一个好机会。最普通的回答应该是“我准备在技术领域有所作为”或“我希望能按照公司的管理思路发展”。

（7）说说你朋友对你的评价。

回答提示：想从侧面了解一下你的性格及与人相处的问题。

（8）你还有什么问题要问吗？

回答提示：企业的这个问题看上去可有可无，其实很关键，企业不喜欢说“没有问题”的人，因为企业很注重员工的个性和创新能力。

企业不喜欢求职者问个人福利之类的问题，如果有人这样问：贵公司对新入公司的员工有没有什么培训项目，我可以参加吗？或者说贵公司的晋升机制是什么样的？企业将很欢迎，因为体现出你对学习的热情和对公司的忠诚度，以及你的上进心。

（9）工作一段时间后发现你不适合这个职位，你怎么办？

回答提示：工作一段时间后发现工作不适合你，有以下两种情况。

1）如果你确实热爱这个职业，那你就要不断学习，虚心向领导和同事学习业务知识和处世经验，了解这个职业的精神内涵和职业要求，力争减少差距。

2）你觉得这个职业可有可无，那还是趁早换个职业，去发现适合你的、你热爱的职业，那样你的发展前途也会更大，对单位和个人都有好处。

（10）某项工作，你认为领导的方式不是最好，自己有更好的方法，你会怎么做？

回答提示：

1）原则上我会尊重和服从领导的工作安排；同时私底下找机会以请教的口吻，婉转地表达自己的想法，看看领导是否能改变想法。

2）如果领导没有采纳我的建议，我也同样会按领导的要求认真地完成这项工作。

3）还有一种情况，假如领导要求的方式违背原则，我会坚决提出反对意见；如领导仍固执己见，我会毫不犹豫地再向上级领导反映。

（11）如果你的工作出现失误给公司造成经济损失，你认为该怎么办？

回答提示：

1）我本意是为公司努力工作，如果造成经济损失，我认为首要的问题是想方设法去弥补或挽回经济损失。如果我无能力负责，希望单位帮助解决。

2）若是责任问题。分清责任，各负其责，如果是我的责任，我甘愿受罚；如果是我负责的团队中别人的失误，也不能幸灾乐祸，作为一个团队，需要互相提携共同完成工作，安慰同事并且帮助同事查找原因总结经验。

3）总结经验教训。一个人的一生不可能不犯错误，重要的是能从自己的或者是别人的错误中吸取经验教训，并在今后的工作中避免发生同类的错误。检讨自己的工作方法、分析问题的深度和力度是否不够，以致出现了本可以避免的错误。

（12）如果在这次考试中没有被录用，你怎么打算？

回答提示：现在的社会是一个竞争的社会，从这次面试中也可看出这一点，有竞争就必然有优劣，有成功必定就会有失败。往往成功的背后有许多的困难和挫折，如果这次失败了也仅仅是一次而已，只有经过经历的积累才能塑造出一个完全的成功者。

我会从以下几个方面来正确看待这次失败。

第一，敢于面对，面对这次失败不气馁，接受已经失去了这次机会就不能回头这个现实，从心理意志和精神上体现出对这次失败的抵抗力。要有自信，相信自己经历了这次之后，经过努力一定能够超越自我。

第二，善于反思，对于这次面试经验要认真总结，思考剖析，能够从自身的角度找差距。正确对待自己，实事求是地评价自己，辩证地看待自己的长短得失，做一个明白人。

第三，走出阴影，要克服这次失败带给自己的心理压力，时刻牢记自己的弱点，防患于未然，加强学习，提高自身素质。

第四，认真工作，回到原单位岗位上后，要实实在在、踏踏实实地工作，三十六行，行行出状元，争取在本岗位做出一定的成绩。

第五，再接再厉，以后如果有机会我仍然会再次参加竞争。

（13）如果你做的工作受到上级领导的表扬，但你主管领导却说是他做的，你该怎么办?

回答提示：我首先不会找那位上级领导说明这件事，我会主动找我的主管领导来沟通，因为沟通是解决人际关系的最好办法，但结果会有两种。

1）我的主管领导认识到自己的错误，我想我会视具体情况决定是否原谅他。

2）他变本加厉地来威胁我，那我会毫不犹豫地找我的上级领导反映此事，因为他这样做会造成负面影响，对今后的工作不利。

（14）谈谈你对跳槽的看法。

回答提示：

1）正常的“跳槽”能促进人才合理流动，应该支持。

2）频繁的跳槽对单位和个人双方都不利，应该反对。

（15）工作中你难以和同事、上司相处，你该怎么办?

回答提示：

1）我会服从领导的指挥，配合同事的工作。

2）我会从自身找原因，仔细分析是不是自己工作做得不好，让领导不满意，同事看不惯。还要看看是不是我为人处世方面做得不好。如果是这样的话，我会努力改正。

3）如果我找不到原因，我会找机会跟他们沟通，请他们指出我的不足。有问题就及时改正。

4）作为优秀的员工，应该时刻以大局为重，即使在一段时间内，领导和同事对我不理解，我也会做好本职工作，虚心向他们学习，我相信，他们会看见我在努力，总有一天会对我微笑的！

（16）假设你在某单位工作，成绩比较突出，得到领导的肯定。但同时你发现同事们越来越孤立你，你怎么看这个问题？你准备怎么办？

回答提示：

1）成绩比较突出，得到领导的肯定是件好事情，以后会更加努力。

2）检讨一下自己是不是对工作的热心度超过同事间交往的热心度了，加强同事间的交往，培养共同的兴趣爱好。

3）工作中，切勿伤害别人的自尊心。

4）不在领导前拨弄是非。

5）乐于助人。

（17）你最近是否参加了培训课程，是公司资助还是自费参加？谈谈培训课程的内容。

回答提示：可以多谈谈自己学到的技术。

（18）你对于我们公司了解多少？

回答提示：在去公司面试前上网查一下该公司主营业务。

（19）请说出你选择这份工作的动机。

回答提示：这是想知道面试者对这份工作的热忱及理解度，并筛选因一时兴起而来应试的人，如果是无经验者，可以强调“就算职种不同，也希望有机会发挥之前的经验”。

（20）你最擅长的技术方向是什么？

回答提示：说和你要应聘的职位相关的课程，表现一下自己的热诚没有什么坏处。

（21）你能为我们公司带来什么呢？

回答提示：

1）假如你可以的话，试着告诉他们你可以降低用人成本，立刻就可以上岗工作。

2）企业很想知道未来的员工能为企业做什么，求职者应再次重复自己的优势，然后说：“以我的能力，我可以做一个优秀的员工，在组织中发挥能力，给组织带来高效率和更多的收益。”

企业喜欢求职者就申请的职位表明自己的能力，比如申请营销之类的职位，可以说：“我可以开发大量的新客户，同时，对老客户做更全面、周到的服务，开发老客户的新需求和消费。”

（22）最能概括你自己的三个词是什么？

回答提示：适应能力强，有责任心和做事有始终，结合具体例子向主考官解释。

（23）你的业余爱好是什么？

回答提示：找一些富于团体合作精神的爱好。

（24）作为被面试者给我打一下分。

回答提示：试着列出多个优点和一个非常小的缺点。

（25）你怎么理解你应聘的职位？

回答提示：把岗位职责和任务及工作态度阐述一下。

（26）喜欢这份工作的哪一点？

回答提示：相信大家心中一定都有答案了吧！每个人的价值观不同，自然评断的标准也会不同。但是，在回答面试官这个问题时，可不能直接就把自己心里的话说出来，尤其是薪资方面的问题，不过一些无伤大雅的回答是不错的考虑，如交通方便、工作性质及内容颇能符合自己的兴趣等，都是不错的答案，不过如果这时能仔细思考出这份工作的与众不同之处，相信在面试上会大大加分。

（27）为什么要离职？

回答提示：

1）回答这个问题时一定要小心，就算在前一个工作受到再大的委屈，对公司有多少怨言，都千万不要表现出来，尤其要避免对公司本身主管的批评，避免面试官的负面情绪及印象。

建议此时最好的回答方式是将问题归咎在自己身上，例如，觉得工作没有学习发展的空间，自己想在面试工作的相关产业中多加学习，或是前一份工作与自己的生涯规划不合等等，回答的答案最好是积极正面的。

2）我希望能获得一份更好的工作，如果机会来临，我会抓住；我觉得目前的工作，已经达到顶峰，即没有升迁机会。

（28）说说你对行业、技术发展趋势的看法。

回答提示：企业对这个问题很感兴趣，只有有备而来的求职者才能够过关。求职者可以直接在网上查找自己所申请的行业部门的信息，只有深入了解才能产生独特的见解。企业认为最聪明的求职者是对所面试的公司预先了解很多，包括公司各个部门的发展情况，在面试回答问题的时候可以提到所了解的情况，企业希望招入企业的人是“知己”，而不是“路人”。

（29）对工作的期望与目标何在？

回答提示：这是面试者用来评断求职者是否对自己有一定程度的期望、对这份工作是否了解的问题。对于工作有确定学习目标的人通常学习较快，对于新工作自然较容易进入状态，这时建议最好针对工作的性质找出一个确定的答案。

如业务员的工作可以这样回答：“我的目标是能成为一个超级业务员，将公司的产品广泛地推销出去，达到最好的业绩成效；为了达到这个目标，我一定会努力学习，而我相信以我认真负责的态度，一定可以达到这个目标。”

其他类的工作也可以比照这个方式来回答，只要在目标方面稍微修改一下就可以了。

（30）说说你的家庭情况。

回答提示：企业面试时，询问家庭问题不是非要知道求职者家庭的情况，探究隐私，企业不是喜欢探究个人隐私，而是要了解家庭背景对求职者的塑造和影响。企业希望听到的重点也在于家庭对求职者的积极影响。

企业最喜欢听到的是：“我很爱我的家庭！我的家庭一向很和睦，虽然我的父亲和母亲都是普通人，但是从小我就看到我父亲起早贪黑，每天工作特别勤劳，他的行动无形中培养了我认真负责的态度和勤劳的精神。我母亲为人善良，对人热情，特别乐于助人，所以在单位人缘很好，她的一言一行也一直在教导我做人的道理。”

企业相信，和睦的家庭关系对一个人的成长有潜移默化的影响。

（31）就你申请的这个职位，你认为还欠缺什么？

回答提示：企业喜欢问求职者弱点，但精明的求职者一般不直接回答。他们希望看到这样的求职者：继续重复自己的优势，然后说：“对于这个职位和我的能力来说，我相信自己是可以胜任的，只是缺乏经验，这个问题我想我可以进入公司以后以最短的时间来解决，我的学习能力很强，我相信可以很快融入公司的企业文化，进入工作状态。”

企业喜欢能够巧妙地躲过难题的求职者。

（32）你欣赏哪种性格的人？

回答提示：诚实、不死板而且容易相处的人，有“实际行动”的人。

（33）你通常如何处理别人的批评？

回答提示：

1）沉默是金。不必说什么，否则情况更糟，不过我会接受建设性的批评。

2）我会等大家冷静下来再讨论。

（34）你怎样对待自己的失败？

回答提示：我们大家生来都不是十全十美的，我相信我有第二次机会改正我的错误。

（35）什么会让你有成就感？

回答提示：为贵公司竭力效劳；尽我所能，完成一个项目。

（36）眼下你生活中最重要的是什么？

回答提示：对我来说，能在这个领域找到工作是最重要的；望能在贵公司任职对我来说最重要。

（37）你为什么愿意到我们公司来工作？

回答提示：对于这个问题，你要格外小心，如果你已经对该单位做了研究，你可以回答一些详细的原因，例如：“公司本身的高技术开发环境很吸引我”“我同公司出生在同样的时代，我希望能够进入一家与我共同成长的公司”“公司一直都在稳定发展，近几年来在市场上很有竞争力”“我认为贵公司能够给我提供一个与众不同的发展道路”。

这都显示出你已经做了一些调查，也说明你对自己的未来有了较为具体的远景规划。

（38）你和别人发生过争执吗？你是怎样解决的？

回答提示：这是面试中最险恶的问题。其实是考官布下的一个陷阱。千万不要说任何人的过错。成功解决矛盾是一个协作团体中成员所必备的能力。假如你工作在一个服务行业，这个问题就是最重要的一个环节。

你能否获得这份工作，将取决于这个问题的回答。面试官希望看到你是成熟且乐于奉献的。他们通过这个问题了解你的成熟度和处世能力。在没有外界干涉的情况下，通过妥协的方式来解决才是正确答案。

（39）你做过的哪件事最令自己感到骄傲？

回答提示：这是面试官给你的一个机会，让你展示自己把握命运的能力。这会体现你潜在的领导能力，以及你被提升的可能性。

（40）你新到一个部门，一天一个客户来找你解决问题，你努力想让他满意，可是始终达不到他的满意程度，他投诉你们部门工作效率低，这个时候你会怎么做？

回答提示：

1）我会保持冷静。作为一名工作人员，在工作中遇到各种各样的问题是正常的，关键是如何认识它，积极应对，妥善处理。

2）我会反思一下客户不满意的原因。一是看自己是否在解决问题上的确有考虑得不周到的地方；二是看客户是否不太了解相关的服务规定而提出超出规定的要求；三是看客户是否了解相关的规定，但是提出的要求不合理。

3）根据原因采取相应的对策。如果是自己确有不周到的地方，按照服务规定做出合理的安排，并向客户做出解释；如果是客户不太了解政策规定而造成的误解，我会向他做出进一步的解释，消除他的误会；如果是客户提出的要求不符合政策规定，我会明确地向他指出。

4）我会把整件事情的处理情况向领导做出说明，希望得到他的理解和支持。我不会因为客户投诉了我而丧失工作的热情和积极性，而会一如既往地牢记为客户服务的宗旨，争取早日做一名领导信任、公司放心、客户满意的职员。

（41）对这项工作你有哪些可预见的困难？

回答提示：

1）不宜直接说出具体的困难，否则可能会令对方怀疑求职者能力不足。

2）可以尝试迂回战术，说出求职者对困难所持有的态度——“工作中出现一些困难是正常的，也是难免的，但是只要有坚忍不拔的毅力、良好的合作精神，以及事前周密而充分的准备，任何困难都是可以克服的。”

（42）如果我录用你，你将怎样开展工作？

回答提示：

1）如果求职者对于应聘的职位缺乏足够的了解，最好不要直接说出自己开展工作的具体办法。

2）可以尝试采用迂回战术来回答，如“首先听取领导的指示和要求，然后就有关情况进行了解和熟悉，接下来制订一份近期的工作计划并报领导批准，最后根据计划开展工作”。

（43）你希望与什么样的上级共事？

回答提示：

1）通过求职者对上级的“希望”可以判断出求职者对自我要求的意识，这既是一个陷阱，又是一次机会。

2）最好回避对上级具体的希望，多谈对自己的要求。

3）如“作为刚步入社会的新人，我应该多要求自己尽快熟悉环境、适应环境，而不应该对环境提出什么要求，只要能发挥我的专长就可以了”。

（44）与上级意见不一致你将怎么办？

回答提示：

1）一般可以这样回答：“我会给上级以必要的解释和提醒，在这种情况下，我会服从上级的意见。”

2）如果面试你的是总经理，而你所应聘的职位另有一位经理，且这位经理当时不在场，可以这样回答：“对于非原则性问题，我会服从上级的意见，对于涉及公司利益的重大问题，我希望能向更高层领导反映。”

（45）你工作经验欠缺，如何能胜任这项工作？

回答提示：

1）如果用人单位对应届毕业生的求职者提出这个问题，说明招聘公司并不真正在乎“经验”，关键看求职者怎样回答。

2）对这个问题的回答最好要体现出求职者的诚恳、机智、果敢及敬业。

3）例如：“作为应届毕业生，在工作经验方面的确会有所欠缺，因此在读书期间我一直利用各种机会在这个行业里做兼职。我也发现，实际工作远比书本知识丰富、复杂。但我有较强的责任心、适应能力和学习能力，而且比较勤奋，所以在兼职中均能圆满完成各项工作，从中获取的经验也令我受益匪浅。请贵公司放心，学校所学及兼职的工作经验使我一定能胜任这个职位。”

（46）谈谈你过去做过的成功案例。

回答提示：举一个你最有把握的例子，把来龙去脉说清楚，而不要说了很多却没有重点。切忌夸大其词，把别人的功劳说成自己的，很多主管为了确保要用的人是最适合的，会打电话向你的前一个主管征询对你的看法及意见，所以如果说谎，是很容易穿帮的。

（47）如何安排自己的时间？会不会排斥加班？

回答提示：基本上如果上班工作有效率，工作量合理的话，应该不太需要加班。可是我也知道有时候很难避免加班，加上现在工作都采用责任制，所以我会调配自己的时间，全力配合。

（48）为什么我们要在众多的面试者中选择你？

回答提示：根据我对贵公司的了解，以及我在这份工作上所累积的专业经验及人脉，相信正是贵公司所找寻的人才。而我在工作态度上，也有圆融、成熟的一面，与主管、同事都能合作愉快。

（49）谈谈你对这个职务的期许。

回答提示：希望能借此发挥我的所学及专长，同时也吸收贵公司在这方面的经验，就公司、我个人而言，缔造“双赢”的局面。

（50）为什么选择这个职务？

回答提示：这一直是我的兴趣和专长，经过这几年的磨炼，也累积了一定的经验及人脉，相信我一定能胜任这个职务。

（51）你认为你在学校属于好学生吗？

回答提示：企业的招聘者很精明，问这个问题可以试探出很多问题：如果求职者学习成绩好，就会说：“是的，我的成绩很好，所有的成绩都很优异。当然，判断一个学生是不是好学生有很多标准，在学校期间我认为成绩是重要的，其他方面包括思想道德、实践经验、团队精神、沟通能力也都是很重要的，我在这些方面也做得很好，应该说我是一个全面发展的学生。”

如果求职者成绩不尽理想，便会说：“我认为是不是一个好学生的标准是多元化的，我的学习成绩还可以，在其他方面我的表现也很突出，比如我去很多地方实习过，我很喜欢在快节奏和压力下工作，我在学生会组织过 ×× 活动，锻炼了我的团队合作精神和组织能力。”有经验的招聘者一听就会明白，企业喜欢诚实的求职者。

（52）有想过创业吗？

回答提示：这个问题可以显示你的冲劲，但如果你的回答是“有”的话，千万小心，下一个问题可能就是“那么为什么你不这样做呢？”

（53）除了本公司还应聘了哪些公司？

回答提示：很奇怪，这是相当多公司会问的问题，其用意是要概略知道求职者的求职志向，所以这并非绝对是负面问题，就算不便说出公司名称，也应回答同类公司，如果应聘的其他公司是不同业界，容易让人产生无法信任的感觉。

（54）何时可以入职？

回答提示：大多数企业会关心就职时间，最好是回答“如果被录用的话，可按公司规定入职上班。”如果还未辞去上一个工作、上班时间又太近，似乎有些强人所难，因为交接至少要一个月的时间，应进一步说明原因，录取公司应该会通融的。

（55）你并非毕业于名牌院校。

回答提示：是否毕业于名牌院校不重要，重要的是有能力完成您交给我的工作，我接受了某某职业培训，掌握的技能完全可以胜任贵公司现在的工作，而且我比一些名牌院校的应届毕业生的动手能力还要强，我想我更适合贵公司这个职位。

（56）你怎样看待学历和能力？

回答提示：我想只要是大学专科的学历，就表明我具备了基本的学习能力。至于是学

士也好，还是博士也好，最关键的不是学了多少知识，而是在这个领域发挥了什么，也就是能力问题。

本章小结

通过对本章内容的学习，了解自荐、笔试、面试环节及技巧方法，掌握笔试、面试的准备工作等。通过对上述内容的介绍，全面地对应聘主要环节进行了剖析，帮助毕业生更好地了解面试，做到胸有成竹。

课后习题

1. 自荐的方式有哪些？如何掌握自荐的技巧？
2. 求职笔试的类型有哪些？应如何准备求职笔试？
3. 求职笔试考察分析哪些方面？
4. 求职面试的类型有哪些？应如何准备求职面试？
5. 求职面试的技巧方法有哪些？
6. 小组模拟进行面试训练。

第六章 毕业生的权益保护

学习目标

知识目标：

1. 了解大学生就业的权益和权益保护。
2. 了解劳务派遣的相关知识。

能力目标：

1. 能够明确就业协议书和劳动合同的区别。
2. 能够熟悉就业协议违约和劳动争议产生后如何处理。

素养目标：

提升大学生自身的法律意识，知法守法、懂法用法。

第一节　就业权益及保护

一、就业陷阱

由于社会的复杂性，某些用人单位、中介机构或个人利用大学毕业生就业心切的心态，埋设一些陷阱，引诱大学毕业生上当，以牟取私利。

1. 薪资陷阱

一些用人单位在招聘时夸大单位规模、发展前景、工资待遇等情况，隐瞒单位实情。有的用人单位千方百计了解毕业生的情况，却设法回避毕业生提出的了解单位的问题。这些都将导致毕业生与用人单位之间信息不对称，侵犯了毕业生的知情权。更有甚者恶意欺骗宣传，宣称“高薪”“高福利”“高职位”，诱惑毕业生从事名不副实的工作，严重损害毕业生利益。如某企业抛出低工资高奖金的制度吸引求职者，扬言做得好月薪可达万元，其实是在几乎没有底薪的情况下领取苛刻的销售提成。要知道，管理规范的优秀企业通常会

淡化奖金、提成这些易于滋生副作用的做法，只有那些急功近利、员工流动性大的企业才会反其道而行之。广大毕业生应脚踏实地，不要投机取巧，不要相信天上能掉馅饼，增强抗拒诱惑的能力，避免落入不法分子的圈套。

2. 试用期陷阱

规定试用期是正常的招聘行为，但有些企业在试用毕业生时劳动强度高、工资报酬低，在试用期结束后又以各种理由辞退毕业生，更有甚者还向毕业生收取所谓培训费。所以广大毕业生在求职时一定要就试用期问题在合同中明确约定，在试用期间要注意保留有关工资、工作时间、工作能力的证据，以备必要时维护自己的权利。

3. 收费陷阱

国家有关部门早就明文规定，用人单位不得以任何名义向求职者收取报名费押金、保证金等费用，对员工的培训费用应当从成本中支出。可有些用人单位却对此置若罔闻，巧立名目向求职者收费。毕业生们迫于对工作的需要往往只得妥协。可是不少企业在收取了费用后便为所欲为，或者怠于履行义务，或者向求职者得寸进尺提出更过分的要求。因此毕业生在求职时要区分用人单位哪些做法是合理的，哪些做法是不合理的，对于各种名目的收费要坚决抵制。

4. 传销陷阱

学生在求职的过程中会遇到传销陷阱，一般通常为熟人发展，目前由人身控制向精神控制转移，每年均有学生因为向往高薪、高地位、良好的工作环境而陷入传销，给自身和家人带来经济和精神上的损失。

5. 网贷陷阱

网络贷款方便、快捷，得到高校学生的认同，但是很多人并未意识到网络贷款潜在的风险及危害：一是网络贷款利息高，远远超过国家规定的法定银行贷款利率上限，加上利滚利，以日息和复利计算，一些网贷者发现所归还的本金往往超过贷款本金的几十倍，一些学生最终因还不起贷款而选择了辍学、出逃，女生因为裸贷而被迫从事一些危险职业，还有少数学生因为迈不过这个坎而选择了极端的方式结束自己的生命。二是网络贷款一旦没有按期还款，贷款公司通常会采取信息骚扰、威胁、打电话给家人或辅导员、在公寓和教学区域张贴还款公示等暴力手段来达到目的，给学生造成严重的心理压力和伤害。

6. 合同陷阱

毕业生在用人单位试用期满之后，需要与用人单位签订正式的劳动合同，一些不规范的企业常常利用合同来侵害学生的合法权益。根据相关的数据显示，初入职场的毕业生与用人单位产生劳资纠纷时，85% 的学生会选择放弃维护权益，而仅有 5% 左右的学生会选择通过法律手段维权，另有 10% 左右的学生选择通过其他方式维护自身的合法权益。对劳资双方纠纷的结果分析，约有 85% 是以学生落败，其原因主要有：一是用人单位的劳动人事管理部门非常熟悉国家的劳动人事政策，毕业生在法律与管理漏洞方面难以寻求到明显的破绽；二是毕业生签订了明显的劳资不平等的合同，给今后的权益维护增加了障碍。一些企业和公司常常会拿出打印好的合同样本，让毕业生签订，基本上不让毕业生熟悉劳动合同和了解以前工作同事所签订的合同内容，而毕业生刚入职场，维权意识较弱。

二、就业权益

大学毕业生作为就业过程中的一个重要主体，享有多方面的权益。根据目前就业规则的有关规定，大学毕业生主要享有以下几个方面的权益。

1. 就业信息知情权

收集就业信息是大学毕业生成功就业的前提，只有拥有较多的就业信息，大学毕业生才可能结合自身情况找到适合自身发展的职业和用人单位。就业信息知情权是指大学毕业生拥有及时、全面地获取应该公开的各种就业信息的权利，它包括以下三个方面的含义。

（1）信息公开。信息公开即所有用人信息向全体大学毕业生公开。目前，我国很多地方都已建立了高校毕业生登记制度，凡需录用大学毕业生的用人单位，需到当地高校毕业生就业指导中心和有关高校办理信息登记，并由它们向大学毕业生发布用人需求信息，任何单位和个人不得隐瞒、截留需求信息。

（2）信息及时。信息及时即就业信息具有很强的时效性，所以，就业信息应及时、有效地向大学毕业生公布，以免失去利用价值，影响大学毕业生就业。

（3）信息全面。大学毕业生有权获得准确、全面的就业信息，以便对用人单位有全面的了解，从而做出符合自身需要的选择，而不是盲目选择。

2. 就业指导权

根据《中华人民共和国高等教育法》第五十九条规定，高等学校应当为毕业生、结业生提供就业指导和服务。学生有权从学校接受就业指导。学校应成立专门机构安排专门人员对大学毕业生进行就业指导，包括向大学毕业生宣传国家关于大学毕业生就业的有关文件、方针、政策；对大学毕业生进行择业技巧的指导；引导大学毕业生根据国家、社会需要，结合个人实际情况进行择业。使毕业生通过接受就业指导，准确定位，合理就业。

3. 被推荐权

高等学校的就业指导中心在就业工作中的一个重要职责就是向用人单位推荐大学毕业生，为大学毕业生充分就业搭建平台。历年工作经验证明，学校的推荐往往在很大程度上影响到用人单位对毕业生的取舍。大学毕业生享有被推荐权，包含以下几个方面内容。

（1）如实推荐。如实推荐即高校在对毕业生进行推荐时，应实事求是，根据大学毕业生本人的实际情况向用人单位进行介绍、推荐。不能故意贬低或随意捧高毕业生在校的表现。

（2）公正推荐。学校对毕业生进行推荐应做到公平、公正，应给每一位毕业生以就业推荐的机会，不能厚此薄彼。公正推荐是学校的基本责任，也是大学毕业生享有的最基本的权益。

（3）择优推荐。学校根据大学毕业生的在校表现，在公正、公开的基础上，还应择优

推荐，用人单位录用毕业生也应坚持择优标准。真正体现优生优用，人尽其才。这样才能调动广大毕业生和在校生学习的积极性，不断提高他们自身的综合素质，在激烈的就业竞争中取胜。

4. 自主选择权

根据国家有关规定，现代的高校大学毕业生可以在国家就业方针、政策的指导下“双向选择，自主择业”，即大学毕业生可以根据自己的兴趣、爱好和能力选择自己喜欢或擅长的职业，同时大学毕业生还有权决定自己何时就业、何地就业等。家长、学校和用人单位，可以为初出校门、缺乏工作经验的大学毕业生提供建议和引导，但不能强迫或限制他们选择职业。

5. 公平待遇权

用人单位在录用大学毕业生的过程中，也应公平、公正，一视同仁。当前，由于各项配套措施滞后，完全开放公平的就业市场尚未真正形成，用人单位录用大学毕业生还不同程度存在不公平、不公正的现象，如有的单位以貌取人、重文凭轻能力、女生就业难等仍然是困扰高校大学毕业生就业的几大问题。因此，公平待遇权是大学毕业生最为迫切需要得到维护的权益。

6. 违约及补偿权

大学毕业生与用人单位签订就业协议书后，由于某些特殊的原因和情况，不能到已签约的用人单位工作，大学毕业生本人可提出违约。也就是说，违约也是毕业生求职过程中的一项权利。但是，违约权利的行使必须依照就业协议书中违约条款的规定进行，大学毕业生必须承担相应的违约责任。另一种情况是有的用人单位因为内部情况的变化，造成不能履行就业协议而提出违约。用人单位的违约，会给毕业生造成很大的损失，严重的甚至会造成大学毕业生长期不能就业。在就业双向选择的过程中，与用人单位相比，大学毕业生是弱者，为了使这项权利的行使有保障，学校应在审查就业协议时督促大学毕业生和用人单位对赔偿的金额进行约定，同时约定赔偿的条件。

典型案例 6-1

案例背景：

宋某是某职业学院的大学生。2018 年 12 月 3 日，宋某在大学未毕业时就与某教育培训公司签订了劳动合同，成为该公司呼叫中心的客服销售。2019 年 2 月 10 日，正逢大年初六，宋某仍留在单位坚持春节值班。晚上六点半，宋某与来公司慰问的领导和同事一起喝酒。晚上十点半左右，在回宿舍的路上，宋某不慎从楼上摔下，导致全身多处骨折，被送往医院住院治疗。该公司先后为其垫付医药费 15 万多元。2019 年 5 月 30 日，该公司与宋某解除了劳动合同。

宋某申诉至某区劳动争议仲裁委员会，要求确认与该公司存在劳动关系，并支付工伤保险。某区劳动争议仲裁委员会经审理后认为，宋某与该教育培训公司系雇用关系，不存在劳动关系，不属于劳动仲裁受理范围，故驳回了宋某的申请。

宋某不服仲裁裁决，起诉至法院。法院审理后认为，该教育培训公司明知其尚未毕业的事实，仍与其签订劳动合同，明确了双方的权利义务关系，并依据真实意愿确立了双方的劳动关系。且双方自2018年12月3日至2019年2月，实际履行了劳动合同。因此双方在形式上和事实上均明确确立了劳动关系。法院最后做出判决，支持宋某的诉讼请求。

案例分析：

大学生未毕业与用人单位签订劳动合同的效力如何认定？原劳动部关于印发《关于贯彻执行〈中华人民共和国劳动法〉若干问题的意见》的通知中规定："在校生利用业余时间勤工助学，不视为就业，未建立劳动关系，可以不签订劳动合同。"这种勤工助学是指在校学生不以就业为目的，利用学习空闲时间打工补贴学费、生活费的行为。

但本案中，宋某作为即将毕业的大学生，与用人单位签订劳动合同。他到用人单位的目的是毕业后就业。用人单位在对其未毕业的大学生身份全面了解且知晓其已完成学业，学校准许其工作的前提下，与其签订劳动合同，且合同内容不违反强制性法律规定，故该劳动合同应视为有效合同。

三、试用期的基本权益

试用期，即劳动关系的试验阶段。试用期是用人单位和劳动者为了相互了解而约定的考察期，是特殊的劳动合同履行期。在这段时间内，用人单位考察员工的工作能力，员工也考察用人单位的情况，是双方互相试用的过程。试用期劳动者的权益同样受法律保护，劳动者在试用期间享有的主要权利有以下几种。

1. 要求用人单位履行就业协议接收毕业生的权利

就业协议书是明确大学毕业生、用人单位和学校在大学毕业生就业工作中权利和义务的书面表现形式，是编制大学毕业生就业计划和对将来可能发生的违约情况进行是非判断的依据，具有法律效力。就业协议书一经签订就应严格履行，不得无故更改。用人单位必须依照就业协议书接收大学毕业生，并为其妥善安排工作岗位，保证大学毕业生顺利就业。

2. 签订正式劳动合同的权利

有的用人单位认为只要不与劳动者签订劳动合同，就可以不受法律的约束，在辞退劳动者时较为便利，并且不必给予经济补偿，于是频繁地辞退试用员工就成为他们的一种用工手段。

为了达到这些目的，他们往往以试用为名，不与劳动者签订劳动合同，或者只签订一份所谓的试用期合同，许诺等试用合格后再签订正式劳动合同。对此，劳动者应该学会依

法维护自己的合法权益。根据《劳动法》的规定："劳动合同是劳动者与用人单位确定劳动关系、明确双方权利和义务的协议。建立劳动关系应当订立劳动合同。"用人单位聘用劳动者后不签订劳动合同是违反法律的。

即使没有签订劳动合同，只要形成事实上的劳动关系，就要受到《劳动法》等一系列法律法规的约束。根据《劳动法》的规定，在中华人民共和国境内的企业、个体经济组织和与之形成劳动关系的劳动者，适用《劳动法》。

3. 获得劳动报酬的权利

在试用期间，大学毕业生的工作熟练程度、技能水平与其他人相比可能有差距，这些差距直接表现为收入的差距。但只要劳动者在法定工作时间内提供了正常劳动，用人单位就应当支付其工资。

有的用人单位在招工时就声明，试用期不发工资，只有试用期满、双方签订了正式劳动合同后才有工资，或找其他借口不付工资。这些行为都是违反《劳动法》的。遇到这种情况，当事人可向劳动监察部门反映。

试用期间的工资标准与正式上岗后的工资标准相比，一般都比较低。但是这种"低"也要有限度和标准。《劳动法》明确规定试用期工资最低不应低于当地的最低工资标准。具体某个工种当地的最低工资标准是多少，可到当地劳动保障部门去查询。在这个最低工资标准之上，劳动者与用人单位可以协商确定。

4. 享有社会保险的权利

大学毕业生在试用期间，与其他劳动合同制职工一样，用人单位应当依法为其办理社会保险手续，为其缴纳社会保险。社会保险，就是常说的五险一金，即养老保险、医疗保险、失业保险、工伤保险、生育保险和住房公积金。

5. 享有劳动保护的权利

用人单位应当为大学毕业生提供必要的劳动防护用品和劳动保护设施，防止事故，减少危害。

6. 解除劳动合同的权利

在试用期间，毕业生可以随时通知用人单位解除劳动合同，不需要任何附加条件。用人单位不得要求劳动者支付职业技能培训费用，还应按大学毕业生的实际工作天数支付工资。

合同签订后，用人单位不能随意解除。试用期企业须有理由辞退员工，而员工可无理由走人。根据《劳动法》的规定，在试用期内，被证明不符合录用条件的劳动者，用人单位可以解除劳动合同。而劳动者可以随时通知用人单位解除劳动合同。

典型案例 6–2

案例背景：

逯某对自媒体一直十分感兴趣，大学期间，他将自己的几个自媒体账号运营得小有成就。毕业后，为了进一步积累自媒体运营经验，他应聘到一家自媒体公司上班，负责公司一个项目下微信公众号、微博、快手的内容创作与运营。

公司在正式录用逯某时，与他签订了劳动合同，合同中约定试用期为6个月。然而事与愿违，逯某独自负责3个平台的内容创作与运营，任务量巨大。逯某从上班第一天开始，就处于长时间、高强度的工作状态，加班成了常态。坚持了2个多月，逯某感觉自己身心俱疲，萌生了辞职的念头。逯某于第3个月的某一天向HR提交了辞职申请，HR却以合同约定时间未满为由拒绝了他。逯某感到很迷茫，不知道HR的这种说法是否合法，如果自己强硬要求解除劳动关系，是否要承担相应的责任。

案例分析：

《劳动合同法》第三十七条规定："劳动者提前三十日以书面形式通知用人单位，可以解除劳动合同。劳动者在试用期内提前三日通知用人单位，可以解除劳动合同。"大学毕业生在试用期内出于各种客观原因，可以行使解除劳动合同的权利。

四、就业权益保护

（一）就业权益的保护原则

大学毕业生的就业权益受到社会多方面的保护。在现实条件下，部分大学毕业生曲解了就业权益保护的本义，滥用就业权益保护的救助途径，在造成自己与用人单位就业纠纷的同时，也损害了自己职业发展的长期利益。我们认为，毕业生就业权益保护应该遵循以下原则。

1. 双赢原则

双赢原则，是指在就业过程中，大学毕业生与用人单位双方都应避免意气用事和相互猜忌，并通过适当的渠道解决就业过程中的分歧，在遵守法律法规的前提下，实现个人职业发展与企业发展的"双赢"。

2. 契约为本

大学毕业生的就业行为，本质上是一种民事法律行为，双方的权益义务关系受到就业协议书、劳动合同等契约的制约。大学毕业生就业权益的保护应当充分尊重契约，提高自我保护意识，谨慎签订就业协议和劳动合同。而就业协议和劳动合同等契约文件一旦形成，便具有法律的强制力和约束力，大学毕业生和用人单位双方都有责任和义务履行协议和合同中的相应条款。

3. 依法保护

应当充分运用法律武器保护大学毕业生的就业权益。少数毕业生在自身就业权益受到损害时，不是在法律框架内寻找救助渠道，而是通过家长上门闹事、纠集亲友聚集等方式对用人单位或学校施压，造成不良的社会影响。这是十分不可取的。

4. 平等自愿

大学毕业生个人意愿的充分表达，是就业协议和劳动合同订立的前提条件。大学毕业生就业权益的保护，应当在遵守契约约定的前提下，充分尊重毕业生的个人意见，建立平等的权利义务关系。

5. 充分协商

在现实环境中，出现就业纠纷或者大学毕业生就业权益受到损害的情况时，应当将毕业生、用人单位、学校三方之间的沟通和协商放在首位，充分表达各方意愿，更有效地实现毕业生就业权益的救助。

（二）就业权益的保护方法

1. 通过毕业生就业主管部门进行保护

大学毕业生就业主管部门可通过制定相应的规则来确定毕业生的权益，并依据国家的法律和政策规定对侵犯毕业生权益的行为予以抵制或处理。

此外，根据我国有关大学毕业生政策的规定，大学毕业生及签约诸方应信守诺言，自觉维护大学毕业生就业秩序，严格遵守国家有关规定和学校就业政策。

2. 通过所在高校进行保护

学校对毕业生权益的保护最为直接。学校可通过制定各项措施来规范大学毕业生的就业指导和就业推荐，对于用人单位在录用毕业生过程中的不公平、不公正行为，学校有权予以抵制，以维护大学毕业生的公平受录用权。高校在毕业生签订就业协议的过程中应进行监督和指导。对于用人单位与毕业生签订不符合国家有关政策规定的就业协议，学校有权拒签，未经学校审核同意的就业协议不能作为编制就业方案的依据。

3. 通过毕业生自身进行保护

大学毕业生权益保护的一个重要方面就是毕业生进行自我保护，具体表现在以下三个方面。

（1）大学毕业生应了解目前国家关于毕业生就业的有关方针、政策和规则，熟悉大学毕业生在就业过程中的权利和义务，这是大学毕业生权益保护的前提。

（2）大学毕业生应自觉遵循有关就业规则，接受其制约，保证自己的就业行为不违反就业规则，不侵犯其他大学毕业生和用人单位的合法权益。

（3）大学毕业生应学会用法律手段维护自身的合法权益。针对侵犯自身就业权益的行为，可首先与有关用人单位协商解决。协商不成，可向签订协议所在地的大学毕业生工作主管部门申请调解，也可依法向有关部门申请仲裁或直接向人民法院提起诉讼。

二十大速递

为什么要加强灵活就业和新就业形态劳动者权益保障？

习近平总书记在党的二十大报告中指出：“健全劳动法律法规，完善劳动关系协商协调机制，完善劳动者权益保障制度，加强灵活就业和新就业形态劳动者权益保障。”这对于强化社会保障，维护劳动者合法权益，优化自主创业环境，不断拓展就业创业服务渠道具有重要意义。

第一，灵活就业和新就业形态劳动者，对拓宽就业新渠道、培育发展新动能发挥了重要作用。灵活就业主要包括个体经营、非全日制、新就业形态三类就业方式。个体经营，主要包括从业人员在两人及以下的登记注册个体工商户、未登记注册的个体经营户。非全日制就业人员，主要包括养老、托幼、家教、保洁、搬运、装修维修等家政服务和打零工人员。新就业形态就业人员，主要包括交通出行、外卖配送、网络零售、直播销售、互联网医疗等领域的平台就业人员。新就业形态就业人员包括：一是将互联网平台作为经营载体或信息提供者实现就业的劳动者，其与平台企业之间的权利义务关系适用民事法律调整；二是依托平台就业，与平台企业之间订立劳动合同或符合确立劳动关系情形的劳动者；三是依托平台就业，工作有较大自主性，劳动过程受到平台企业的管理，不完全符合确立劳动关系的情形。目前，我国灵活就业和新就业形态蓬勃发展、方兴未艾，类型丰富多样，已经覆盖生产生活各领域、高中低端各层次，从业人员数量迅猛增长，规模持续扩大。据国家统计局数据，截至2021年年底，我国灵活就业者为2亿人左右。灵活就业和新就业形态在稳经济、保就业、促增收方面发挥了重要作用，有效减轻了困难群体的就业压力。灵活就业和新就业形态发挥了重要的“蓄水池”功能，为防范规模性失业风险、保持就业局势总体稳定作出了积极贡献。

第二，现行的劳动法、劳动合同法和社会保障制度主要针对传统就业方式设计，还不能很好适应灵活就业和新就业形态劳动者。这使灵活就业和新就业形态劳动者的法律身份，同平台企业、用户和第三方外包企业的法律关系以及权利义务等，均缺乏明确界定和规范。我国现行失业保险和工伤保险均属于“单位关联型”，未签订劳动合同的灵活就业和新就业形态劳动者无法参保。基本养老和基本医疗保险虽然为其设立了相应路径，但如选择城镇职工保险，会受到户籍限制且个人承担更高费用；如选择城乡居民保险，又需要回到户籍地且保障水平低。一些用人单位为了降低成本、规避用工主体责任，采取社会化用工方式，或将劳动用工外包给第三方企业，或以加盟等方式用民事关系代替雇佣关系，或诱导劳动者注册为个体工商户，导致管理无序、保障缺位。第八次全国职工队伍状况调查报告显示，全国仅有43%的新就业形态人员与平台企业或第三方外包公司签订了劳动合同，29%的人签订了劳务协议，其余28%的人没有签订任何形式的合同或协议。

第三，把加强灵活就业和新就业形态劳动者权益保障作为构建和谐劳动关系的重要抓手，促进高质量充分就业。要抓紧研究制定保障灵活就业和新就业形态劳动者权益的法律法规和制度体系，落实完善各项支持和保护政策措施，规范灵活就业和新就业形态健康发展，更好促进积极就业。引导相关企业充分尊重和平等对待灵活就业和

新就业形态劳动者，完善行业公约和行业标准，促进企业加强自律、依法用工，自觉履行其应当承担的用工和权益保障责任。加强人力资源市场监管，加强对企业用工方式的监督和合法性审查，对刻意规避监管、逃避责任的行为予以督促整改。进一步放开灵活就业和新就业形态人员在就业地参加企业职工养老保险的户籍限制，支持自主选择缴费方式和缴费基数，调动其参保积极性。全面落实困难人员灵活就业社会保险补贴政策，减轻困难人员缴费压力。积极开展职业伤害保障试点，有序推进参保登记、职业伤害确认、待遇支付和信息管理等工作。实施维护灵活就业和新就业形态劳动者劳动保障权益专项行动，推动各项法律法规和政策措施落地见效。

第二节　就业协议书与劳动合同

前文已对就业协议书的发放、签订及解除做过讲解（见第三章），此处着重对就业协议书的其他方面及劳动合同进行介绍。

一、就业协议书的内容

为了规范毕业生与用人单位签订就业协议的行为，教育部制定了统一的就业协议书，并要求高校、毕业生和用人单位统一使用。毕业生与用人单位达成一致意见之后，通过学校与用人单位签订就业协议书，目的在于明确毕业生、用人单位、学校三方面的权利和义务，维护国家就业计划的严肃性。

（一）内容及要求

这一部分是就业协议书的重要内容，它表明国家的就业政策和对就业协议书的使用规定。

1. 对毕业生的要求

就业协议书规定："毕业生应按国家规定就业，向用人单位如实介绍自己的情况，了解单位的使用意图，表明自己的就业意见，在规定的时间内到用人单位报到，若遇到特殊情况不能按时报到，需征得用人单位同意。"该规定条款要求毕业生在了解国家就业政策和用人单位使用意图的前提下，按规定的程序签订就业协议书。同时，要求毕业生在双向选择过程中实事求是地向用人单位介绍自己的情况，不得虚假"包装"，欺骗用人单位。在签订就业协议书前，毕业生还应当了解用人单位对毕业生的使用意图和提供的工作岗位，并结合自己所学的专业和实际情况综合考虑。

2. 对用人单位的要求

就业协议书规定要求用人单位在招聘学生时，应当将自己单位的性质、生产经营情况、发展前景、福利待遇，以及对毕业生所学专业的要求、具体的工作岗位等实事求是地向毕业生介绍，与毕业生签约以后，要做好接收毕业生的工作。接收工作包括多方面的内容，如为毕业生办理人事关系、户口关系、档案关系的转入手续、具体安排工作和生活等。已取得毕业资格，拿到了毕业证的毕业生，用人单位不得无理违约或拒收毕业生。结业生属于不合格毕业生，对于未取得毕业资格的结业生，签订的就业协议书无效。就业协议书不适用于结业生。

3. 对学校的要求

就业协议书规定要求学校作为签约的一方要实事求是地向用人单位介绍毕业生的情况，做好推荐工作。在毕业生就业工作中，学校具有管理职能，该职能要求学校根据国家的就业方针政策和学校的规定，对毕业生与用人单位签订的就业协议书进行形式和内容上的审核，符合政策规定的学校将其列入建议性就业计划，并报上级毕业生就业主管部门审批。

4. 关于就业协议条款的特别约定

就业协议书规定“毕业生、用人单位、学校三方如有其他约定，应在备注中注明，并视为本协议书的一部分”。强调签订就业协议书的各方，如果有一些其他的约定，应当在就业协议书的备注栏中注明并签字、盖章，否则，有可能因这些约定发生争议。该内容虽然比较简单，但十分重要，学校在对就业协议书进行审核时，原则上不承认口头约定，因为口头约定在实际操作中根本无法认定。

5. 就业协议书的生效及违约

就业协议书规定“本协议经各方签字、盖章后生效。三方都应严格履行本协议，签约的一方因特殊情况不能履行协议的，经另两方同意后，违约方应向另两方承担相应的违约责任”。承担违约责任有多种方式，如赔偿损失、支付违约金等。一般来说，对承担违约责任的方式，在签订就业协议书时各方均有共同的约定和承诺。

6. 就业协议书的使用和管理

就业协议书规定“本协议一式三份，毕业生、用人单位、学校各执一份。复印无效”。签约三方各自持有一份就业协议书，就业协议书复印无效。为维护就业协议书的严肃性，各高校一般规定每位毕业生只有一套由学校统一编号的就业协议书。在就业时只能使用有自己编号的协议书原件，使用复印件或使用别人的协议书签订的就业协议均无效，学校在审查时，不予认可和签字、盖章。从用人单位的角度来说，现在很多用人单位在通知毕业生参加面试时，除要求毕业生带上必要的自荐材料和证明材料外，还要求毕业生出示就业协议书。是否持有三方签字的就业协议书已成为毕业生是否已就业的标志，同时也是毕业生进入用人单位的通行证。

（二）签署协议三方的意见表述

1. 毕业生的情况及意见

这部分内容由毕业生本人填写。毕业生的情况包括姓名、性别、年龄、民族、政治面貌、培养方式、健康状况、专业、学制、学历和家庭地址。在毕业生的意见一栏中，由毕业生填写自己的应聘意见，要求毕业生对是否愿意到用人单位就业表明自己的意见，同时也应写明与用人单位在洽谈中达成的有关约定，以免日后发生争议。应该说，从整个就业协议书的内容来看，应聘意见是毕业生行使自己权利的重要体现，对毕业生十分重要，要求毕业生认真填写。但是在实践中，许多毕业生并不重视填写应聘意见，对自己的权利无任何表述，或只草率地填写“同意”，放弃了自己应有的权利，为以后产生争议埋下了隐患。

2. 用人单位的情况及意见

这部分内容由用人单位填写。用人单位的情况包括单位名称、单位隶属、联系人、联系电话、所有制性质、单位性质和毕业生档案转寄详细地址等。在用人单位意见一栏中包括两个方面的内容：用人单位的意见和用人单位上级主管部门的意见。这就是说，用人单位同意录用毕业生以后，还必须有用人单位的上级主管部门同意录用的意见。根据我国现行的人事制度，有的用人单位虽然可以自主录用毕业生，但是毕业生的户口、非本地生源毕业生的聘用由用人单位的上级主管部门或省、市级人事部门审批，只有经过主管部门的审批后才能办理毕业生的接收手续。

3. 学校意见

学校意见中对学生的基本情况和用人单位的情况及协议内容进行初步审核，同时对毕业生具体的就业去向登记备案。学校意见是毕业生就业主管部门代表学校对就业协议书进行审查，符合就业方针政策和学校就业规定的，就在就业协议书上签字盖章，表示学校对毕业生与用人单位双方所签订就业协议书的认可。

（三）备注栏

备注栏是为毕业生、用人单位、学校三方共同约定其他条款所设计的。在备注栏中毕业生与用人单位约定的条款只要不违背国家的就业政策和法律、法规及学校的有关规定，学校一般不予干涉和否定。如果已与用人单位就见习期时间、工资福利待遇、违约责任等达成共识的也可在此栏注明。以后如果毕业生违约，需在此栏由用人单位写明同意违约并盖上与前面用人单位意见栏所盖相同的公章，学校才能考虑给毕业生换发新的就业协议书。如无其他条款，应当将协议书中的备注栏空白部分划去，注明以下空白。

（四）注意事项

毕业生在领到就业协议书后，要仔细阅读就业协议书中的全部内容。同时，注意保管好就业协议书，并在择业成功时，采取认真负责的态度签订就业协议书。在签订表格合同时，有关毕业生与用人单位双方商定填写的空白部分，应明确填写商定的内容，如有未填写的空白，必须用“/”（斜杠）划除，或填写上“无”字，以避免未划除空白而产生的争议。

这里，要特别提出的是，签订就业协议书的主体是毕业生和用人单位，学校只起鉴证、监督以及为毕业生和用人单位服务的作用。毕业生与用人单位签约后，要尽早完成其他手续，并将其中一份协议书交给用人单位，一份交给学校，一份自己留存。

二、就业协议书的主要特征与合同属性

大学毕业生与用人单位双向选择达成合作意向后，用人单位要先与大学毕业生签订就业协议书，当大学毕业生正式到用人单位报到时，再与之签订劳动合同，从而确定劳动关系。从法律上讲，就业协议书同样具有法律效力，也就具有相应的主要特征与合同属性。

（一）就业协议书的主要特征

就业协议书是大学毕业生与用人单位之间确立劳动关系，明确权利、义务的协议。因此，就业协议书主要具有以下特征。

1. 就业协议书是当事双方的民事法律行为

只有大学毕业生与用人单位双方当事人意思表示一致时，协议才能成立。只有一方当事人的意思表示，或双方当事人都有意思表示，但相互之间意思表示不一致，协议都不成立。

2. 就业协议书是当事双方在平等互利基础上的民事法律行为

大学毕业生可以根据自己的需求选择经济效益好、能够发挥自身特长的用人单位，用人单位也可以自由选择优秀大学毕业生到单位工作，不存在一方当事人强迫或被强迫签订就业协议书的情况。

3. 就业协议书是当事人双方约定各自权利义务的民事法律行为

就业协议书主要约定大学毕业生的工作期限、工作岗位、工资报酬、劳动待遇、就业协议终止条件、违反协议的责任等，明确了大学毕业生到用人单位工作的权利，以及用人单位的权利等。

（二）就业协议书的合同属性

就业协议书具有合同的部分法律属性，但它与劳动合同又有明显的不同。民法典规定，合同是平等主体的自然人、法人、非法人组织之间设立、变更、终止民事法律关系的协议。签订合同的当事人具有平等的法律地位，合同应在双方自愿自主的情形下签订。

通过对比可发现，就业协议书具有合同属性，主要体现在以下三个方面。

（1）签订就业协议书的主体是大学毕业生（自然人）和用人单位（法人、非法人组织），两者在签订就业协议书时的法律地位是平等的。

（2）就业协议书是双方意见的协商结果，任何一方都不能将自己的意志强加于另一方。

（3）就业协议书涉及的权利和义务均属于我国民事法律管辖的范围。虽然就业协议书具有合同的部分法律属性，但不等同于劳动合同，更不能以其取代。就业协议书只是一份简单的文本文件，很多劳动合同应有的内容并没有包含在内。因此，仅凭就业协议书，大学毕业生就业后的劳动权利无法得到充分保障。

三、无效就业协议与毕业生违约后果

（一）无效就业协议

所谓无效就业协议，是指已经签订，但不符合法律规定的生效条件，因而不具有法律效力的就业协议。其主要情形有如下两种。

1. 一方采取欺诈手段签订的就业协议无效

如用人单位不如实介绍本单位情况，或根本无录用指标而与毕业生签订就业协议，或毕业生在订立就业协议时对个人情况有重要隐瞒等情况。无效协议产生的法律后果由有欺诈行为的一方承担责任。

2. 就业协议未经学校审查同意时无效

就业协议未经学校审查同意时无效，学校将不予列入就业方案，不予办理就业报到手续。学校经审查认为该协议对毕业生显失公平，或违反公平竞争、公平录用的原则，或不符合国家有关政策规定，学校有权拒签。就业协议被确认为无效的法律后果由责任方承担违约责任，并赔偿经济损失。

（二）毕业生违约后果

就业协议书一经毕业生、用人单位、学校签名即具有法律效力，任何一方不得擅自解除，否则违约方应向权利受损方支付协议条款所规定的违约金。从实际情况来看，就业违约多为毕业生违约。

毕业生违约，除本人应承担违约责任、支付违约金外，往往还会造成其他不良的后果，主要表现在如下方面。

（1）用人单位通过花费大量人力、物力、财力，参加人才交流会等，做了大量工作，并考虑了录用人员的工作安排，毕业生一旦违约，用人单位的一切工作将付诸东流，还要重新招聘人员，工作被动。

（2）用人单位往往将毕业生违约当成学校管理不严的后果，毕业生违约后会影响学校和用人单位的长期合作关系。由于对学校有怀疑，以后可能不会再到学校挑选毕业生。现在买方市场竞争激烈，没有需求，也就没有毕业生的就业。

（3）对其他毕业生有影响。一个单位，你不去，别人可以去，用人单位不录用你，完全可录用别人，录用你，就不能录用其他毕业生。如果日后违约，当初想去的毕业生也不一定能补缺，造成信息浪费。高校大学生应是讲诚信、讲法制的践行者，因此学校再次强调毕业生在签约过程中要做到慎重选择，认真履约。

典型案例 6-3

案例背景：

小李是某高校应届毕业生，2022 年 3 月与某机械厂签订了《普通高等学校毕业生就业协议书》。协议约定，小李若违反协议约定或毕业后未到单位报到，应当向单位支付违约金 5 万元。

2022 年 5 月，小李因被一家机械设计公司录用，于是向该机械厂提出解除三方就业协议。于是，该机械厂根据协议约定要求小李支付违约金 5 万元。但小李认为，单位在三方就业协议中约定违约金是违法的，因此拒绝支付。

法院认为，约定违约金并不违法，小李应为其违约行为承担责任。但本案中，只约定小李的违约责任而不约定机械厂的违约责任，违反了公平原则。另外，协议约定的违约金也偏高，因此，法院并不全部支持单位的违约金要求。

案例分析：

《中华人民共和国民法典》(以下简称《民法典》) 第五百八十四条规定："当事人一方不履行合同义务或者履行合同义务不符合约定，造成对方损失的，损失赔偿额应当相当于因违约所造成的损失，包括合同履行后可以获得的利益；但是，不得超过违约一方订立合同时预见到或者应当预见到的因违约可能造成的损失。"

《民法典》第五百八十五条规定："当事人可以约定一方违约时应当根据违约情况向对方支付一定数额的违约金，也可以约定因违约产生的损失赔偿额的计算方法。约定的违约金低于造成的损失的，人民法院或者仲裁机构可以根据当事人的请求予以增加；约定的违约金过分高于造成的损失的，人民法院或者仲裁机构可以根据当事人的请求予以适当减少。"

四、其他相关合同

毕业生在求职过程中还会遇到实习协议、劳务合同等其他的法律合同文件。

1. 实习协议

所谓实习协议，一般是指在校学生通过参加实习单位的实际工作进行实践学习，并明确双方权利义务的协议。对用人单位而言，实习只意味着企业给在校学生提供一个锻炼和学习的机会，并不存在着应聘和聘用关系，学生参加实习是为了积累实践经验，实习一般属于教学过程的一部分。所以，实习的大学生与学校有着教育的关系，接受实习生的单位不与实习大学生建立劳动关系。特别是实习期间的学生并不能享受到工资、最低工资、工

伤、社会保险等劳动法的保障，双方权利义务基本上靠实习协议来自行约定，只受《中华人民共和国教育法》《民法典》等保护。因此签订实习协议，要明确如下内容。

（1）学校、企业及学生的权利和责任。

（2）实习期限、作息时间、工作地点、实习内容、预期效果。

（3）住宿、饮食、劳务费、安全责任、用人单位的有关管理规定。

（4）发生争议时的解决办法等。

特别需要提醒的是企业借提供实习机会收费的做法应当是被禁止的，学生参加这样的实习需要警惕，很可能遇到陷阱。大学生要做好自我保护，保留相关证据，以便在自身权益受到侵害时，能受到法律的保护，得到相应的赔偿。

2. 劳务合同

学生从事自由职业，如家教、翻译、设计等类似的工作，一般要与雇主签订劳务合同。劳务合同通常意义上是指雇佣合同，是平等主体公民之间、法人之间、公民与法人之间以提供劳务为内容而签订的协议，是受雇人为雇佣人提供服务的合同，是当事人平等协商一致的结果，双方之间不存在劳动关系，一般受雇方只获得劳动报酬。发生争议时，法院可直接受理，适用于民事法规，如《民法典》；合同解除时，双方均可随时根据合同的约定解除雇佣关系。

签订劳务合同时，应本着合法、平等、自愿的原则，要搞清楚合同每条条款的确切含义，若有不清楚的地方，应向有关部门或人员提出疑问和咨询，在涉及个人利益时，一定不能马虎从事。

五、劳动合同概述

（一）劳动合同的含义

劳动合同又称劳动契约、劳动协议，是劳动者与用人单位确立劳动关系、明确权利义务的协议。劳动合同从本质上来说是劳动者与用人单位之间的一种协议，是当事人意愿表示一致的产物。劳动合同是特种契约，不能采用传统的民法调整方法来进行调整，应该由劳动合同法这一特别法进行调整。

（二）劳动合同的特点

1. 国家干预下的当事人意思自治

劳动合同是在国家干预下的当事人意思自治，而民事合同是没有国家干预的，体现的是当事人意思自治。也就是说，当两个人在签订民事合同的时候，只要合同的内容不侵犯国家利益、公共利益，也不侵害第三者的利益，基本上都不受国家的干预。但是劳动合同却不同，尽管用人单位和劳动者之间约定的是他们双方之间的事，有时他们也不可以随便任意约定合同内容。例如：用人单位在与劳动者约定工资条款的时候，就不可以把工资约定在当地政府规定的最低工资以下；在约定时间条款的时候，对于标准工时制的劳动者，用人单位不可以与劳动者协商约定让其每天工作时间超过 8 小时。8 小时之内可以允许当事人随便约定，但八小时以上就不可以。

2. 合同双方当事人强弱对比悬殊

在民事合同中，当事人之间一般没有强弱之分，而劳动合同的双方当事人之间强弱对比则比较悬殊。在劳动合同当事人中，一方当事人是非常弱小的个体，即劳动者；而另一方则是无论从资本实力还是其他方面来看都较强大的组织，即用人单位。针对这一特点，《劳动合同法》应是一部着重保护劳动者权益的“倾斜法”，因为在劳资双方不对等的条件下，只有倾斜于弱势群体才能达到公平。

3. 劳动合同具有人身性

用人单位与劳动者建立劳动合同关系，目的是使用劳动力。马克思曾经说过：“我们把劳动力或劳动能力，理解为人的身体即活的人体中存在的，每当人生产某种使用价值时就运用的体力和智力的总和。”因此可以说，劳动力蕴含在劳动者的肌肉和大脑里，与劳动者人身密不可分。这样一来，劳动合同的履行，对于劳动者来说，就具有了所谓的人身性。

（三）劳动合同订立及变更的基本原则

劳动合同订立和变更应当遵循合法、公平、平等自愿、协商一致、诚实信用的原则。

1. 合法原则

劳动合同必须依法订立，不得违反法律、行政法规的规定，不得违反国家强制性、禁止性的规定。合法原则要求劳动合同要做到主体合法、内容合法、程序和形式合法。

2. 公平原则

订立、履行、变更、解除或者终止劳动合同时，应公平合理，利益均衡，不得使某一方的利益过于失衡。《劳动合同法》加强保护劳动者的利益，消除双方当事人事实上的不平等，使劳动者与用人单位的利益均衡，以实现结果公平。

3. 平等自愿、协商一致原则

平等，是指在订立劳动合同过程中，双方的法律地位平等，有双向选择权，任何一方不得凭借事实上的优势地位强迫对方接受不合理、不公平、不合法的条款；自愿，是指在订立劳动合同过程中，双方的意志自由，任何一方不得将自己的意志强加于对方，也不允许第三方非法干扰；协商一致，是指经过双方当事人充分协商，达成一致意见，签订劳动合同。

4. 诚实信用原则

劳动合同的双方当事人订立、履行、变更、解除或终止劳动合同过程中，应当讲究信用，诚实不欺，在追求自身合法利益的同时，以善意的方式履行义务，不损害他人的利益。

（四）劳动合同的签订

1. 劳动合同的签订程序

实践中，劳动合同订立程序一般需要的步骤如下。

（1）需要用工并具有用工权的单位向社会公开发布用工（招聘）公告或广告。

（2）劳动者报名应招。

（3）用人单位对前来应招的报名者进行考核。

（4）确定符合条件的劳动者并通知对方。

（5）签订书面劳动合同。劳动者和用人单位协商一致后在劳动合同上签字盖章生效，劳动合同文本由劳动者和用人单位各执一份。

《劳动合同法》第七条规定："用人单位自用工之日起即与劳动者建立劳动关系。"第十条规定："建立劳动关系，应当订立书面劳动合同。已建立劳动关系，未同时订立书面劳动合同的，应当自用工之日起一个月内订立书面劳动合同。"所以签订书面劳动合同不是劳动关系成立的形式要件，而是用人单位的一项法定义务，事实劳动关系也应该被纳入法律调整范围之内。

2. 签订劳动合同的注意事项

根据《劳动法》的规定，签订劳动合同应注意如下几个方面。

（1）签订劳动合同要遵循平等自愿、协商一致的原则，不得违反法律、行政法规的规定。平等自愿是指劳动合同双方地位平等，应以平等身份签订劳动合同。自愿是指签订劳动合同完全是出于本人的意愿，不得采取强加于人和欺诈、威胁等手段签订劳动合同。协商一致是指劳动合同的条款必须由双方协商达成一致意见后才能签订劳动合同。

（2）签订劳动合同要符合法律、行政法规的规定。在执行劳动合同制度过程中有些合同规定女职工不得结婚、生育子女；因工负伤协议"工伤自理"，甚至签订了生死合同等显失公平的内容，违反了国家有关法律、行政法规的规定，使这类合同自签订之日起就成为无效或部分无效合同。因此，在签订合同前，双方一定要认真审视每项条款，就权利、义务及有关内容达成一致意见且严格按照法律、法规的规定，签订有效合法的劳动合同。

（3）劳动合同应当以书面形式签订，同时，要注意劳动合同的内容，这是履行劳动合同和劳动争议处理的重要依据。有固定期限的劳动合同有明确的终止日期。以完成一定工作为期限的劳动合同，是以一项工作任务的完成时间为合同期限，也是有固定期限的一种特殊形式。无固定期限的劳动合同没有明确的终止时间，但必须在劳动合同中规定终止或者变更合同的条件。"工作内容"主要是指应该完成的工作任务的数量或指标。由于《劳动法》规定了劳动者不能胜任工作，经过培训或者调整工作岗位仍不能胜任工作的，用人单位可以解除劳动合同。因此，在签订劳动合同时，对"工作内容"的规定要与同岗、同工种的职工完成的任务相同。

（4）劳动合同既要依据法律、行政法规，又要结合实际。签订劳动合同偏离法律、行政法规，可能产生无效合同，但又不能千篇一律地照抄法律、行政法规，而必须结合实际情况，特别要注意法律、行政法规的规定留有余地的地方。因为这些地方就是照顾适用者的特殊情况，如对于《劳动法》规定的每日工作时间不超过 8 小时，平均每周工作时间不超过 40 小时的工作制度，只要每天工作不超过 8 小时，工作时间究竟定为几小时，双方当事人都可以协商。这就是正确运用法律、行政法规留有余地的一种情况。

（5）合同内容可简可繁。劳动合同签订时要因人、因地、因事而异。简，容易记忆，便于签订，商量余地大；但条款过于简单、宽泛，容易产生认识和理解上的分歧和矛盾，而带来不利影响。繁，在执行时容易掌握，可以减少分歧和争议的发生，但在签订时比较麻烦，而且再详细的劳动合同也不可能面面俱到。因此，要简、繁相结合。对于法律、行政法规已有规定的一些没有变通余地的内容，可以只写明按照某项规定执行即可，这就做到了简；对于法律、行政法规没有具体规定或者允许当事人变通的内容，特别是容易产生争议的地方，就应当规定得详细一些。

（6）合同的语言表达要明确、易懂。依法签订的劳动合同是受法律保护的，它涉及当事人的权利、责任和利益，能够产生一定的法律后果。因此，签订劳动合同时，在语言表达和用词上必须通俗易懂，尽量写明确，以免发生争议。

（五）劳动合同的必备条款

根据《劳动法》规定，劳动合同必须具备以下几个方面的条款。

1. 劳动合同期限

劳动合同期限是指所签订的劳动合同是有固定期限、无固定期限和以完成一定工作为期限的劳动合同。如果是有固定期限的劳动合同，则应约定期限是一年或几年。

2. 工作内容

工作内容是指用人单位安排劳动者从事什么工作，是劳动者在劳动合同中确定的应当履行的劳动义务的主要内容。工作内容包括劳动者从事劳动的岗位、工作性质、工作范围及劳动生产任务所要达到的效果、质量指标等。

3. 劳动保护和劳动条件

劳动保护和劳动条件是指在劳动合同中约定的用人单位对劳动者所从事的劳动必须提供的生产、工作条件和劳动安全卫生保护措施。即用人单位保证劳动者完成劳动任务和劳动过程中安全健康保护的基本要求。劳动保护和劳动条件包括劳动场所和设备、劳动安全卫生设施、劳动防护用品等。用人单位不仅必须为劳动者提供必需的劳动条件和劳动保护，而且必须提供符合国家规定的劳动安全、卫生条件和劳动保护。

4. 劳动报酬

劳动报酬是指用人单位根据劳动者劳动岗位、技能及工作数量、质量，以货币形式支付给劳动者的工资。劳动报酬包括工资的数额、支付日期、支付地点等及其他社会保险（养老、失业、医疗、工伤、生育等）待遇。劳动报酬的内容和标准不得低于国家法律、行政法规的规定，也不得低于集体合同中的规定。

5. 劳动纪律

劳动纪律是指劳动者在劳动过程中必须遵守的劳动规则，它是劳动者的行为规范。劳动合同的劳动纪律包括国家法律、行政法规，用人单位内部制定的厂规、厂纪、对劳动者的个人纪律要求等，如上下班制度、工作制度、岗位纪律、奖励和惩戒的条件等。

6. 劳动合同的终止条件

劳动合同的终止条件是指劳动关系终止的客观要求，即劳动合同终止的事实理由。劳动合同中约定的劳动合同终止条件，一般是指劳动者和用人单位在国家法律、行政法规规定的劳动合同终止的条件以外，协商确定的劳动合同终止的条件。特别是在签订无固定期限劳动合同时，双方应约定劳动合同终止的条件。

7. 违反劳动合同的责任

违反劳动合同的责任是指在劳动合同履行过程中，当事人一方故意或过失违反劳动合同，致使劳动合同不能正常履行，给对方造成经济损失时应承担的法律后果。在劳动合同中约定违反劳动合同的责任，一般是指国家法律、行政法规对违约未作明确规定的内容，若法律、行政法规已有明确规定的，一方当事人违反劳动合同，应依照法律、行政法规的规定承担违约责任。当事人在劳动合同中约定违反劳动合同的责任，应当符合法律、行政法规的基本精神和原则，公平合理。

（六）劳动合同的协商条款

按照法律规定，用人单位与劳动者订立的劳动合同除上述七项必须具备的条款内容外，还可以协商约定其他的内容，一般简称协商条款或约定条款，其实称为随机条款似乎更准确，因为必备条款的内容也是需要双方当事人协商、约定的。

这类约定条款的内容，是当国家法律规定不明确，或者国家尚无法律规定的情况下，用人单位与劳动者根据双方的实际情况协商约定的一些随机性的条款。劳动行政部门印制的劳动合同样本，一般将必备条款写得很具体，同时留出一定的空白由双方根据需要随机约定一些内容。例如，可以约定试用期、保守用人单位商业秘密的事项、用人单位内部的一些福利待遇、房屋分配或购置等内容。

随着劳动合同制的实施，人们的法律意识、合同观念会越来越强，劳动合同中的约定条款的内容会越来越多。这是改变劳动合同千篇一律状况，提高合同质量的一个重要体现。

（七）劳动合同的终止、变更、续订和解除

1. 劳动合同的终止

劳动合同期满或者当事人约定的劳动合同终止条件出现，劳动合同即行终止。《劳动法》规定了劳动合同终止的两种情况：一是劳动合同期限届满，劳动合同即告终止，这主要是针对有固定期限的劳动合同和以完成一定的工作为期限的劳动合同而言的；二是当事人约定的合同终止的条件出现，劳动合同也告终止，这种情况既适用于有固定期限和完成

一定的工作为期限的劳动合同，也适用于无固定期限的劳动合同，劳动合同的这种终止属于约定终止。劳动者在医疗期、孕期、产期和哺乳期内，劳动合同期限届满时，劳动合同的期限应自动延续至医疗期、孕期、产期和哺乳期满为止。

劳动合同终止和解除的情形

劳动合同的终止，意味着劳动合同当事人协商确定的劳动权利和义务关系已经结束，此时，用人单位应当依法办理终止劳动合同的有关手续。

2. 劳动合同的变更

履行劳动合同过程中由于情况发生变化，经双方当事人协商一致，可以对劳动合同部分条款进行修改、补充。劳动合同的未变更部分继续有效。

劳动合同的变更主要反映在四个方面：一是生产或者工作任务的增加或减少；二是劳动合同期限的延长或缩短；三是劳动者工种或职务的变化或变动；四是对劳动者支付劳动报酬的增加或减少。例如，一些国有企业由于产业结构的调整，生产经营情况发生了重大变化，需要安排部分职工下岗，致使原劳动合同的条款无法履行，这部分下岗职工要进入企业再就业服务中心，并与中心签订基本生活保障和再就业协议，就需要同时变更原来与企业签订的劳动合同，使之与经济发展的形势相适应；又如劳动者因意外事故致伤、致残，不能从事原岗位劳动，工作岗位需要作适当调整；国家颁布了新的法律、法规，原劳动合同的某些条款与新的法律、法规相悖；由于不可抗力（如水灾、地震、战争）等因素，造成企业或劳动者无法履行原劳动合同时，经双方当事人平等协商，都可以变更劳动合同的相关内容。

3. 劳动合同的续订

劳动合同期限届满，经双方协商一致，可以续订劳动合同。

4. 劳动合同的解除

劳动合同的解除是指劳动合同订立后，尚未全部履行以前，由于某种原因导致劳动合同一方或双方当事人提前中断劳动关系的法律行为。劳动合同的解除分为法定解除和约定解除两种。根据《劳动法》的规定，劳动合同既可以由单方依法解除，也可以双方协商解除。用人单位依据《劳动法》第二十四条、第二十六条、第二十七条的规定解除劳动合同，应当按照《违反和解除劳动合同的经济补偿办法》（劳部发〔1994〕481 号）支付劳动者经济补偿金。

六、就业协议书与劳动合同的区别

就业协议书与劳动合同都是与就业相关的材料，但有本质上的区别。就业协议书是教育部统一印制的，由毕业生、用人单位及毕业生所在高校三方签订的就业协议书；而劳动合同是劳动者与用人单位之间签订的关于权利义务的法律文书，受《劳动法》的约束与保护，并且是在毕业生到单位报到后签订的。就业协议书与劳动合同一经签订，都具备法律效力，不论是毕业生还是用人单位，都应当按照约定履行。

1. 内容不同

在就业协议书中，毕业生的义务是向用人单位如实地介绍自己的情况，并按时到用人单位报到。用人单位的义务是如实向毕业生介绍自己的情况，负责办理毕业生的有关手续。学校的义务则是负责完成有关的派遣工作，毕业生就业协议是毕业生分配的具体体现。劳动合同的内容涉及劳动报酬、劳动保护、工作内容、劳动纪律等方方面面，更为具体，劳动权利和义务更为明确。

2. 主体不同

就业协议书适用于应届毕业生与用人单位、学校三方之间，学校是就业协议书的鉴证方或签约方，就业协议书对用人单位的性质没有规定，适用于任何单位。而劳动合同只适用于劳动者（含应届毕业生）与用人单位（不含公务员单位和比照实行公务员制度的组织和社会团体及军队系统）之间，与学校无关。

3. 法律依据不同

就业协议书是无名合同，适用《民法典》，国家有关毕业生就业分配的法律、法规和其他相关政策规定，这个协议一经签订，各方应严格履行，任何一方要变动这个协议，需提前取得另外两方的同意，否则按违约处理。劳动合同是有名合同，适用《劳动法》《劳动合同法》《劳动争议调解仲裁法》等法律规范。

4. 签订时间不同

一般来说，就业协议书签订在前，劳动合同订立在后。就业协议书是毕业生在找工作的过程中落实用人单位后签订的，就业协议书的签订在学生离校前。劳动合同是毕业生到用人单位报到后订立的。如果毕业生与用人单位在工资待遇、住房等方面有事先约定，可在就业协议书的约定条款中注明，附后补充，日后订立劳动合同时对此内容应予以认可。

5. 适用的人员不同

劳动合同可以适用于各类人员。凡是中华人民共和国公民，只要有劳动能力并符合法律规定的条件，经过供需见面、双向选择，一经录用，都可以与用人单位签订劳动合同。就业协议书只适用于高校毕业生。

6. 纠纷解决方式不同

毕业生因就业协议书发生纠纷，任何一方均可以向人民法院提起诉讼，不能提请劳动争议仲裁。若因劳动合同发生纠纷，任何一方均可向当地的劳动争议仲裁委员会申请仲裁，当事人对仲裁裁决不服的，可以向人民法院提请诉讼；仲裁是诉讼的前置程序，如当事人就劳动争议直接向人民法院起诉，人民法院不予受理。

七、争议解决的办法

事实上，当大学生对劳动争议的性质无法准确判断时，可以主动寻求专业人士的帮助，如咨询专业的律师、法律系的教师或同学、就业指导中心的教师等，必要时也可以去用人单位所在地的劳动监察大队进行咨询，对用人单位的不法行为进行投诉检举。如果劳动争议超出了劳动监察大队的管辖范围，大学生可前往用人单位所在地的劳动仲裁委员会申请劳动仲裁。

总之，如果产生涉及就业协议书和劳动合同的劳动争议，大学生可以灵活采用合理的办法解决争议问题。

（一）就业协议书的争议解决

1. 违约的表现形式

（1）毕业生违约的表现形式如下。

1）先与一个单位签约，待找到更理想单位时，与前者违约，选择后者。

2）大学生私下转让就业协议书，导致与几家单位签约。

3）向用人单位提供虚假信息，不符合单位用人条件。

4）其他违约行为。

（2）用人单位违约的表现形式如下。

1）毕业生报到时，单位在没有任何事实依据和法律依据的情况下，拒绝接收毕业生。

2）提供虚假信息，误导毕业生与之签约。

3）为约束毕业生而收取各种不合理费用。

4）其他违约行为。

2. 违约责任的归责原则

根据《民法典》第五百七十七条关于“当事人一方不履行合同义务或者履行合同义务不符合约定的，应当承担继续履行、采取补救措施或者赔偿损失等违约责任”的规定，可以看出《民法典》采取了严格的责任原则，即当事人一方只要有违约事实，就要向对方承担违约责任，而不论其主观心态，即用人单位和毕业生一方只要违约，则应承担违约责任，而不问其是故意还是过失。签订就业协议的一方只要违约，不论其主观心态如何，均应承担违约责任。

3. 违约责任的免责条件

免责条件即法律明文规定的当事人对其不履行合同不承担违约责任的条件。我国法律规定的免责条件如下。

（1）不可抗力。《民法典》第五百九十条规定，当事人一方因不可抗力不能履行合同的，根据不可抗力的影响，部分或者全部免除责任，但是法律另有规定的除外。因不可抗力不能履行合同的，应当及时通知对方，以减轻可能给对方造成的损失，并应当在合理期限内提供证明。当事人延迟履行后发生不可抗力的，不免除其违约责任。

本法所称不可抗力，是指不能预见、不能避免及不能克服的客观情况。在签订就业协议后，一方因为不可抗力的原因而违约，不承担违约责任。

（2）根据高校毕业生就业的有关规定，已与用人单位签订就业协议的应届高校毕业

生，在毕业离校前升学、入伍或被录用为国家公务员的，不视为违约，用人单位不得收取违约金。所以，如果考上研究生、公务员、参军，都可以和用人单位解除合同关系。

4. 争议解决的途径

关于就业协议书的争议问题时有发生，然而国家没有明确的关于解决就业协议书争议的法律规定。但在实践中，解决就业协议书争议的主要办法如下。

（1）毕业生与用人单位协商解决。这种办法适用于因毕业生引发的就业协议争议，毕业生可出面向用人单位赔礼道歉，并说明情况，得到用人单位的理解，必要时需支付违约金，经双方协商达成新的意向。

（2）学校或当地省级毕业生就业主管部门与用人单位协调解决。这种办法大多适用于因用人单位引发的争议，由学校或行政部门介入，针对争议予以调解，使双方达成和解。

（3）通过法律途径解决。对协商调解不成的，可向人民法院起诉，由人民法院依法裁决。

（二）劳动合同的争议解决

1. 劳动争议的产生原因

通常来说，毕业生与用人单位发生劳动争议的原因如下。

（1）因确认劳动关系发生的争议。

（2）因订立、履行、变更、解除和终止劳动合同发生的争议。

（3）因除名、辞退和辞职、离职发生的争议。

（4）因工作时间、休息休假、社会保险福利、培训及劳动保护发生的争议。

（5）因劳动报酬、工伤医疗费、经济补偿或者赔偿金等发生的争议。

（6）法律、法规规定的其他劳动争议。

2. 劳动争议的处理机构

（1）发生劳动争议，当事人可以申请调解的机构如下。

1）企业劳动争议调解委员会。

2）依法设立的基层人民调解机构。

3）在乡镇、街道设立的具有劳动争议调解职能的机构。

企业劳动争议调解委员会由职工代表和企业代表组成。职工代表由工会成员担任或者由全体职工推举产生，企业代表由企业负责人指定。企业劳动争议调解委员会主任由工会成员或者双方推举的人员担任。

（2）劳动争议仲裁委员会按照统筹规划、合理布局和适应实际需要的原则设立。省、自治区人民政府可以决定在市、县设立；直辖市人民政府可以决定在区、县设立。直辖市、设区的市也可以设立一个或者若干个劳动争议仲裁委员会。劳动争议仲裁委员会不按行政区划层层设立。

劳动争议仲裁委员会由劳动行政部门代表、工会代表和企业方面代表组成。劳动争议仲裁委员会组成人员应当是单数。

劳动争议仲裁委员会依法履行的职责如下。

1）聘任、解聘专职或者兼职仲裁员。

2）受理劳动争议案件。

3）讨论重大或者疑难的劳动争议案件。

4）对仲裁活动进行监督。

劳动争议仲裁委员会下设办事机构，负责办理劳动争议仲裁委员会的日常工作。

（3）人民法院是审理劳动争议案件的司法机构，由各级人民法院的民事审判庭审理劳动争议案件。人民法院受案范围是《劳动法》第二条规定的劳动争议。当事人对劳动仲裁裁决不服的，可以向人民法院提起诉讼，人民法院应当受理。

3. 劳动争议处理的基本原则

劳动争议处理的基本原则，是指劳动争议协商、调解、仲裁、诉讼时应当遵守的处理准则。我国处理劳动争议的基本原则包括依法处理原则，着重调解、及时处理原则，法律适用平等原则。

（1）依法处理原则。依法处理是指劳动争议机构和劳动争议当事人，必须在查明事实的基础上依法协商、依法解决劳动争议。处理劳动争议，要依据法律规定的程序要求和权利、义务要求去解决争议，同时遵循法律的效力层级依法处理。

（2）着重调解、及时处理原则。着重调解是指在处理劳动争议时，要重视运用调解的方式。它是处理劳动争议的必经程序。着重调解，要在当事人自愿调解的基础上，依法、及时地进行。当遇到当事人不愿调解或者调解不成的情况，要及时做出裁决，以保障当事人的利益。

及时处理是指劳动争议的处理应当遵循协商、调解、仲裁、诉讼的程序要求，尽快进行相应程序的处理，保障劳动争议当事人切身利益。

（3）法律适用平等原则。劳动争议当事人在其劳动关系中存在着隶属关系，但是双方的法律地位是平等的。在适用法律处理劳动争议的时候，不能因人而异，要严格遵循法律面前人人平等的原则，处理争议的权利义务关系。

4. 争议解决的途径

对于用人单位一般的违规行为或争议不大的问题，劳动者可以先与用人单位协商，也可以向该单位所在地的劳动保障监察机构举报，让劳动保障监察部门对其进行监督检查和处罚。如果协商不成，就应该积极运用法律武器，通过合法途径，维护自身的正当权益。

（1）协商。发生劳动争议后，当事人应当协商解决，协商一致后，双方可以达成和解协议，当事人可以自觉履行和解协议，但和解协议没有必须履行的法律效力。协商不是处理劳动争议的必经程序。

（2）调解。发生劳动争议，当事人不愿协商、协商不成或者达成和解协议后不履行的，可以向调解组织申请调解。

经调解达成协议的，应当制作调解协议书。调解协议书由双方当事人签名或者盖章，经调解员签名并加盖调解组织印章后生效，对双方当事人具有约束力，当事人应当履行。

因支付拖欠劳动报酬、工伤医疗费、经济补偿或者赔偿金事项达成调解协议，用人单位在协议约定期限内不履行的，劳动者可以持调解协议书依法向人民法院申请支付令。人民法院应当依法发出支付令。

劳动人事争议调解申请书模板

自劳动争议调解组织收到调解申请之日起十五日内未达成调解协议的，当事人可以依法申请仲裁。

劳动争议调解的一般程序：提出申请→案件受理→进行调查→实施调解→调解协议执行。

（3）仲裁。仲裁是处理劳动争议的必经程序，只要有一方当事人申请仲裁，且争议属于仲裁案件受理范围的，仲裁委员会即予以受理。发生法律效力的仲裁裁决书，一方当事人逾期不履行的，另一方当事人可以向人民法院申请强制执行。我国法律规定，劳动争议案件中当事人如果想要起诉至法院，就必须先经过仲裁程序，未经仲裁的劳动争议案件，人民法院不予受理。

劳动争议仲裁的一般程序：提交仲裁申请材料→仲裁受理→开庭审理→仲裁调解→仲裁裁决。值得注意的是，仲裁庭裁决劳动争议案件，应当自劳动争议仲裁委员会受理仲裁申请之日起四十五日内结束。案情复杂需要延期的，经劳动争议仲裁委员会主任批准，可以延期并书面通知当事人，但是延长期限不得超过十五日。

（4）诉讼。诉讼是解决劳动合同争议的最后一道程序。如当事人对劳动争议仲裁机构做出的仲裁裁决不服，可自收到仲裁裁决书之日起十五日内向人民法院提起诉讼。

根据《最高人民法院关于审理劳动争议案件适用法律问题的解释（一）》，劳动者与用人单位之间发生的下列纠纷，属于劳动争议，当事人不服劳动争议仲裁机构作出的裁决，依法提起诉讼的，人民法院应予受理。

1）劳动者与用人单位在履行劳动合同过程中发生的纠纷。

2）劳动者与用人单位之间没有订立书面劳动合同，但已形成劳动关系后发生的纠纷。

3）劳动者与用人单位因劳动关系是否已经解除或者终止，以及应否支付解除或者终止劳动关系经济补偿金发生的纠纷。

4）劳动者与用人单位解除或者终止劳动关系后，请求用人单位返还其收取的劳动合同定金、保证金、抵押金、抵押物发生的纠纷，或者办理劳动者的人事档案、社会保险关系等移转手续发生的纠纷。

5）劳动者以用人单位未为其办理社会保险手续，且社会保险经办机构不能补办导致其无法享受社会保险待遇为由，要求用人单位赔偿损失发生的纠纷。

6）劳动者退休后，与尚未参加社会保险统筹的原用人单位因追索养老金、医疗费、工伤保险待遇和其他社会保险待遇而发生的纠纷。

7）劳动者因为工伤、职业病，请求用人单位依法给予工伤保险待遇发生的纠纷。

8）劳动者依据劳动合同法第八十五条规定，要求用人单位支付加付赔偿金发生的纠纷。

9）因企业自主进行改制发生的纠纷。

劳动争议仲裁机构逾期未作出受理决定或仲裁裁决，当事人直接提起诉讼的，人民法院应予受理，但申请仲裁的案件存在下列事由的除外。

1）移送管辖的。

2）正在送达或者送达延误的。

3）等待另案诉讼结果、评残结论的。

4）正在等待劳动争议仲裁机构开庭的。

5）启动鉴定程序或者委托其他部门调查取证的。

6）其他正当事由。

当事人以劳动争议仲裁机构逾期未作出仲裁裁决为由提起诉讼的，应当提交该仲裁机构出具的受理通知书或者其他已接受仲裁申请的凭证、证明。

典型案例 6-4

案例背景：

2020 年 1 月黎某到某早教中心从事教学及相关教育软件的销售工作，双方签订了劳动合同，合同期限三年。合同约定黎某担任该早教中心的教学主管，负责教学质量监督和评估，工资 8 000 元 / 月，年终按工作绩效考核结果发放绩效工资。同日，双方订立了《保密协议》，约定黎某在职期间应当履行对早教中心包含用户信息、教育软件产品销售渠道、知识产权等在内的商业秘密的保密义务。黎某在离职后应当履行竞业限制义务，竞业限制期限为两年，竞业限制范围为本市，竞业限制补偿金标准为 3 400 元 / 月。若违反竞业限制义务则应承担相应违约责任。该早教中心的营业执照显示其经营范围为教育教材及软件的开发、销售；早期婴幼儿智力开发服务等。早教中心使用的幼教专业教材系其独立开发且拥有自主知识产权的产品，并在当地享有唯一销售和使用权。2022 年 1 月 30 日，黎某与早教中心劳动合同期满终止。黎某离职后，早教中心按照双方签订的《保密协议》按月向黎某支付竞业限制补偿金 3 400 元 / 月。2022 年 3 月，早教中心发现黎某应聘至本市某少儿培训中心工作。早教中心随即申请劳动仲裁，请求依法裁决黎某支付违反竞业限制义务的违约金 135 000 元，并请求裁决黎某继续履行竞业限制义务。该少儿培训中心作为本案第二被申请人参加仲裁活动，少儿培训中心的营业执照显示其经营范围为“少儿音乐培训、舞蹈培训、美术培训等”，其课程安排中不包含早教中心开发的教材课程或与之雷同的相关课程内容。

最终，仲裁裁决认定黎某未违反竞业限制义务，驳回早教中心关于支付竞业限制违约金的仲裁请求，并裁决双方继续履行竞业限制协议的相关内容。早教中心不服，起诉至人民法院，法院一审判决结果与仲裁裁决结果一致，双方当事人均未上诉，一审判决生效。

案例分析：

根据《劳动合同法》第二十三条规定：对负有保密义务的劳动者，用人单位可以在劳动合同或者保密协议中与劳动者约定竞业限制条款，并约定在解除或者终止劳动合同后，在竞业限制期限内按月给予劳动者经济补偿。劳动者违反竞业限制约定的，应当按照约定向用人单位支付违约金。《劳动合同法》第二十四条规定：竞业限制的人员限于用人单位的高级管理人员、高级技术人员和其他负有保密义务的人员。竞业限制的范围、地域、期限由用人单位与劳动者约定，竞业限制的约定不得违反法律、法规的规定。在解除或者终止劳动合同后，前款规定的人员到与本单位生产或者经营同类产品、从事同类业务的有竞争关系的其他用人单位，或者自己开业生产或者经营同类产品、从事同类业务的竞业限制期限，不得超过两年。本案中，早教中心以其开发的教材为其教学特色开展经营活动，该教材内容系具有商业价值和使用价值的商业秘密，且教材本身受知识产权保护。早教中心与黎某建立劳动关系后签订了书面保密协议，并约定了竞业限制条款，该协议合法有效，双方均应全面履行各自义务，享有各自权利。早教中心称黎某离职后在某少儿培训中心工作违反了竞业限制条款，经核实，少儿培训中心与早教中心经营范围不存在相同或类似内容，相关课程及教材亦无抄袭或雷同内容。早教中心亦未能提供证据证明黎某在少儿培训中心工作时存在泄露早教中心商业秘密、知识产权之行为。早教中心仅凭“少儿培训中心”的名称及两个用人单位同属一个市级行政区域即称黎某违反了竞业限制义务，缺乏事实及法律依据。故黎某与早教中心均应继续遵守竞业限制条款，履行相关义务。

第三节　劳务派遣概述

一、劳务派遣的背景与内涵

（一）劳务派遣的起源与发展

劳务派遣行业起源于20世纪20年代的美国，当时由一家名叫Samuel Workman的公司创立了人力租赁的业务模式（Rented-help）。当时这家公司雇用一批已婚妇女，在夜间处理盘点的工作，之后又训练她们使用计算器，然后将她们租赁给企业，让企业可以应付临时或短期的人力需求。1926年，法国一家业务急救公司成立（Business Aid），经营范围包括临时文书和电话接线生工作。1946年，美国邮政下属的凯利服务（Kelly Services）成立，开展人力派遣业务。1948年，万宝盛华（Manpower）在美国成立，提供短工供应服务。1940年到

1960 年，劳务派遣在美国和欧洲企业逐步普及，美国在 1971 年颁布了劳务派遣业的法律。

劳务派遣是 20 世纪 70 年代末改革开放之后引入我国的，外企和驻华机构当时在中国没有招人用人的资质，为了解决用人问题，国家成立了外企服务公司帮助招人，招完人再派到这些机构去工作，外企服务公司发展顺利，但这部分劳务派遣人员的人数并不多。20 世纪 90 年代国企改革开始，为减员增效，一批国企员工下岗，为解决就业问题，各地成立了很多劳动服务公司或人才服务公司，作为派遣单位来帮助这些富余人员接受培训、找工作，政府部门也把这种方式作为国企改制时安置下岗工人的主要措施而积极支持。国企和事业单位既面临工资总额的限制，又有减员增效的压力，劳务派遣可以简化管理程序，转移用工风险，降低人工成本，用工自主灵活，因此劳务派遣成为一个普遍的选择。许多大型公司和单位的劳务派遣制用工发展迅速。2008 年《劳动合同法》正式把劳务派遣作为一种用工方式确定下来，之后劳务派遣如雨后春笋般发展起来。

（二）劳务派遣的产生原因

1. 知识经济的发展和人才流动

知识经济与工业经济最明显的不同之处，便是通过满足各种消费群体不断变化的多种需求，来实现企业经营活动的良性循环。所以，在知识经济条件下，企业生产经营方式对劳务工人的需要更为多样性和动态化。由此，应运而生的一个新的具有高度专业技术知识、经验与能力的特殊劳动群体，应不同企业之邀，在不同企业、行业乃至国家之间流动，这是知识经济时代劳务派遣员工流动的一个新景观。伴随着这种劳务流动，根据各种企业对人才的多种需要，劳务资源组织和配置的公司——劳务派遣公司也应运而生了。在日本，年轻人更乐于接受劳务派遣制这种用人模式，这些年轻人不但受到了更高级的专业职业教育，而且择业观念也发生了很大的变化，他们不像在工业经济时期老一辈人那样希望在一个名牌大企业中做终身雇员，而是愿意寻求一个既能发挥自己的专业特长，又能在自己喜欢的时间、场所获得自己满意收入的相对自由的职业。

2. 劳动力市场主体自发选择

劳动力市场机制作用的不断增强是劳务派遣型就业产生的主要原因。20 世纪 90 年代以来，随着市场经济的日益成熟，以及用工制度改革的深度推进，我国劳动力市场主体的自主地位日益确立，它们会根据劳动力市场的供求情况趋利避害，自发地决定用工、就业形式和经营形式，这是劳务派遣产生、发展的根本前提。随着职业介绍机构和职业介绍事业的发展，逐步产生了劳务派遣的机构和功能。一部分下岗、失业人员和农村转移劳动力由于自身就业能力比较弱，难以自谋职业、自主就业，于是，有关部门将他们组织起来，通过劳务派遣实现就业。也有一些就业能力比较强的劳动者，不满足于固定在一个正式单位中，采取了劳务派遣的就业形式，以丰富自己的阅历，增加自己的收入。另外，随着大中专学生就业变得越来越困难，很多毕业生也通过劳务派遣来积累工作经验，为将来就业打基础。

3. 大企业用工制度改革

国内大企业的用工制度改革是劳务派遣型工作安排产生的主要原因。长期以来，我国体制内积存了大量的低效率和无效率劳动力，我国的一些大城市的落户政策也限制着地区内大型企业的正式用工方式的选择。随着企业用工制度朝着市场化方向改革，企业开始控制人员数量增长，并精减人员，劳务派遣便成为企业避免直接冲击社会、进行正常裁员和非正常裁员的重要渠道。

（三）劳务派遣的内涵

劳务派遣又称人才派遣、人才租赁、劳动派遣、劳动力租赁，是指由劳务派遣机构（用人单位）与被派遣劳动者订立劳动合同，并将劳动者派遣到用工单位工作的用工方式。由实际用工单位向被派遣劳动者给付劳务报酬，劳动合同关系存在于劳务派遣机构与被派遣劳动者之间，但劳动力给付的事实则发生于被派遣劳动者与用工单位之间，如图 6-1 所示。总而言之，作为市场经济产物的劳务派遣，不但满足了我国在市场经济条件下市场主体的需要，也为我国的经济体制改革实践提供了服务，体现出具有中国特色的与国际市场接轨的特点。

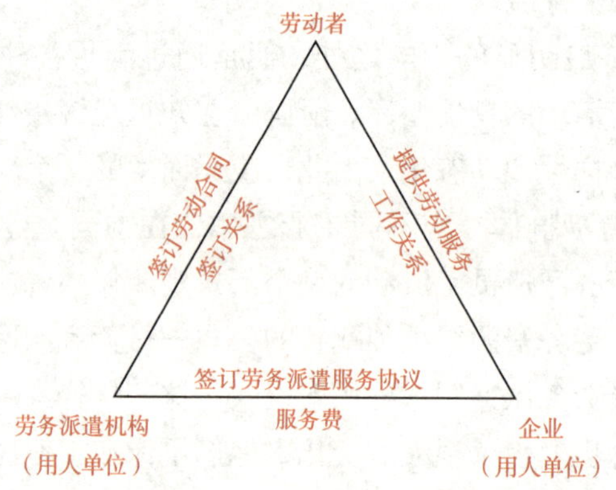

图 6-1　劳务派遣三方的关系

劳务派遣型就业是一种非正规就业形式。劳动者是劳务派遣企业的职工，与派遣机构是雇佣关系。但是，劳动者在用人单位工作，并接受相关的管理，用人单位与劳动者是使用和被使用的关系。与各类就业形式相比，劳务派遣型就业的特点是，它是固定期限的依附性就业。劳务派遣的特征如下。

1. 劳动者的雇佣和使用相分离

雇佣和使用相分离是劳务派遣的最本质特征。在一般劳动关系中，用人单位直接雇佣和使用劳动者，并向劳动者支付工资报酬，而在劳务派遣中，劳动者虽然与劳务派遣单位建立劳动关系，但实际使用劳动者的却是用工单位。

2. 劳务派遣中具有三个主体

由于劳务派遣中雇佣与使用劳动者的主体相分离，因此在劳务派遣关系中存在三个主体：劳务派遣单位、劳动者、实际用工单位。三个主体间的权利和义务由法律规定。一般而言，各国劳动法都规定劳务派遣单位与用工单位对劳动者单独或连带承担一般劳动关系中的雇主义务。

3. 劳务派遣关系中存在一组合同

一个合同是劳务派遣单位与被派遣劳动者之间的劳动合同，另一个合同是劳务派遣单位与用工单位之间的劳务派遣协议。

二、劳务派遣的具体形式

1. 完全派遣

完全派遣是由派遣公司承担一整套员工派遣服务工作，包括人才招募、选拔、培训、绩效评价、报酬和福利、安全和健康等。

2. 转移派遣

转移派遣是由需要劳务派遣员工的企业自行招募、选拔、培训人员，再由派遣公司与员工签订劳动合同，并由派遣公司负责员工的报酬、福利、绩效评估、处理劳动纠纷等事务。

3. 减员派遣

减员派遣是指企业对自行招募或者已雇佣的员工，将其雇主身份转移至派遣公司。企业支付派遣公司员工派遣费用，由派遣公司代付所有可能发生的费用，包括工资、资金、福利、各类社保基金，以及承担所有雇主应承担的社会和法律责任。其目的是减少企业固定员工，增强企业面对风险时的组织应变能力和人力资源的弹性。

4. 试用派遣

试用派遣是一种新的派遣方式，用人单位在试用期间将新员工转至派遣公司，然后以派遣制员工的形式试用，其目的是使用人单位在准确选才方面更具保障，免去了由于选拔和测试时产生的误差风险，有效降低了人事成本。

5. 短期派遣

短期派遣是用人单位与劳务派遣机构共同约定一个时间段来聘用和使用被派遣的人才。

6. 项目派遣

项目派遣是企事业单位为了一个生产或科研项目而专门聘用相关的专业技术人才。

7. 晚间派遣

晚间派遣是用人单位利用晚上的特定时间，获得急需的人才。

8. 钟点派遣

钟点派遣是以每小时为基本计价单位派遣特种人员。

9. 双休日派遣

双休日派遣是以周六、周日为基本计价单位派遣人员。

10. 集体派遣

集体派遣是国有企事业单位通过劳务派遣机构把闲置的人员部分或整体地派遣给第三方。

三、我国劳务派遣用工的未来发展

对于我国劳务派遣行业的发展，首要任务就是在政策法规方面，进一步完善行业的政策法规、行业自律约束规定等，制定一整套完整的行业标准，争取做到有法可依、有法必依。其次就是借鉴国外行业发展较早的地区的经验和模式，包括美国、欧洲、日本等地区的行业发展模式。

1. 明确劳务派遣立法理念

劳务派遣的立法规制主要包括两方面：对劳务派遣公司设立门槛和运营的规制，以及对派遣公司和接收单位雇主责任的划分。在我国各个行业发展的差异化水平上制定差异化规制，最大化完善法规的规制和约束力。

2. 对劳务派遣公司设立门槛和运营的规制

对企业进行门槛设计，要求必须达到一定的专业化水平才能入驻该行业，同时对企业的经营业务进行详细的划分，可以极大程度地促进行业发展的规模化，从而对派遣员工的专业技能培训、社会保障、合约效益起到显性保护。同时还要注意日常监管，通过监管来规制企业对用工单位和求职员工的双向负责。

3. 明确责任归属

这一点要在劳务派遣行业的合约上下功夫，尤其要根治劳务派遣企业通过短期合约等来“掏空”求职人利益的情况，通过明确劳务派遣企业、用工单位及求职人员的职责情况来规范各自的有限责任和无限责任分布。

本章小结

通过对本章内容的学习，了解大学毕业生在求职应聘过程中所享有的权益及相关的权益保护，以及劳务派遣的相关知识，理解党的二十大报告中“加强灵活就业和新旧形态劳动者权益保障”的原因。本章的重点是就业协议书与劳动合同的相关知识，以及协议违约和劳动争议产生的解决办法。

课后习题

1. 大学毕业生的就业权益有哪些？常见的就业陷阱有哪些？
2. 大学毕业生试用期具有的基本权益有哪些？
3. 大学毕业生应如何维护自身的就业权益？
4. 指出加强灵活就业和新旧形态劳动者权益保障的原因。
5. 就业协议书与劳动合同的区别有哪些？
6. 就业协议书和劳动合同的争议解决途径有哪些？

第七章
角色转变与生涯管理

学习目标

知识目标：

1. 了解毕业生初入职场所做的角色转变。
2. 了解毕业生进入职场所应具备的职业素养及能力。

能力目标：

1. 能够掌握提升职业素养及能力的方法。
2. 能够合理规划自己的职业生涯。

素养目标：

培养大学生自身良好的职业素养。

第一节　初入职场的角色转变

学生告别校园，步入社会走上工作岗位，开始自己的职业生涯，这是人生历程的重大转折，是一个质的变化，被称为毕业生的“第二次诞生”。如何把握这一转折，顺利地完成由学生角色到职业角色的转换，尽快适应社会，适应新的工作，迈好走向成功的第一步，是摆在每个大学毕业生面前的现实问题。

一、角色与角色转换

（一）角色的定义

角色，这一概念最初出现在20世纪20年代社会学家格奥尔·齐美尔的《论表演哲学》一文中，但直到20世纪30年代，“角色”一词才被专门用来谈论角色问题。人们发现，现实社会和戏剧舞台之间是有内在联系的，舞台上上演的戏剧是人类现实社会的缩影。

科学的角色定义包括三种社会心理学要素，即角色是由人的社会地位和身份所决定，而非自定的；角色是一套社会行为模式；角色是符合社会期望（社会规范、责任、义务等）的。因此，对于任何一种角色行为，只要符合上述三点特征，都可以被认为是角色。

（二）角色的分类

社会上角色多种多样，国内外专家从不同角度，根据不同标准对角色有如下划分。

1. 先赋角色和自致角色

根据角色获得方式的不同，可以把角色分为先赋角色和自致角色。

先赋角色是指无须经过个人努力而与生俱有的，或者在成长过程中自然获得的角色。它包括两种情况：一种是自然性的先赋角色，是指建立在血缘、遗传、生理等自然因素基础上的角色。一个人出生之后，就无法改变自己的父母、性别和民族，无法改变自己的出生时间和出生地，甚至患有先天性疾病，也是很难改变的，自然被赋予了家庭出身、性别、籍贯等角色。当成为青年人之后，无法再变成儿童，青年人这个角色自然加在身上。另一种是制度性的先赋角色，主要是指在奴隶社会、封建社会里，由社会制度因素所确定的社会角色，如阶级角色和职业角色。当时，社会流动较少，皇族的子孙世袭皇位，贵族的子孙生下来就是贵族，工匠的子孙还是工匠，与生俱有、难以改变。

自致角色是指个体在社会中必须经过自己的努力才能获得的角色。一般来说，自致角色的获得是一个人努力学习、积极工作、向上流动的结果，都得付出一定的心血和汗水。努力的情况是有差别的，从幼儿园到小学，似乎没有花多大气力；从中学生到大学生，许多人则不知经历了几番辛苦、几番焦虑。一个人从小学生到中学生、到大学生、到研究生，从助教到讲师、到教授的过程，都是向上流动、获得各种自致角色的过程。值得指出的是，小偷、诈骗犯、腐败分子也是自致角色，这些人自甘堕落或者故意为非作歹的行为导致了向下的社会流动。这些人或者积极向上的努力精神不足，自甘堕落，或者“努力”的方向错了，与社会的主导文化背道而驰。

2. 规定性角色和开放性角色

根据角色规范制约程度的不同，可以把角色分为规定性角色和开放性角色。

规定性角色是指对其行为、行为规范和标准有比较严格和明确的规定的角色。它具体指出了角色承担者的权利和义务、应该做什么和不能做什么，甚至指出应该做到什么程度，即对承担这种角色的人的行为进行了严格限制。在现代社会中，各种组织中的角色规范要求都比较明确，对某些重要职位的要求更加具体和严格，比如政府公务员、警察、法官、医生、教师等。

所谓开放性角色是指对其行为、行为规范和标准没有严格而明确的规定的角色。它并没有明确而具体地规定其角色承担者的权利和义务，也没有规定应该做什么和不能做什么，这类角色的承担者可以根据自己对角色的理解和社会对角色的期望而具体地扮演该角色，如父亲、朋友、非正式群体的自然领袖等大量日常生活中的角色都是开放性角色。

3. 期望角色、领悟角色和实践角色

根据角色存在形态的不同，可以把角色分为期望角色、领悟角色和实践角色。

期望角色是指社会或团体对某一特定社会角色所设定的理想的规范和公认的行为模式。期望角色总是尽善尽美的，它是一种“应该如何”的观点，如做教师就应该为人师表，身教重于言教；做医生就应该救死扶伤，具有人道主义精神等。

领悟角色是指人们对期望角色理解后所形成的观念中的角色模式，并依据这一模式对期望角色的个体思想水平、思维方式等主体能动性加以影响。领悟角色主要产生于人们文化的差异。由于个人受环境中众多因素的影响，尤其是其在文化上有差异，每个人对自己充当的角色的理解是不同的。

实践角色是指个体根据自己对角色的理解而在执行角色规范的过程中所表现出来的实际行为。领悟角色是实践角色的前提和基础。但是，由于每个人的自身条件和环境条件不尽相同，即使对角色有相同的理解，落实到行为时也未必相同。实践角色属于客观现实形态。

4. 功利性角色和表现性角色

根据角色扮演者的最终意图不同，可以把角色分为功利性角色和表现性角色。

功利性角色是指该角色行为是计算成本、讲究报酬、注重实际效益的。这种角色的价值在于利益的获得，在于行为的经济效果。生产行为和商业行为就属于此类。一个公司经理的角色行为，在于能为这个公司带来经济效益。功利性角色对社会的发展有重要的意义。

表现性角色是指该角色行为是不计报酬的，或虽有报酬，但不是从获得报酬出发而采取的行为模式。其目的不是报酬的获得，而是个人表现的满足。如艺术家表演、医生看病、教师教学等，都是强烈的“自我实现”的愿望所驱使的角色行为，是个人地位的责任感、义务感的实现。很显然，对于真正的艺术家来说，观众的掌声比票房收入更能使他获得满足感。

（三）角色转换

社会学认为，角色转换是人们伴随着身份角色和社会位置的变化而发生的思想观念和行为模式的转换。对大学毕业生来说，角色转换就是从大学生的身份和社会位置转为社会公民（职业者）的身份和社会位置时，所发生的思想观念和行为模式的转换。任何角色的扮演都要经过角色期待、角色领悟、角色实践三个阶段，而角色转换同样要经过这三个阶段。

角色期待是指团体中多数成员期望或要求其中某一成员做出的某些应有的行为方式；即担任某一职位者被期待的行动或特质，其内涵包括信仰、期望、主观的可能性、权利与义务的行使等。角色期待的主要功用在使角色行使者明白其权利与义务，也即角色的学习。角色的学习经常随着角色的改变而进行，因而角色的学习是无止境的。可以说，人们正是在错综复杂的社会关系中，在不知不觉的角色学习的过程中，逐渐把社会的行为规范

转化为个人的道德行为。期望是实现角色的有效手段。但是对于一个人来说，角色期待是他人提出的希望，只有当这个人自己领会并按照这种希望去行动时，才能产生一定的期待效果。

角色领悟是指角色承担者对角色的认识理解。在角色的扮演中，仅仅了解外界的要求与想法是不够的，它还需要角色承担者根据自己的思想理论背景、知识文化水平、价值观念等对角色做进一步地认知与了解。

角色实践是角色期待与角色领悟的进一步发展，是在社会行动中表现出来的角色。对角色的领悟与实践在某些情况下是一致的，有时候也可能不完全一致。

二、学生角色与职业角色的差异

在校读书与进入社会工作，所处的环境、扮演的角色、承担的主要任务都有很大的不同，对社会的认识和感受也有较大的差异。充分认识到这些差异，对于尽快实现角色转换有很大的帮助。

学生角色与职业角色的差异主要体现在以下方面。

1. 社会责任差异

大学生以学习、探索为主要任务，在校园里是不怕犯错误的，什么事情都可以去尝试，为了学习的尝试哪怕是错了，学校也会原谅你。所以要是给大学生一个简单的角色定位，那就是你可以做错，你做错了不用承担过多的社会责任，因为大学生有天然的豁免权。大学生最快乐的事就是有依靠，在学习方面可以依靠导师，有什么问题你都可以向他们请教；在生活上有困难可以依靠父母。总之，大学生在学校里很少有心理负担。成为一个职业人以后，应尽快地适应社会。首先必须学会服从领导和管理，迅速适应上级的管理风格。职业人如果在工作中犯了错误，是要承担成本和风险的责任、承担相应的社会责任的。

实践表明，凡是从大学生到职业人的社会角色转换比较快的人，容易更早地获得用人单位的认可，能更快地寻找到新的起点，也就更容易享受到事业成功和生活幸福的喜悦。因此，大学毕业生应正确面对社会，正确处理工作与人际关系上的诸多矛盾，克服各种心理障碍，培养良好的适应能力，尽快适应环境，迈出成功的第一步。

2. 角色规范差异

社会赋予角色的规范，就是社会提供的角色行为模式。学生的规范多是从培养、教育的角度出发，促使其以后能顺利成长为合格人才，社会赋予职业角色的规范则更为严格、具体，违背了就要承担一定的责任。在大学里，学生犯了错误或者出现了失误，比如迟到、旷课、重修课程等，大都可以承认错误或者通过自己的努力来补救；而在职场，强调的是对工作结果的负责，一时的疏忽可能会引起不可估量的损失，同样的错误若犯上两次也就很可能失去了大家的信任。竞争激烈的职场里可能不会有太多机会给你去“失误”，一次小的意外都会导致单位向你发出“逐客令”。

3. 评价标准差异

我国大学对人才的评价主要强调综合素质，通行的标准是考察在校表现、学习成绩和社会活动等，但总体上来说，一个学生在这三者中间有一两样突出，其他的表现一般，也可以算是“优秀学生”了；而在职场，一名好员工，不仅要业务素质过硬，工作善于创新，还要有团队意识，善于与周围同事交流、沟通、合作，处理好各种关系，这样才能获得职业的顺利发展。

4. 人际关系差异

大学生在校园中，每天基本上只与学校内的人打交道，如同学、朋友和教师等，社交范围小。虽然大学生在学校内免不了参与许多竞争，但是这种竞争的本质是为了促进学习和提升自我能力，并不会从根本上影响彼此的利益，因此大学生的人际关系总体来说较为简单。

社会上的人际关系则相对复杂。工作者在职场中，尤其是销售和服务行业，每天都要面对形形色色的人，与不同的人接触。职场生活中的竞争往往直接与工作者的个人利益挂钩，关系到利益的分配，因此工作者的人际关系一般较为复杂。

5. 所处环境的差异

作为学生在大学里，学习时间可以弹性安排，少许逃课没人管你，有较长的节假休息日，教学大纲提供清晰的学习任务，学术上多鼓励师生讨论甚至争论，布置作业或工作在规定时间内完成；公平对待学生，以知识为导向，学习的过程以抽象性与理论性为主要原则等。

但作为职业，人在单位里，规定上下班时间，不能迟到早退，经常加班加点，节假日很少，工作任务既急又重；老板通常对讨论不感兴趣，多数老板比较独断，对待职工不一定很公平；一切以经济利益为导向；要完成上司或老板交给的一件件具体的、实实在在的工作任务。

6. 认识世界方式的差异

从学生到职业人的角色转换，产生了活动方式上的变化。学生以学习书本知识、应付各种考试为主要活动内容。长期以来，学生的角色处在一种习惯于接受外界给予的状态，习惯于被输入。职业人角色则要求运用所学的知识和能力，向外界提供自己的劳动。学生长期养成了一种应付心理，只对考试范围之内的知识采取突击记忆的方式，考试范围之外的则大多不去认真对待。因此，有些学生把这种应付心理习惯性地带入工作，就会一时难以适应。即使是一些在学校里比较出色的同学，也经常在这样的变化中感到手足无措。

此外，经过从学生到职业人的角色转换，社会对青年的独立要求也相应地有了提高。学生角色在经济上主要是依靠家庭的扶持，职业人角色有了劳动报酬，在经济上逐步成为独立者。这种经济上的独立是一个标志，它表明了家庭乃至社会对青年提出了全面独立的要求，一方面，为青年人的自身发展提供了更为广阔的空间；另一方面，也对青年人提出了依靠自身力量、加强自我管理的人生新课题。大学毕业生能较快地适应独立生活，对于自身的发展和取得事业的成功无疑都将具有重要意义。

三、角色转换的问题

大学毕业生从学生角色到职业角色的转换，是一种社会必然。只有正确认识和对待这种转变，才能很快地融入社会。但是有些学生由于受各种主观因素的影响，还不能科学地、正确地认识这种角色转换。

1. 依恋性

很多毕业生在角色转换过程中依恋学生角色，难以从一个学生状态中完全摆脱出来。因为习惯了十多年的学生角色，容易使个体在学习、生活和思维方式上都养成一种相对固定的模式。在职业生涯开始之初，许多人常常会自觉或者不自觉地置身于学生角色之中，以学生角色的社会义务和社会规范来要求自己、对待工作，以学生角色的习惯方式来待人接物，来观察和分析事物。

2. 畏缩性

很多毕业生在初进职场的阶段，因为不知如何适应新的工作环境，会表现得怯懦、自卑。无论是工作还是待人处事，总是担心自己的表现不够完美而被指责。或是过度封闭自己，不与人往来，或是盲目地听从他人的指使，不敢表达自己的想法，独立性很差。

3. 自傲性

有些毕业生常以文凭、学位或毕业于名牌学校而自傲。自我评价过高、不尊重他人、不虚心的情况在毕业生中时有发生。有些大学毕业生自以为接受了正规教育，已经学到了不少知识，已经是人才了。因此，轻视实践，放不下架子，看不起基层工作和基层工作人员，甚至认为一个堂堂的大学毕业生干一些不起眼的事是大材小用，有失身份，实际上则是眼高手低，大事做不了，小事又不做。

4. 浮躁性

一些毕业生在角色转换过程中表现出不踏实、不稳定的特点，对本职工作坚持不下去，缺乏敬业精神，不能深入具体工作中，就职较长时间仍然未能以稳定的心态进入新的角色。

5. 被动性

很多学生在校期间都忙着应付考试、应付作业，形成了草草应付就万事大吉的做事习惯。上班以后居然也将这种习惯带入工作，只想应付工作，不去主动思考，工作缺乏主动性。

四、角色转换的方法

即将进入职场的大学毕业生最希望了解的莫过于怎样才能尽快更好地进入职业角色。只有当顺利地从学生角色转换到职业角色，才能真正胜任工作，开始自己的职业生涯。在这两个阶段相互交替的过程中，无论是即将毕业时的准备过程，还是刚刚进入职场的预备阶段都非常重要，这两个阶段的努力是顺利进行角色转换的必然途径。

(一) 毕业前夕的角色转换

毕业前夕是择业的黄金季节。毕业生通过与用人单位“双向选择”的过程，可以加强对用人单位的了解，合理地考虑自己的职业定位，进而通过签订就业协议书来确定自己的职业角色。

毕业生在与用人单位接触的过程中，能够比较全面地了解到用人单位的基本情况，切身体会到社会对自己的认可程度，并依据自身感受调整职业期望值，实事求是地定位自己的职业。这是从学生角色向职业角色转换的第一步，这为大学生的职业角色确定了一个基调，对角色的转换将产生深远的影响。

毕业生应提前奠定良好的心理基础和知识技能基础。一般来说，在校学习期间的学习环境、学习条件、时间和精力、技能的训练都是最为理想的。因此，从就业协议书签订到毕业离校这段时间，是有针对性地学习知识、培养能力，进而转换角色的最佳时期。在这段时间内，除了按照学校正常教学计划完成课程的学习、顶岗实习和毕业设计，还应该进行如下学习和训练。

1. 学习与未来工作岗位有密切联系的专业知识和技能

大学的课程设置总体上偏重于基础知识的学习和基本技能的培养，对特定岗位上所需要的专业知识和技能不可能面面俱到。同时，通过学习和训练，还可以加深对未来职业岗位的认同，培养职业兴趣。

2. 进行非智力因素技能的训练

大学毕业生智力上的相差并不太大，而非智力方面的技能却是影响毕业生择业、就业和创业的重要因素。毕业生要敢于表现自己，克服在公众面前“害羞”和“胆怯”等人格心理方面的缺点，这是给人留下良好印象的前提和关键；还要善于表现自己，主要是提高书面表达能力和口头表达能力。在与人交往的过程中要诚恳而不谦卑，自尊而不自傲，不急不躁，以富含感染力的幽默语言来展示自己的能力和素质。

3. 进行必要的心理准备

过硬的职业技能对职业成功固然重要，充分的心理准备更是不可缺少的。一般来说，事业不会是一帆风顺的，如果心理准备不足，就会产生过激情绪，导致能力低下，在愤世嫉俗的言行中使自己的才华泯灭。因此，在校期间要充分做好心理上的“受挫准备”。在事业顺利的时候不沾沾自喜，以平常心对待工作上的平淡、无为和不被重用；在屡试屡挫的境地中，不懈追求；在似乎“一文不名”的地位上奋发向上，这是事业成功者的必备素质。

(二) 试用期内的角色转换

大学生参加工作后的几个月或半年为试用期，之后转为正式人员。工作后的职业环境与大学相比，都有很大区别。高校大多位于大中城市，学习和生活条件比较优越，自由支配的时间比较多，节奏也比较缓和，压力较小；而众多的职业岗位不一定在城市里，有

的在偏僻的山区，有的在茫茫的戈壁滩上，环境相当艰苦。由于工作繁忙，经常需要加班加点，属于自己的时间越来越少。从大学学习环境到职业环境的变化，往往会加剧角色冲突。为此，大学毕业生应该加强见习期内的角色学习，使角色转换顺利实现。

一般来说，大学生要在较短的时间内获得同事的认同和领导的肯定，应当从以下三个方面提高和锻炼自己。

1. 要善于运用自己的知识

在大学期间学到的理论知识，关键要善于发现、创造知识应用的机会，这样才能在实践当中不断提高自己。

例如，可以利用工作机会，特别是当同事在工作中遇到麻烦时，以谦虚诚恳的态度从理论上提出自己的见解，共同商讨，共同解决问题。也可以利用业余娱乐机会，发挥自己的知识优势。在交流中让同事了解自己的为人和性格，表明自己的世界观、人生观和价值观，缩短与同事间的距离，成为大家的朋友。

2. 要树立责任意识

多数人在走上工作岗位之初，一般不会被委以重任，而是先从最简单的辅助性工作做起，这也符合人才成长的基本规律。但是，有不少人凭着对工作的新鲜感和学识上的优越感，认为自己被大材小用了，对一些工作不愿意干，甚至开始闹情绪。其实，这是缺乏责任意识的表现，干任何一项工作，都要有足够的热情，更要有丰富的经验和随机应变的能力。这种经验和能力的获得并非一朝一夕之功，它需要在平时的工作中积累和训练。显然，凭借热情和情绪工作是对工作的不负责任。因此，不管工作的大小、分工的高低，大学生都要以满腔的热情、高度的事业心和责任感认真对待，圆满完成。

3. 要培养严谨务实的工作作风

大学毕业生具有较强的自尊心和自立意识，在工作上总想独当一面，取得成就。尽管很多人对待工作的态度是认真谨慎的，但在很多时候，工作中还是难免出现失误。工作失误并不可怕，可怕的是不能正确地认识失误，不能实事求是地承认失误。在工作中一旦出现了失误，就要认真地分析原因，总结经验教训，找准失误点；同时要敢于向领导和同事承认，开展批评和自我批评，并勇于承担责任，以获得领导和同事的理解；另外，要虚心学习、请教，总结经验教训，避免类似失误再次发生。

典型案例 7-1

案例背景：

武某（化名）是动车组检修技术专业的学生，学习成绩一般。其父母均为外来务工人员。父母从小对其严加管教，使其接触社会机会不多，其成长过程一帆风顺。半年前参加毕业实习，应聘到某铁路局动车组检修基地工作。刚参加工作时，武某工作热情较高，表现积极。

一周前因工作失误，武某受到部门主管的严厉批评，自尊心受到极大伤害，感觉主管歧视自己。另外，老师傅们都不够主动热情，向他们请教时，他们总是不爱搭理，一点不像原先学校里的教师们。师傅和一些领导的文化水平并不高，任人唯亲，不唯贤，自己作为大学生却没有得到应有的重用。又认为这家公司没有当初宣传的那样好，企业管理水平也不高，感觉前途一片黑暗，个人发展无望。同时，在参加动车组检修技术学习培训的过程中，因学习课程安排密集，学习强度大，课程跟不上，觉得愧对父母，还会遭到身边同学的耻笑，这种心理负担加剧了焦虑症状。

如今，武某情绪很低落，有时思维难以集中，并且感觉胸闷、身体疲惫，工作能力减退，不爱接触同事，对未来没有信心，感觉空虚、无助。

案例分析：

大学生毕业后，在实现从大学生角色到职业人角色转换的过程中，由于受到主客观因素的影响，诸多大学生在入职初期都会遭遇到角色转换的困境，严重影响到他们能否实现顺利就业。如何面对并解决这一问题已经成为大学毕业生必须考虑的现实而紧迫的问题。如何尽快完成从校园人到社会人的角色转变，适应新的环境并有所作为，是这一阶段大学生面对的最重要的问题，同时也意味着学生角色向职业角色转化的真正开始。

（1）积极调整工作心态。刚走出校园的大学生们，大都有着“天高任鸟飞，海阔任鱼跃”的宏伟抱负。然而，当理想抱负与缺乏工作经验、只能从基层做起的现实相碰撞后，很容易产生“我不受重视、公司大材小用”等消极情绪与不良心态。那么如何来调整工作心态呢？

首先，适当调节心理预期。心理预期过高，导致了理想与现实之间的巨大差距，这种距离增加了内心的失落感，感到事情的发展已经超出了自己的控制。因此，要多给自己积极暗示，凡事都要循序渐进，学会耐得住寂寞，多听、多看、多学。其次，放低姿态，从基础工作做起，不断积累工作经验。对于新人来说，在职场的每种经历都是很好的学习机会，有助于自己的成长。牢记“三人行，必有我师焉”，虚心向同事学习工作经验，尽快熟悉自己工作岗位的种种业务知识，结合实际工作将自己所学知识灵活运用。只有这样，才能尽快适应新环境，提高工作效率，创造自己的工作业绩。再次，主动沟通，创造良好的工作关系。沟通时，要本着实事求是、诚心待人的态度，提高沟通的主动性，缩短与周围同事之间的距离。同时要克制感情，冷静处理，工作中出现错误时，应主动承担责任。通过与部门主管、同事的沟通，有助于增进互相的理解及人际关系的处理，更好地适应工作环境。最后，不断学习、锐意进取，高标准要求自己。俗话说：活到老，学到老。大学生需要不断探索新的方法，不断地给自己充电，才能保证适应瞬息万变的社会。机会总是留给有准备的人，当机会来临时，有准备的人往往会牢牢把握。

（2）正确面对工作中的挫折。面对职场的压力，对于毫无经验的新入职场的大学生

总会遇到许多困难和挫折。在面对困难与挫折时，有些人选择了放弃，有些人选择了坚持，勇敢面对。如何正确面对工作中的挫折呢？

首先，当遇到挫折时，不能就此放弃，要用冷静的态度，客观地分析失败的原因，进行正确的受挫归因。困难和挫折并不可怕，可怕的是不能理性勇敢地面对就放弃，失败往往离成功只有一步之遥。其次，乐观面对。不少新入职场的大学生只想到成功，没有想到失败，一旦遭受挫折就会一蹶不振，陷入苦闷、焦虑的情绪之中不能自拔。但是，我们需要认识到，挫折虽然能够给人带来心情的不愉快，但也可以帮助我们更好地了解自己的优缺点，锻炼人的意志，同时也能积累工作经验。最后，调整好目标，脚踏实地争取新的机会，争取获得下一次的成功。一个真正的强者面对失败时，通常能够认真反思，吸取经验教训，努力争取新的机会。

（3）做好职业生涯规划。正确合理的职业生涯规划是事业取得成功的关键因素。当学子们完成从大学生到职业人的转变之后，应正式开始规划自己的职业生涯，即确定个人奋斗目标。有了目标，就有了努力的方向和动力，更重要的是帮助个人真正了解自己，为自己筹划未来，避免对自己未来产生迷惘。一旦有了职业规划，就有了奋斗目标，对未来就有了希望。在进行自己的职业规划时，切忌不切实际，好高骛远，一定要客观衡量自身的能力，将能力、兴趣与职业进行匹配，确保自身的长远发展。

总之，初入职场的大学生应积极调整心态、勇敢面对挫折，制订正确的职业生涯规划，尽快实现角色转变，融入社会集体生活。人的一生，从中学生到大学生，从大学生到职业人，从子女到父母，从员工到领导……有无数次的角色转换，每一阶段的人生角色，赋予的内容和要求是不尽相同的，因此，只有有效适应每次人生转变，才能更好地经营自己的人生，才能最大化发挥个人的人生价值与社会价值，实现自己的人生理想。

第二节　职业与职业能力

一、职业

（一）职业的内涵

职业是参与社会分工，利用专门的知识和技能为社会创造物质财富和精神财富，获取合理报酬，作为物质生活来源，并满足精神需求的工作。对于职业一词的具体含义，不同学者有不同的解释。

1. 职业要素说

日本劳动问题专家保谷六郎指出，职业的特性：经济性，即从中取得收入；技术性，即可发挥个人才能与专长；社会性，即承担社会的生产任务（社会分工），履行公民义务；伦理性，即符合社会需要，为社会提供有用的服务；连续性，即所从事的劳动相对稳定，是非中断性的。

2. 职业性质说

美国社会学家塞尔兹认为，职业是一个人为了不断取得个人收入而连续从事的具有市场价值的特殊活动。这种活动决定着从业者的社会地位。

3. 职业关系说

美国社会学家泰勒指出："职业的社会学概念，可以解释为一套成为模式的与特殊工作经验有关的人群关系。这种成为模式的工作关系的整合，促进了职业结构的发展和职业意识形态的显现。"

（二）职业的特点

1. 经济性

劳动者从事某项职业工作，必定要从中取得经济收入，这是从事职业的基础。

2. 同一性

职业是按企业、事业单位、机关团体和个体从业人员所从事的生产或其他社会经济活动性质的同一性来分类。同一性是指某行业的职业内部，其劳动条件、工作对象、生产工具、操作内容相同或相近。由于环境的同一性，人们就会形成同一的行为模式，有共同的语言习惯和道德规范。

3. 广泛性

职业是劳动者进行的社会生产劳动或者社会工作。职业问题涉及社会的大部分成员，也涉及社会、经济、心理、教育、技术、政治、伦理等许多领域，因而具有广泛性。

4. 时代性

随着社会的发展和进步，职业变化迅速，除去弃旧更新的变化外，同一种职业的活动内容和方式也会发生变化，所以职业的划分带有明显的时代性，不同时代有不同的热门职业。我国曾出现过"当兵热""从政热"，后又发展到"下海热""外企热""公务员热"等，都反映出特定时期人们对某种职业的热衷程度。

5. 稳定性

劳动者连续、不间断地从事某种社会工作，相对稳定，才能称为职业。反之，则无所谓职业。

6. 层次性

从社会需要角度来看，职业并没有高低贵贱之分，但是，现实生活中由于对从事职业的素质要求不同及人们对职业的看法或舆论的评价不同，职业便有了层次之分，这种职业

的不同层次往往是由不同职业体力、脑力劳动的付出、收入水平、工作任务的轻重、社会声望、权力地位等因素决定的。承认职业的层次性，可以促使人们向上流动，促进社会健康地发展。

7. 差异性

职业是专门具体精细的社会分工。各类职业之间劳动的内容、社会职业心理、从业者的个人行为模式、社会人格等都存在着差异，随着劳动分工的细化、技术的进步、经济结构的变动和社会的发展，新职业不断产生，旧职业不断消亡，差异性越来越大。

（三）职业的功能

1. 个人功能

（1）职业是个人获得经济收入的来源，是个人维持家庭生活的手段。

（2）职业是促进个性发展的手段，当个人从事的职业能使个人的特长、兴趣得到充分发挥时，也就促进了个性的充分发展。

（3）职业是个人在社会劳动中从事具体劳动的体现，是个人贡献社会的途径。

（4）职业是个人获得名誉、权力、地位和金钱的来源。

2. 社会功能

（1）职业存在和职业活动构成了人类的社会存在和社会活动。

（2）职业劳动创造社会财富，为社会的存在和发展奠定物质基础。

（3）职业分工是构成社会经济制度运行的主体。

（4）职业是维持社会稳定、实现社会控制的手段。

（5）职业的运动（如职业结构的变化、职业层次间矛盾的解决）是推动社会进步的一种动力。

（四）职业的发展趋势

随着科技的进一步发展、社会生产力的不断提高，人类对自然界改造的深度和广度将进一步加强，新的工作岗位不断涌现，给人们带来了更多的就业机会。据专家预测，今后每 10 年将发生一次全面的“职业大革命”，其中，重大变化每两年就会有一次。把握 21 世纪职业变革的趋势，成功地开拓自己未来的职业生涯，是 21 世纪人类必须关注的一个现实话题。

1. 全球化趋势

全球化指的是物质和精神产品的流动冲破区域和国界的束缚，影响到地球上每个角落的生活。约翰·奈斯比特在《2000 年大趋势》一书中写道：“我们所处的时代，变化速度之快，前所未有，其中最惊人的变化也许是全世界正迅速成为一个统一的经济体。”

2. 信息化趋势

信息化是指由计算机和互联网生产工具的革命所引起的工业经济转向信息经济的一种社会发展过程。它包括信息技术的产业化、传统产业的信息化、基础设施的信息化、生产方式的信息化、生活方式的信息化等几个方面。信息化是个相对概念，它对应的是社会整体及各个领域的信息获取、处理、传递、存储和利用的能力和水平。

信息化给我国的经济发展尤其是职业发展带来了诸多机遇。它对工业化、城镇化、市场化和国际化的作用是显而易见的。在全球经济和信息化高速发展的今天，信息化是决定“职场”成败的关键因素，也是实现跨地区、跨行业、跨所有制，特别是跨国经营的重要前提。信息化正在悄悄地重构经济形态与社会形态，工业化、城镇化、市场化和国际化进程的加快，为信息化“职场”的发展带来了巨大的挑战和发展机会。

3. 高科技产业化趋势

一般认为，高科技是一种人才密集、知识密集、技术密集、资金密集、风险密集、信息密集、产业密集、竞争性和渗透性强，对人类社会的发展进步具有重大影响的前沿科学技术。按联合国组织的分类，“高科技”主要包括以下种类：信息科学技术、生命科学技术、新能源与可再生能源科学技术、新材料科学技术、空间科学技术、海洋科学技术、有益于环境的高新技术、计算机智能技术和管理科学技术（又称软科学技术）。高科技的“高”，是相对于常规技术和传统技术来说的，因此，它并不是一个一成不变的概念，而是带有一种历史的、发展的、动态的性质。今天的高科技，将成为明天的常规科技和传统科技。从世界各国高科技的发展来看，高科技不是一个单项技术，而是科学、技术、工程最前沿的新技术群。这个群体的各种成分，互相影响、互相补充、互相促进。

4. 文化创意产业化趋势

文化创意产业本质上是以创意和知识为核心的产业，核心价值是其产品具有精神内涵，是一种文化资源与其他生产要素紧密结合，文化、科技与经济互相渗透、互相交融、互为条件、优化发展的经济模式。它虽然要求高度发达的高新技术，但又不完全依赖高新技术。它强调人的主体地位和主导作用，强调的是以文化为发展经济的理念，依靠的是文化资源优势，既可以在发达国家发展，也可以在发展中国家发展，甚至在经济欠发达地区也可以通过发展文化创意产业，使人文资源和文化优势成为新的经济增长点。

5. 自由职业化趋势

自由职业化是指未来终身依附于一个组织的固定职业不断消失，独立的、不依赖于任何组织的自由职业不断产生。这是因为在这样一个日新月异的高科技信息时代，固定职业的模式再也不能保证最为有效的完成各种任务。因为最有效率的生产方式已经发生了改变。事实上，许多成功的组织在实现其目标的过程中，对固定职业的依赖性已经大大减少。这就是为什么今天在传统的固定职业中有相当一部分正在被临时性工作、项目分包、专家咨询、交叉领域的合作团队或者自我管理的自由职业者所代替。

（五）我国的职业分类

1995 年，原劳动部、原国家质量技术监督局、国家统计局牵头启动国家职业分类大典编制工作，于 1999 年颁布了我国第一部国家职业分类大典，填补了我国职业分类工作的空白，标志着适应我国国情的国家职业分类体系基本建立。随着经济社会发展、科学技术进步和产业结构调整，社会职业构成和内涵发生较大变化，2010 年年底，启动了国家职业分类大典的第一次修订工作，历时 5 年，颁布了 2015 年版《中华人民共和国职业分类大典》。

为了适应当前职业领域的新变化，更好地满足优化人力资源开发管理、促进就业创业、推动国民经济结构调整和产业转型升级等需要，2021 年 4 月，人社部启动了第二次修订，并于当年 9 月 28 日正式公布 2022 年版《中华人民共和国职业分类大典》。职业分类体系表见表 7–1。

表 7–1　2022 年版《中华人民共和国职业分类大典》职业分类体系表　　单位：个

序号	大类	中类	小类	细类（职业）	工种
1	党的机关、国家机关、群众团体和社会组织、企事业单位负责人	6	16	25	
2	专业技术人员	11	125	492	
3	办事人员和有关人员	4	12	36	24
4	社会生产服务和生活服务人员	15	96	356	460
5	农、林、牧、渔业生产及辅助人员	6	24	54	150
6	生产制造及有关人员	32	172	671	2 333
7	军队人员	4	4	4	
8	不便分类的其他从业人员	1	1	1	
合计		79	450	1 639	2 967

第二次修订主要变化如下。

（1）对分类体系进行了修订。把新颁布的 74 个职业纳入大典当中。同时围绕制造强国、数字中国、绿色经济、依法治国、乡村振兴等国家重点战略。围绕制造强国，把工业机器人操作员和运维人员纳入大典当中。根据乡村振兴的需要，把农业数字化技术员和农业经理人纳入大典当中。经过这些调整之后，与 2015 版大典相比，在保持八大类不变的情况下，净增了 158 个新的职业，现在职业数达到了 1 639 个。

（2）对相关职业信息描述做了一些修订。对两个大类职业的名称和定义做了调整，对 30 个中类、100 余个小类名称、定义做了一些调整；对 700 多个职业的信息描述做了调整。

（3）对数字职业和绿色职业进行了标注。这次共标注了 97 个数字职业，占职业总数的 6%。同时，延续 2015 年版大典对绿色职业标注的做法，标注了 134 个绿色职业，占职业总数的 8%。其中，既是数字职业也是绿色职业的，共有 23 个。这也反映出数字经济和绿色产业带来的职业变化。

值得注意的是，这次大典修订首次标识 97 个数字职业。其作用与意义如下。

（1）有利于推动数字经济的发展。近年来，我国数字经济发展非常迅猛，到 2021 年年底其规模已经达到 45.5 万亿，占 GDP 比重达到 39.8%。通过标注数字职业，一方面可以反映出各个行业在数字化进程当中的一些变化，另一方面也反映出这个行业未来数字经济发展的趋势，为国家加大数字经济政策创新力度提供有益参考。

（2）有利于加速数字技术创新。数字职业是伴随着数字技术的发展而来的，通过标注数字职业，可以提升数字职业社会的认同度和公信力，可以成为广大劳动者选择职业发展的风向标，也可以引导越来越多的技术技能人才投身到数字经济建设的实践当中来，为推动我国数字技术的创新贡献力量。

（3）有利于数字人才队伍建设。人才是第一资源，标注数字职业有利于规范数字职业标准的开发，引导院校专业的设置。同时，对数字资源培训课程的开发也发挥着积极的引导作用。通过这些基础资源的开发，对数字人才的培养、评价和使用提供基础，拓展人才发展空间，畅通职业发展通道，激发人才创新活力，通过人才创新带动数字经济的发展，推动数字技术的转型。

（4）有利于提升全民数字素养和技能。目前，随着数字产业的发展，数字经济的发展，数字素养和技能已经融入百姓日常生活当中。通过标注数字职业，可以激发全民参与到数字经济建设的过程中来，进一步激发全民提升数字素养的热情，为未来数字产业的发展营造良好的氛围。

二、职业价值观

（一）职业价值观的内涵

职业价值观是指人生目标和人生态度在职业选择方面的具体表现，也就是一个人对职业的认识和态度及其对职业目标的追求和向往。理想、信念、世界观对于职业的影响，集中体现在职业价值观上。

由于每个人的身心条件、年龄阅历、教育状况、家庭影响、兴趣爱好等方面的不同，人们对各种职业有着不同的主观评价。从社会来讲，由于社会分工的发展和生产力水平的相对落后，各种职业在劳动性质的内容上、在劳动难度和强度上、在劳动条件和待遇上、在所有制形式和稳定性等诸多问题上，都存在着差别。再加上传统的思想观念等的影响，各类职业在人们心目中的声望地位便也有好坏高低之见，这些评价都形成了人的职业价值观，并影响着人们对就业方向和具体职业岗位的选择。

职业研究机构和职业专家通过调查研究对职业价值观进行了若干分类，如美国心理学家马丁•凯茨找出了10种与职业有关的价值观。它们可以帮助一个人澄清在某个工作中所能得到的回报和满足。

（1）高收入：是指除有足够生活的费用外还有可以随意支配的钱。

（2）社会声望：是指是否受到人们的尊重。

（3）独立性：是指在职业中有更多的可以自己做决定的自由。

（4）帮助别人：愿意把助人作为职业的重要部分，帮助他人改善其健康、教育与福利。

（5）稳定性：在一定时间内始终有工作，不会被轻易解雇，收入稳定。

（6）多样性：所从事的职业要参与不同的活动，解决不同的问题，有变化的工作场所，可以结识新人。

（7）领导力：在工作中可以控制事情的发展，愿意影响别人，承担责任。

（8）在自己感兴趣的领域中工作：坚持所从事的职业必须是自己感兴趣的领域。

（9）休闲：把休闲看得很重要，不愿意让工作影响休闲。

（10）尽早进入工作领域：涉及一个人是否在意进入工作领域的早晚，是否希望通过较少的时间和不支付高等教育的费用而尽早进入工作领域。

（二）职业价值观的职业类型

职业专家通过大量的调查，把职业价值观分为九大类，并将个人适合的职业类型与之相对应，见表 7-2。

表 7-2　职业价值观对应的职业类型

序号	职业价值观类型	特点	职业类型
1	小康型	追求虚荣，优越感也很强。很渴望能有社会地位和名誉，希望常常受到众人尊敬。欲望得不到满足时，由于过分强烈的自我意识，有时反而很自卑	记账员、会计、银行出纳、法庭速记员、成本估算员、税务员、核算员、打字员、办公室职员、统计员、计算机操作员等
2	支配型（权力型）	相当于组织的一把手，飞扬跋扈，无视他人的想法，为所欲为，且视此为无比快乐	进货员、商品批发员、旅馆经理、饭店经理、广告宣传员、调度员、律师、政治家、零售商等
3	志愿型	富于同情心，把他人的痛苦视为自己的痛苦，不愿干表面上哗众取宠的事，把默默地帮助不幸的人视为无比快乐	社会学家、福利机构工作者、导游、咨询人员、社会科学教师、护士等
4	自由型（非工资工作者型）	不受别人指使，不愿受人干涉，想充分施展本领	室内装饰专家、图书管理专家、摄影师、音乐教师、作家、演员、记者、诗人、作曲家、编剧、雕刻家、漫画家等
5	自我实现型	不关心平常的幸福，一心一意想发挥个性，追求真理。不考虑收入地位及他人对自己的看法，尽力挖掘自己的潜力，施展自己的本领，并视此为有意义的生活	气象学家、生物学家、天文学家、动物学者、化学家、报刊编辑、地质学者、物理学者、数学家、实验员、科研人员、科技工作者等
6	经济型（经理型）	世界上的各种关系都建立在金钱的基础上，包括人与人之间的关系，甚至父母与子女之间的爱也带有金钱的烙印，这种类型的人确信，金钱可以买到世界上所有的幸福	各种职业中都有这种类型的人，商人为甚
7	技术型	立足社会的根本在于一技之长。因此钻研一门技术，认为靠本事吃饭，既可靠，又稳当	木匠、农民、工程师、飞机机械师、机械工、电工、司机等
8	合作型	人际关系较好，认为朋友是最大的财富	公关人员、推销人员、秘书等
9	享受型	喜欢安逸的生活，不愿从事任何有挑战性的工作	无固定职业

随着社会的发展，一些职业可能会退出社会生活，还会出现一些新的职业，而各种职业自身所代表的社会声望、实际收入水平、工作环境背景也将会发生很大的变化，这些都将影响个人的职业指向。要想确定个人的职业方向，还需综合考虑个人的个性、兴趣、能力，以及社会环境等因素。

（三）职业价值观的树立

职业价值观是指人们对社会职业的认识和评价，它是人们在社会实践活动中产生和形成的，并且会随着社会的变化和人的发展而发生改变。良好的职业价值观对指导人们的求职有重要作用。大学生应树立正确的职业价值观，把自己的理想和现实结合起来，因为职业的选择不仅是谋生和自我实现的需要，也是体现自身社会价值的手段。正确处理自我实现与社会需要的关系，是当代大学生职业生涯中重要的课题。只有做出正确的选择，才能充分发挥个人的主观能动性，积极开拓自己的事业，为国家做出贡献，最终真正实现自己的个人价值。

1. 应变意识

大学生在工作变异性上的表现往往有些矛盾，一方面对经常接触到的新鲜事物的重要性表示赞同；另一方面又在工作内容、工作地点、工作场所或工作方式及工种的变换上表现出相反的态度。从总体上看，大学生的工作变异性表现较差，因此大学生应强化自我“转业意识”，增强应变性，这有利于自身的发展与社会的进步。

2. 创业意识

随着科学技术进步和劳动生产效率的提高，经济增长对就业吸纳能力将会不断下降，就业缺口也会不断扩大。鼓励大学生自主创业，既能解决大学生自身就业难的问题，还能为社会拓宽就业渠道，更重要的是能满足大学生自我实现的需要。现代大学生应强化创业意识，适应社会与时代发展的需要。

3. 敬业意识

敬业精神是用人单位最为看重、看好的员工素质。爱岗敬业是职业道德的核心和基础。爱岗与敬业是紧密地联系在一起的，敬业是爱岗意识的升华，是爱岗情感的表达。敬业能通过乐业、勤业、精业表现出来，它要求每个人都要充分认识本职工作的社会意义、地位和作用，以自己出色的工作来获得社会的尊重，维护本职工作的尊严。大学生应强化敬业意识，毕业后不管是主动选择的岗位，还是被动选择的岗位，都应爱护。即使不满意目前的职业，在没有调换之前，仍应坚守工作岗位，履行职业责任，努力调整自己的工作方式和行为态度，以饱满的热情投入工作，最大限度地发挥自己的潜能。

4. 合理定位

职业定位的过程是自我与现实不断碰撞、调节，最终尽可能与职业达到匹配状态的过程。事实上，在职业定位的过程中，发生碰撞的不只是自我与外界职业现实，即便是自我职业心理内部，动力系统与条件系统也会发生冲突，想干的不一定能干，能干的又不一定想干。因此，大学生不仅要了解自我职业心理的各个方面，还要学会对其进行协调整合。

三、我国现代职业精神的发展

现代职业精神不是自古就有的，它是伴随着工业革命和市场经济的确立而出现的。没有社会分工就没有职业，没有市场经济的兴起与发展，也就没有现代职业精神。

改革开放后，我国确立了市场经济体系，虽然起步艰难，但取得了不凡的成就。无论是物质成果上，还是经济制度上，我国政府高效有力，取得了巨大的成功。同时，我们也发现在现代职业精神方面还比较缺乏，仍存在不少问题。

从 21 世纪开始，一些宣扬职业精神的图书十分畅销，例如,《细节决定成败》《致加西亚的信》等动辄销售上百万册，各个企业趋之若鹜，纷纷抢购。冷静思考企业的这种行为，不难发现，正是因为我国企业正处于塑造现代职业精神阶段。

四、我国职业精神的基本要素

我国的职业精神是由多种要素构成的。这些要素分别从特定方面反映着我国职业精神的特定本质和基础，同时又相互配合，形成严谨的职业精神模式。

1. 职业态度

树立正确的职业态度是从业者做好本职工作的前提。职业态度具有经济学和伦理学的双重意义，它不仅揭示从业者在职业生活中的客观状况、参与社会生产的方式，同时也揭示他们的主观态度。其中，与职业有关的价值观念对职业态度有着特殊的影响。一个从业者积极性的高低和完成职业的好坏，在很大程度上取决于他的职业价值观念。职业伦理学研究表明，先进生产者的职业态度指标最高。因此，改善职业态度对于培育我国职业精神有着十分重要的意义。

2. 职业纪律

我国职业纪律是从业者在利益、信念、目标基本一致的基础上所形成的高度自觉的新型纪律。从业者理解了这个道理，就能够把职业纪律由外在的强制力转化为内在的约束力。从根本上说，我国职业纪律可以保障从业者的自由和人权，保障从业者发挥主动性和创造性。因此，职业纪律虽然有强制性的一面，但更有为从业者的内心信念所支持、自觉遵守的一面，而且是主要的一面，从而具有丰富的精神内涵。自觉的意志表示和服从职业的要求，这两种因素的统一构成了我国职业纪律的基础。这种职业纪律是法规性和道德性的统一。

3. 职业信誉

职业信誉是职业责任和职业良心的价值尺度，包括对职业行为的社会价值所做出的客观评价和正确认识。从主观方面看，职业信誉是职业良心中知耻心、自尊心、自爱心的表现。职业良心中的这些方面，能使一个人自觉地按照客观要求的尺度去履行义务，宁愿做出自我牺牲也不愿违背职业良心，做出可耻、毁誉和损害职业精神的事情。在这个意义上，职业信誉鲜明地体现着“全心全意为人民服务”的职业理想和主人翁的职业态度。从客观方面说，职业信誉是社会对职业集团和从业者的肯定性评价，是职业行为的价值体现或价值尺度。同时，职业信誉又要求从业者提高职业技能，遵守职业纪律。我国职业精神强调职业信誉，更重视把社会的客观评价转化为从业者的自我评价，促使从业者自觉发扬职业精神。

4. 职业理想

我国职业精神所提倡的职业理想，主张各行各业的从业者放眼社会利益，努力做好本职工作，全心全意为人民服务、为社会主义服务。这种职业理想，是我国职业精神的灵魂。一般来说，从业者对职业的要求可以概括为三个方面：维持生活、完善自我和服务社会。这三个方面在社会主义初级阶段的职业选择中都是必需的。公民在选择职业时应该把服务社会放在首位。只有从社会的整体利益出发，分别从事社会所需要的各种职业，社会才能顺利地前进和发展。也只有在这个基础上，广大社会成员包括从业者自身，才能过上幸福的生活。

5. 职业作风

职业作风是从业者在其职业实践中所表现的一贯态度。从总体上看，职业作风是职业精神在从业者职业生活中的习惯性表现。职业作风具有潜移默化的教育作用。它好比一个大熔炉，能把新的成员锻炼成坚强的从业者，使老的成员永远保持优良的职业品质。职业集体有了优良的职业作风，就可以互相教育，互为榜样，形成良好的职业风尚。

6. 职业责任

职业责任包括职业团体责任和从业者个体责任两个方面。例如，企业是拥有生产经营所必需的责、权、利的经济实体。在国家与企业的责、权、利关系中，责是主导方面。现代企业制度不仅正确划分了国家与企业的责、权、利，将三者有机地结合起来，而且规定了企业与从业者的责、权、利，并使三者有机地结合起来。这里的关键在于，要促进从业者把客观的职业责任变成自觉履行的道德义务，这是我国职业精神的一个重要内容。

7. 职业技能

在我国现代化建设中，职业对职业技能的要求越来越高。不但需要科学技术专家，而且迫切需要千百万受过良好职业技术教育的中级、初级技术人员、管理人员、技工和其他具有一定科学文化知识和技能的熟练从业者。没有这样一支劳动者大军，先进的科学技术和先进的设备就不能成为现实的社会生产力。我国经济建设的实践证明，各级科技人员之间及科技人员和工人之间都应有恰当的比例，生产建设才能顺利进行。良好的职业技能具有深刻的职业精神价值。

8. 职业良心

职业良心是从业者对职业责任的自觉意识，在人们的职业生活中有着巨大的作用，贯穿于职业行为过程的各个阶段，成为从业者重要的精神支柱。职业良心能依据履行责任的要求，对行为的动机进行自我检查，对行为活动进行自我监督。在职业行为之后，能够对行为的结果和影响做出评价，对于履行了职业责任的良好后果和影响，会得到内心的满足和欣慰；反之，则进行内心的谴责，表现出内疚和悔恨。

五、基本职业素养和职业能力

（一）职业素养的内涵

职业素养是指职业内在的规范和要求，是职业人在工作过程中表现出来的综合品质。个体职业发展的过程就是职业素养不断提高的过程。是否具有相应的职业素养是从业者个体发展的必要条件。良好的职业素养是大学毕业生成功就业的基础，更是通向理想彼岸的通行证。大学毕业生能否顺利就业并取得成功，在很大程度上取决于本人的职业素养。但是职业素养并非与生俱来，也难以一蹴而就，需要在大学期间不断地接受教育培训，不断提高和完善自己的职业素养。

（二）职业素养的基本特征

一般来说，职业素养的基本特征主要包括职业性、稳定性、整体性、发展性、内在性。

1. 职业性

不同的职业，职业素养是不同的。对建筑工人的素养要求，不同于对护士的职业素养要求；对商业服务人员的素养要求，不同于对教师的职业素养要求。例如，医疗卫生工作者的职业素养要求与工程技术工作者的职业素养要求就有很大的不同，它不仅表现在专业素养方面的不同，还表现在职业道德素养要求方面的不同。

2. 稳定性

一个人的职业素养是在长期执业中日积月累形成的。它一旦形成，便产生相对的稳定性。例如，一位教师经过三年五载的教学生涯，就逐渐形成了怎样备课、怎样讲课、怎样热爱自己的学生、怎样为人师表等一系列教师职业素养。于是，便保持相对的稳定。当然，随着他继续受学习、工作和环境的影响，这种素养还可以继续提高。

3. 整体性

现代社会的职业岗位要求具有复杂性的特点，因此，它对从业者的职业素养要求是多方面的。一个从业人员的职业素养是与其整体素养有关的。评价个体职业素养，不仅包括专业技能素养、科学文化素养的考量，还包括其思想政治素养、职业道德素养，甚至还包括身体、心理素养的考量。一个从业人员，虽然思想道德素养良好，但科学文化素养、专业技能素养差，就不能说这个人整体素养好；反之，一个从业人员科学文化素养、专业技能素养都不错，但思想道德素养比较差，我们也不能说这个人整体素养好。因此，职业素养一个很重要的特点就是整体性。

4. 发展性

现代社会经济、科学技术的发展，必然带来社会职业和职业岗位的发展变化，这种变化不断地对从业者提出新的职业素养要求，从业者为了更好地适应、满足、促进社会的发展需要，总是不断地提高自己的素养。因此，职业素养具有发展性。

5. 内在性

一个人在接受教育、培训和实践后，对所获得的知识、技术、技能进行内化、积淀和升华，这种自觉的内化、积淀和升华的心理品质，就是职业素养的内在性。职业素养的内在性存在于主体的一切职业活动中，并在行为中表现出来，决定着主体职业活动和行为的效果。通俗地说，一个人能做什么（掌握的知识、技能）、想做什么（职业定位）和如何做（价值取向、态度、信念）的表现都能反映出其职业素养的内在性。日常生活中，我们常说："把这件事交给小刘师傅去做，有把握，请放心。"人们之所以放心他，就是因为他的内在素养好。

（三）大学生的基本职业素养

1. 思想道德素养

近年来，用人单位对大学生的思想道德素养越来越重视。他们认为思想道德素养高的学生不仅用起来放心，而且有利于本单位文化的发展和进步。思想是行动的先导，而道德是立身之本。很难想象一个思想道德素养差的人能够在工作中赢得别人充分的信任和支持。虽然这种素养很难准确测量，但是一个人的思想道德素养会体现在一言一行中。考查一个人的基本思想道德素养也是面试的主要目的之一。

（1）要有事业心和责任感。事业心是指干一番事业的决心。有事业心的人目光远大、心胸开阔，能通过克服常人难以克服的困难而成为社会上的佼佼者。责任感就是要求把个人利益同国家和社会的发展紧密联系起来，树立强烈的历史使命感和社会责任感。拥有较强的事业心和责任感的大学生能与单位同甘共苦，能将自己的知识和才能充分发挥出来，从而创造出效益。

（2）要有吃苦精神。用人单位普遍认为近年来所招大学生最缺乏的素养是实干精神。现在的大学生最大的弱点是怕吃苦，缺乏实干的奋斗精神。但凡有所成就的人，无一不是通过艰苦创业而成才的。作为当代大学生，应从平时的小事做起，努力培养吃苦耐劳的创业精神。

2. 职业道德素养

任何一个具体职业都有本行业的规范，这些规范的形成是人们对职业活动的客观要求。从业者必须对社会承担必要的职责，遵守职业道德，敬业、勤业。具体来说，就是热爱本职工作，恪尽职守，讲究职业信誉，刻苦钻研本职业务，对技术和专业精益求精。在今天，敬业、勤业更具有新的、丰富的内涵和标准。不计较个人得失、全心全意为人民服务、勤奋开拓、求实创新等，都是新时代对大学毕业生职业道德的要求。缺乏职业道德的大学生不可能在工作中尽心尽力，更谈不上有所作为；相反，大学毕业生如果拥有崇高的职业道德，不断努力，那么在任何职业上都会做出贡献，在服务社会的同时体现个人价值。

3. 专业技能素养

随着科学技术的迅速发展，社会化大生产不断壮大，现代职业对从业人员专业基础的要求越来越高，专业化的倾向越来越明显。“万金油”式的人才已经不能满足市场的需求，只有拥有“一专多能”才能在求职过程中取胜。大学毕业生应该拥有宽厚扎实的基础知识和广博精深的专业知识。基础知识、基本理论是知识结构的根基。拥有宽厚扎实的基础知识，才能有持续学习和发展的基础和动力。专业知识是知识结构的核心部分，大学生要对自己所从事专业的知识和技术精益求精，对学科的历史、现状和发展趋势有较深的认识和系统的了解，并善于将自己所学的专业和其他相关知识领域紧密联系起来。

4. 学习创新素养

现代社会科学技术飞速发展，一日千里。只有基础牢，会学习，不墨守成规，善于汲取新知识、新经验，不断在各方面完善自己，才能跟上时代的步伐。有研究观点认为，一个大学毕业生在学校获得的知识只占一生工作所需知识的10%，其余需在毕业后的继续学习中不断获取。在市场经济条件下，各企业都要参与激烈的市场竞争。用人单位迫切需要大学生运用创新精神和专业知识来帮助它们改造技术，加强企业管理，使产品不断更新和发展，给企业带来新的活力。人才，尤其是信息时代的人才，更需要创新精神。

5. 团队协作素养

人际交往能力就是与人相处的能力。由于社会分工的日益精细以及个人能力的限制，单打独斗已经很难完成工作任务，人际间的合作与沟通已必不可少。大学毕业生应该积极主动地参与人际交往，做到诚实守信、以诚待人，同时，努力培养团队协作精神，这样才能逐步提高自己的人际交往能力。

6. 身心素质

现代社会生活节奏快，工作压力大，没有健康的体魄很难适应。用人单位都希望自己的员工能健康地为单位多做贡献，而不希望看到他们经常请病假。身体有疾病的员工不但会耽误自己的工作，还有可能对单位的其他同事造成影响。用人单位和大学生签订协议书之前，都会要求大学生提交身体检查报告。如果身体不健康，即使其他方面非常优秀，也会被拒之门外。

健康的心理，是一个人事业能否取得成功的关键。它是指自我意识的健全，情绪控制的适度，人际关系的和谐和对挫折良好的承受能力。心理素质好的人能以旺盛的精力、积极乐观的心态处理好各种关系，主动适应环境的变化；心理素质差的人则会经常处于忧愁困苦之中，不能很好地适应环境，最终影响工作甚至带来身体上的疾病。大学毕业生在走出校园以后，会遇到更加复杂的人际关系、更为沉重的工作压力，这都需要大学毕业生很好地进行自我调适以适应社会。

(四) 职业素养的提升方法

为了使大学学习与职业发展更好地衔接，大学生在大学学习期间应该以职业发展为目标制订合理的专业学习计划，注重能力的提升和身心素养的自我培养。

1. 制订合理的专业学习计划

通常个人的专业学习计划应当包括以下几方面的内容。

（1）明确的专业学习目标。也就是学生通过专业学习所要达到的预期结果，包括在专业基本理论、基本知识和基本技能方面要达到的水平，在专业能力方面和实际应用方面要达到的目标等。

（2）进程表，即学习时间和学习进度安排表。其包括三个层次：一是总体学习时间和学习进度安排表，即大学期间对专业学习进程的安排。一般来说，大学专业学习进程指导原则是第一年打基础，即学习从事多种职业能力通用的课程和继续学习必需的课程。二是学期进程表。通常把一个学期的全部时间分成学习时间、复习时间和考试时间三个部分，分别在三个时间段内制订不同的学习进程表。三是课程进度表，是学生在每门课程中投入的时间和精力的体现。

2. 完成计划的方法和措施

完成计划的方法和措施主要是指学习方式。学习方式的选择需要考虑许多因素，如学习基础、学习能力、学习习惯、学科性质、学校能够提供的支持服务、学生能够保证的学习时间等，还要遵循学生心理活动特点和学习规律，以及个人的生理规律等。

3. 科学合理的专业学习安排

科学合理的专业学习安排需满足以下条件。

（1）全面合理。计划中除了有专业学习时间，还应有学习其他知识的时间和进行社会工作、为集体服务的时间，保证休息、娱乐、睡眠的时间。

（2）长时间短安排。在一个较长的时间内，究竟干些什么，应当有个大致计划。例如，一个学期、一个学年应当有个长计划。

（3）重点突出。学习时间是有限的，而学习的内容是无限的，所以必须要有重点，要保证重点，兼顾一般。

（4）脚踏实地。主要包括四个方面：一是知识能力。哪个阶段，在计划中要接受消化多少知识，要培养哪些能力。二是常规学习时间与自由学习时间各有多少。三是“债务”，对自己在学习上的“欠债”情况做到心中有数。四是教学进度。掌握教师教学进度，就可以妥善安排时间，不至于使自己的计划受到“冲击”。

（5）适时调整。每一个计划执行结束或执行到一个阶段，就应当检查一下效果如何。如果效果不好，就要找找原因，进行必要的调整。检查的内容应包括：计划中规定的任务是否完成，是否按计划去做了，学习效果如何，没有完成计划的原因是什么。检查后，再修订专业学习计划，调整不科学、不合理的地方。

（6）一定的灵活性。计划变成现实，还需要经过一段时间，在这个过程中会遇到许多

新问题、新情况，所以计划不要太满、太死、太紧。要留出机动时间，使计划有一定机动性、灵活性。

4. 能力的自我培养

大学生在大学期间就应当基本具备工作岗位所要求的能力。要具备这些能力就应当注重能力的自我培养。大学生自我培养能力的途径如下。

（1）积累知识。知识是能力的基础，勤奋是成功的钥匙。离开知识的积累，能力就成了“无源之水”，而知识的积累要靠勤奋的学习来实现。大学生在校期间，既要掌握已学书本上的知识和技能，也要掌握学习的方法，学会学习，养成自学的习惯，树立终身学习的意识。

（2）勤于实践。善于实践是培养能力的基础。实践是培养和提高能力的重要途径，是检验学生是否学到知识的标准。因此，大学生在校期间，既要主动积极参加各种校园文化活动，又要勇于参与一些社会实践活动；既要认真参加社会调查活动，又要热心各种公益活动；既要积极参与校内外相结合的科学研究、科技协作、科技服务活动，参加以校内建设或社会生产建设为主要内容的生产劳动，又要热忱参加教育实习活动，参加学校举办的各种类型的学习班、讲学班，担任家庭教师等。

（3）发展兴趣。兴趣包括直接兴趣和间接兴趣。直接兴趣是事物本身引起的兴趣。间接兴趣是对能给个体带来愉快或益处的活动结果发生的兴趣，人的意志在其中起着积极的促进作用。大学生应该重点培养对学习的间接兴趣，以提高自身能力为目标鼓励自己学习。

（4）超越自我。作为一名大学生，应当注重发展自己的优势能力，并将其不断进行拓展，这是实现自身可持续发展的需要。

5. 身心素质培养

身体素质和心理素质合称为身心素质。身心素质对大学生成才有着重大影响，因此不断提升身心素质是非常重要的。

（1）科学用脑，勤于用脑。大脑用得越勤快，脑功能越发达。研究发现，人的最佳用脑时间存在着很大的差异性，就一天而言，有早晨学习效率最高的百灵鸟型，有黑夜学习效率最高的猫头鹰型，也有最佳学习时间不明显的混合型。科学用脑需要做到以下几点。

1）劳逸结合。从事脑力劳动的时候，大脑皮层兴奋区的代谢过程会逐步加强，血流量和耗氧量也会增加，从而使大脑的工作能力逐步提高。如果长时间用大脑，消耗的过程逐步超过恢复过程，就会产生疲劳。疲劳如果持续下去，不仅会使学习和工作效率降低，还会引起神经衰弱等疾病。

2）多种活动交替进行。人的脑细胞有专门的分工，各司其职。经常轮换脑细胞的兴奋与抑制，可以减轻疲劳，提高效率。

3）培养良好的生活习惯。节奏性是人脑的基本规律之一，大脑皮层的兴奋与抑制有节奏地交替进行，大脑才能发挥较大效能。要使大脑的兴奋与抑制有节奏，就要养成良好的生活习惯。

（2）正确认识并评价自己。良好的自我意识要求做到自知、自爱，其具体内涵是自尊、自信、自强、自制。自信、自强的人对自己的动机、目的有明确的了解，对自己的能力能做出比较客观的评价。

（3）自觉控制和调节情绪。很多疾病都与情绪有关，长期的思虑忧郁，过度的气愤、苦闷，都可能导致疾病的发生。要想有健康的身心，就必须经常保持乐观的情绪，在学习、生活和工作中有效地驾驭自己的情绪，自觉控制和调节情绪。

（4）提高克服挫折的能力。要正视挫折、战胜或适应挫折。遇到挫折要冷静地分析原因，找出问题的症结，充分发挥主观能动性，想办法战胜它。如果主客观条件差距太大，虽然经过努力，但也无法战胜，那就接受它、适应它，或者另辟蹊径，以便再战。

（五）职业能力的含义

1. 能力

能力是直接影响人们活动效率，保证人们顺利完成某种活动所必需的个性心理特征。

任何一种活动都要求参与者具备一定的能力。例如，搞外交工作，要具有灵活而敏捷的思维、较好的语言表达和答辩能力、较强的记忆等能力；从事管理工作，要具备一定的组织、交际、宣传说服等能力。只有在能力上足以胜任工作，才能取得良好的工作绩效。如果能力上不过硬，工作就不能顺利进行，就会影响到工作绩效。一般总是用工作绩效来衡量能力的强弱。个体的能力不能与掌握的知识技能混为一谈。要掌握一定的知识技能，必须具备起码的一些能力。这体现在个体掌握知识技能的难易、快慢、深浅、巩固程度，以及应用知识技能解决问题诸方面。而个体是在知识技能的学习中发展相应能力的。因此，个体的能力与掌握的知识技能是密切相关的两种心理现象，两者之间有着辩证的联系。

2. 职业能力

职业能力是在学习活动和职业活动中发展起来的，直接影响职业活动效率、使职业活动得以顺利完成的个性心理特征。职业能力表现在相应的职业活动中。从事同一职业的人们，在其他条件相同的情况下，如果其职业兴趣、职业性格不同，会使他们的职业能力形成差异。职业能力直接影响职业活动的效率和成就水平，是决定职业成败的关键因素。

（六）职业能力的分类

职业能力可分为专业能力和可迁移能力。

1. 专业能力

专业能力是指具体的、专业化的、针对某一特定工作的基本能力。例如，会计记账、教师讲课、IT 工程师编程、医疗专业人员解释心电图等，这些能力涉及学科的主题，如历史学、政治学、经济学、汽车制造、机械设计、医学等。专业能力最显著的特点：它

们需要经过有意识的、专门的学习培训，在通过记忆掌握特殊的词汇、程序和学科的基础上获得。专业能力可迁移的可能性比较小，专业技能是一个人成为职业化人士的基本条件。

2. 可迁移能力

可迁移能力指的是在某一种环境中获得，并可以有效地移用到其他不同的环境中去的能力，是个人能够持续运用和最能够依靠的能力。如某人从事保险推销员工作时练就的善于同人们沟通交往的能力，在其当上公司的销售经理后，也极有可能移用这些能力去同客户打交道，建立良好的关系。可迁移能力主要在日常生活活动中获得并能不断得到改善，并且在许多领域里都可以得到进一步的完善和增强。

美国著名的心理学家和职业专家赫伍德•斐格勒在 1988 年对可迁移能力进行了 10 类划分，并对这些能力在职业竞争中的作用给予了高度的评价，这 10 种能力如下所述。

（1）预算管理能力：表现为对现有资源的最佳运用。

（2）督导他人能力：表现为执行、实现能力。

（3）公共关系能力：表现为营造良好的氛围能力。

（4）应对最后期限的压力能力：表现出强烈的攻坚能力。

（5）磋商和仲裁能力：表现出合理适当的妥协共存能力。

（6）公共演讲能力：表现出公共引导和宣传方面的潜力。

（7）公共评论协作能力：也是公共引导和宣传能力的表现。

（8）组织、管理、调整能力：是领导和资源协调能力的综合体现。

（9）与他人面谈的技巧和能力：个体交往潜力的集中表现区域。

（10）教学和教导能力：传授、散布方面的潜质。

可迁移能力具有可迁移性、普遍性和实用性。具体可分成如下种类。

（1）交流表达能力：通过口头或者书面语言形式，以及其他适当形式，准确清晰地表达主体意图，和他人进行双向（或者多向）信息传递，以达到相互了解、沟通和影响的能力，包括倾听提问的技巧、提供信息、让别人接受自己的观点、自信独特地表达自我等。

（2）数字运算能力：运用数字工具，获取、采集、理解和运算数字符号信息，以解决实际工作中的问题的能力。

（3）创新能力：在前人发现或者发明的基础上，通过自身努力，创造性地提出新的发现、发明或者改进革新方案的能力。

（4）自我提高能力：在学习和工作中自我归纳、总结，找出自己的强项和弱项，扬长避短，不断加以自我调整改进的能力。

（5）与人合作能力：在实际工作中，充分理解团队目标、组织结构、个人职责，在此基础上，与他人相互协调配合、互相帮助的能力，包括正确认识自我，能尊重与关心别人，能对他人的意见、观点、做法采取正确的态度。

（6）解决问题能力：在工作中，把理想、方案认识、转化为操作或工作过程和行为，并最终解决实际问题、实现工作目标的能力，包括分析问题；处理抽象问题；对于一个问题提出多种解决方法并挑选出最合适的一种；运用批判性的思考方式来看待各种因果关系；设置并实现目标；创造性思考。

（7）组织策划能力：计划、决策、指挥、协调、交往方面的能力。

（8）信息处理能力：运用计算机技术处理各种形式的信息资源的能力。

（9）外语应用能力：在工作和交往活动中实际运用外语语言的能力。

（10）学习能力：善于发现并记录，坚持不懈克服困难、继续学习的能力。

（11）管理能力：包括管理自己、信息、他人和任务的能力。

二十大速递

争做最好的炼钢工

河钢集团邯钢公司邯宝炼钢厂转炉车间里，天车吊着巨型钢包隆隆划过，转炉中炉火通红，钢水翻涌。唐笑宇手持对讲机，冒着热浪叮嘱同事注意控制好转炉中间氧、出钢温度等指标。

37 岁的唐笑宇是邯宝炼钢厂特档技术主管、转炉车间副主任。2008 年从北京科技大学冶金工程专业毕业后，一直扎根生产一线，推进科技创新。从普通上料工到转炉炉长，从炼钢技术带头人到站上世界炼钢赛事最高领奖台，唐笑宇始终不忘自己的“雄心”——做全厂最好的炼钢工。

邯宝炼钢厂转炉车间装备先进，自动化程度高。走进车间，唐笑宇满怀兴奋和期待，坚信自己能干出一番成绩。

每天和工友们一起在炉台上摸爬滚打，见缝插针向老师傅们虚心求教，下班后用心总结经验……凭着爱学习、肯钻研的劲头，唐笑宇仅用 2 年时间就从一名上料工成长为全厂最年轻的炼钢工和转炉炉长。

“既然选择了钢铁行业，我就要成为这一行的精英。”唐笑宇这样自勉。

当炉长的第一年，他就带领班组从工艺操作、质量提升等方面开展攻关。当时，厂里技术人员认为，200 吨以上的大型转炉使用“留渣法”冶炼，可能导致钢水喷溅，造成生产事故。当唐笑宇提出要用“留渣法”冶炼时，各种质疑声不断。

打破质疑，要靠事实说话。唐笑宇查阅大量资料，请教专家，每天记录分析生产数据，最终通过调整加料时机、枪位等，摸索出了 260 吨转炉留渣冶炼方法，打破了转炉冶炼的脱磷瓶颈，带动班组全面提升指标。

凭借工艺创新和精益求精的操作，唐笑宇在全厂 12 个炼钢小组综合排名中名列第一，还创下连续 10 个月钢水成分不超内控的纪录。

要成为最好的炼钢工，就要持续不断探索技术创新。为降低生产成本，2013 年，唐笑宇在“留渣法”冶炼基础上，推行“少渣冶炼”新工艺。这一新工艺具有挑战性，但能带来更大的经济效益。

唐笑宇和同事们大胆创新，终于将260吨转炉工序灰耗降到吨钢15千克。仅石灰消耗一项，每月可节约生产成本300多万元。他还探索出一种颠覆性的溅渣护炉方法——“高温、高氧炉渣溅渣操作法”，既维护了转炉炉况，又明显降低了成本。

工作14年来，唐笑宇始终没有停下探索创新的脚步。

钢水终点氧含量是影响钢水纯净度的重要因素。从理论上讲，降氧会导致钢水中的磷等成分超标，不降氧则很难提高纯净度。“技术创新就要实现‘鱼’和‘熊掌’兼得。”面对汽车板钢材对强度、韧性等性能要求的不断提升，唐笑宇和攻关团队历经2年时间，终于将汽车板钢水终点氧含量降低40%多，提高了钢水纯净度，技术处于国内先进水平。

2018年，在第12届世界模拟炼钢挑战赛总决赛上，唐笑宇从50多个国家1 515名选手中脱颖而出，夺得职业组冠军，为我国钢铁工人争得了荣誉。这些年，他先后获得全国优秀共产党员、全国劳动模范、河北工匠等10多项国家和省级荣誉，2022年当选党的二十大代表。

“在我成长过程中，党组织始终是我技术创新的坚强保障。我绝不辜负组织的信任。”唐笑宇说。

他表示，从原料变成优质钢水需经过多道工艺淬炼，要成长为新时代的优秀钢铁青年，同样要淬炼过硬本领；要不断坚持往炼钢炉里加“创新料”，不断突破“卡脖子”技术难题，以钢铁报国之志扛起建设钢铁强国重任。

（七）大学生的职场基本功

职场中每年都有新鲜血液注入其中，为职场带来了更多的活力和生气。职场新人如何在职场中占有自己的一席之地，取得职业发展中的成功？在众多因素中，多数职场人认为扎实的基本功排在首位。

1. 专业技能

专业技能主要是指从事某一职业的专业能力。现今社会分工越来越细，已经发展为一个专业化的年代，专业人才越来越受到企业的青睐，专业能力是高级人才不可或缺的能力，它构成了高级人才的核心竞争优势。保持专业发展路线的不动摇，才能由浅入深，厚积薄发，形成独特的专业知识、技能、经验与资源。专注是一种强大的力量，一个平凡的人，如果在某个领域数十年如一日地积累与磨炼，就有可能在该领域做到世界最强，成为一个非凡的人。当然，在这个发展过程中，你会发现与你具备同样条件的人越来越稀缺，甚至有种“高处不胜寒”的感觉，这正是竞争优势逐渐形成的体现。

2. 沟通能力

沟通能力包含着语言文字表达能力、争辩能力、倾听能力和设计能力。一般来说，沟通能力是指沟通者所具备的能胜任沟通工作的优良主观条件。简而言之，人际沟通的能力是指一个人与他人有效地进行沟通信息的能力，包括外在技巧和内在动因。其中，恰如其分和沟通效益是人们判断沟通能力的基本尺度。恰如其分，是指沟通行为符合沟通情境和彼此相互关系的标准或期望；沟通效益，是指沟通活动在功能上达到了预期的目标，或者满足了沟通者的需要。语言文字表达能力就其作用而言，是其他能力能否正常实现、充分展示的基础。此能力主要包括口头语言表达能力、书面语言表达能力、肢体语言表达能力和书面图形表达能力等。

沟通能力看起来是外在的东西，而实际上是个人素质的重要体现，包罗了一个人从穿衣打扮到言谈举止等一切行为能力，关系着一个人的知识、能力和品德。实际上一个具有良好沟通能力的人，他可以让自己所拥有的专业知识及专业能力充分地发挥，并能给对方留下“我最棒”“我能行”的深刻印象。

3. 情绪控制能力

情绪是人对事物一种肤浅、直观、不动脑筋的情感反应。它往往只从维护情感主体的自尊和利益出发，不对事物做复杂、深远的考虑。心态良好的人能适度地表达和控制自己的情绪，喜不狂，忧不绝，胜不骄，败不馁；在社会交往中既不妄自尊大，也不退缩畏惧；对于得不到的东西不过于贪求，在社会允许的范围内满足自己的需要。可是，有的刚刚踏入社会的年轻人在工作、学习、待人接物中，却常常依从情绪的摆布：头脑一热，什么蠢话都说得出口，什么蠢事都做得出来。事后冷静下来，自己也会感到其实大可不必那样。可惜错已铸成，想要弥补，就需要付出更大的努力。

情绪控制对人生有非常大的帮助。一个人真的想有所成就的话，就要有情绪控制的能力。成功者控制自己的情绪，失败者被自己的情绪所控制。所谓成功的人，就是突破心理障碍最多的人，因为每个人或多或少都会有各式各样、大大小小的心理障碍。职场新人若能有效控制自己的情绪，保持一种良好平静的自我心态，就是超越自我的一个契机。

4. 解决问题的能力

在职业生涯发展过程中，除了应用专业能力进行专业活动，还会碰到各种各样的困难和挑战需要我们去应对和解决。培养解决问题的能力也是职业生涯发展所不可缺少的一个重要方面。

一个人工作的过程就是不断地发现问题、解决问题的过程。工作的好坏在一定程度上取决于个人解决问题能力的高低。一个员工的持续竞争优势只有通过不断解决问题的价值创造过程才能获得。如何提高解决问题的能力，首先是要有问题意识。看问题，不能只看表象，要追究到根本的原因，要站在企业的角度尽量系统全面地看问题。清楚问题症结所在之后，就要着手思考解决问题的方案。通常情况下，一个问题的解决办法可能有很多种，我们可以在评估各个方案的优劣之后，选择最适合的解决办法。最后，就是严格有效地执行。

5. 自学与创新能力

自学与创新能力也就是获取新知识的能力。现代社会是一个竞争日益激烈的社会，为了能适应现代社会的需要，要求从业者必须具备自学与创新能力。

第三节　职业适应与人际关系

一、职业适应的含义

职业适应，也称工作适应，是指人在职业活动中，对工作提出各种问题时的一系列心理过程。主要是指个体对工作环境、工作任务、工作活动的适应，以及对自身行为和新的工作需要的适应。具体地说，就是人在工作生活环境中根据职业工作总的性质的外在要求，对自身的身心系统进行评价，对职业行为进行自我调适，并努力达到自我与经验相互一致的心理过程。它包括人对工作环境和职业行为规范的同化与顺应，对职业工作价值和职业生活意义的评价，以及对自身工作能力、工作状态和工作压力的体验与认知。职业适应不是简单的在工作情境中的反应，而是个人心理发展水平的综合表现。

二、职业适应的原则

1. 人职匹配

就业前要对自己的性格、特长、爱好、能力及专业和需求做全面的认识和评估，对想从事的职业、岗位也要进行深入的了解和评估。只有做到知己知彼，实现个人兴趣、能力与职业要求的匹配，才能充满兴趣和激情地实现职业角色适应，否则将会出现“三天打鱼，两天晒网”的职业倦怠或频繁跳槽现象。

2. 摆正位置

初到职场要对自己的角色合理定位。一方面就业后的角色转换要及时；另一方面就职后根据职业和岗位的要求角色要到位；再者，职业角色“不越位”，尽己所能，做好分内工作。

3. 爱岗敬业

爱岗敬业是每一个职业人顺利实现职业角色适应，做好本职工作，取得职业成功的基础，也是社会对职业人的基本职业道德要求。唯有在工作中端正态度，甘于吃苦，尽职尽责，踏实肯干，精益求精才能克服工作中的困难，尽快适应工作。

4. 善于学习

一个人在大学期间学习的知识技能毕竟是有限的，面对全新的岗位，还需要从头学起。有经验的上司、同事都是自己学习的榜样和对象，学习他们工作的方式技巧，为人处世的方法，不断提高自己的专业知识、技能，积累工作经验。

三、提高职业适应力

物竞天择，适者生存。虽只是简单的两句话，却道尽了生物界演化的基本规律，职场亦然。很多人每天都在感慨着世事的不公，然而却并不能够超凡脱俗，因为这就是我们所生存的世界。我们所能做的只是尽可能地让自己融合于职场之中，做一个聪明的“适者”。我们都希望自己可以成为一个幸福快乐的人，而幸福与快乐的程度本身就在于你对身边事物的认同与适应，如果你能让自己融合于所处的环境中，并与之相适应，那你的幸福与快乐就会变得更多。何为“适者”，就是说当世界是一泓清水时，你别奢望自己可以是一滴清油，但是可以选择做一滴酱油，溶于水，却也有自己的特性。因为融合不是迎合，融合是让自己能适应于每一个环境而不丢失自己，在融合的同时保持自我。

1. 以开放的态度迎接现实

初入社会的职场新人，并不缺少热情，工作加班加点、不计回报地付出、积极提出改进建议都是他们常做的。正因为自己付出了很多，有些人认为自己对工作很有发言权，从而缺少了开放的心态。

请记住社会与学校有很大区别，尤其是不能不高兴就走人！在学校里，看不顺眼的人我们可以不理；不喜欢做的事情我们可以找理由不做；不高兴的时候可以翘课在宿舍休息。很遗憾，在社会里这些事情我们都因种种原因不能完全做到了，不顺眼但有工作关系的人我们要每天打交道；领导安排的不喜欢做的事情不但要做还要做好；不高兴的时候也要尽量去上班。不错，我们可以换份工作，说不定能躲过这些不开心的事，但这些事情在现实中确实会反复发生，换了工作，同样的情况也会再次发生。

没有开放的心态，我们就只能每天不开心。对不开心的事，除了有开放的心态，我们还应该用职业化的态度来对待，不喜欢的同事请保持同事关系；不喜欢的公司要问一句能不能让自己在工作中有所长进，如果回答是肯定的，那么别犹豫，努力做好；不高兴的时候可以请个短假，去找朋友聊聊天，看看书，安抚自己的情绪。

2. 与其改变世界，不如改变自己

经常听到刚参加工作的毕业生因为一些小事不能如愿以偿，或者遭受了一些挫折，就到处吐苦水，抱怨世界的不公平。事实上，这个世界本来就不是公平的，看一看大自然我们就会明白。老虎吃狼，对狼来说是不公平的；狼吃狐狸，狐狸会认为公平吗；狐狸吃鸡，鸡又到哪里去寻求正义呢；鸡又吃虫子……只能说，我们追求公平正义，但公平却并非绝对。

正视生活中充满着不公平这一事实的益处在于：激励我们为了公平而尽己所能。世界本不公平，这些职场中的弄潮儿，岂能因为前面乌云密布、雷暴风雨即将来临而退缩。“存在即合理”，世界不公平，我们承认它存在的合理性，但我们不会向命运低头！

很多事情不可预期地到来，就好像放进蚌壳的沙子，我们无法逃避，也无从选择，只能接受已经存在的事实并自我调整，就好比蚌无法阻止沙子磨蚀它的身体，但它却可以使之变成浑圆的珍珠从而避免被折磨得命运。席慕蓉说得好：“请让我学着为自己的行为负责，请让我学着不去后悔，当然，也请让我学着不要重复自己的错误。请让我终于明白，每一条走过来的路径都有它不得不这样跋涉的理由，请让我终于相信，每一条要走上去的前途也都有它不得不那样选择的方向。”

3. 脚踏实地、用心做事

职场中二十几岁的年轻人，无一不渴望成功。然而年轻人需要脚踏实地地付出、认认真真地做事，才能逐步接近成功。做好本职工作，是职场新人的头等大事。

刚参加工作的年轻人，首先要做好的就是自己的本职工作。在其位，谋其政。如果本职工作都做得不精细，老板又怎么放心把更重要的事情交给你去做。一味地幻想领导的赏识，妄想找到成功的捷径，是不切实际的。机会隐藏在每一个微小而具体的事情和切实的行动之中，真正的捷径就是行动起来，踏踏实实做好身边的事，勤于积累。记住：不管理想多么高远，只有行动起来，一切才会成为可能。多积累、多思考、多行动，你就能厚积薄发，迎接成功的到来。

4. 别被打上“我很好欺负”的标签

人与人之间是平等的，即使处于竞争中的双方亦是如此。我们谦逊有礼，并不意味着一味退让。职场新人毫无经验，多多少少希望通过自己谦卑的表现得到别人的好感与同情，从而为自己营造一个相对宽松的环境，这显然是行不通的。职场上赢得尊重的方法是，只有把自己看得和别人一样，哪怕在工作上确实不如前辈们，在自尊与自我要求上也要平等。真正的办公室生存法则是坚持原则，勇敢地面对竞争。

有些人会觉得吃点小亏没什么，忍忍就过去了，但是在竞争日益激烈的职场却是行不通的。要处理好争和不争的关系，不争是为了化解矛盾，积蓄力量，避免把时间浪费在无意义的小事上，争是为了显示自己的价值，赢得别人的尊重。这样我们的工作才会游刃有余，自己才会成为上司眼里具有潜力的人。

四、人际关系的建立

（一）人际关系的含义

人际关系，是指人与人之间一切直接或间接的互相作用，是人与人之间通过动态的相互作用形成的情感联系，是通过交往形成的心理关系。

一个人的智慧和能力是有限的，在现代社会中，单靠一己之力不可能成功地完成任何宏伟壮丽的事业，也几乎不可能实现任何足以让自己满意的奋斗目标。因此，青年一代必须懂得团结他人，凝聚大家的智慧，这是现代人取得成功的重要条件。

（二）建立人际关系的意义

在社会生活和工作环境中，和谐的人际关系，使人感到生活在文明、温暖的群体中，可以不断地从中得到锻炼、充实，汲取营养、健康成长。没有良好的人际关系，会使人在社会上“立足不稳”。对于刚刚走上工作岗位的大学生来说，建立和谐的人际关系的意义主要体现在以下几个方面。

1. 消除孤独和陌生感

大学生毕业以后初到新的单位，走进完全陌生的天地，生活和工作环境一下子发生了根本性的变化，对身边的同事不了解，对周围的环境不熟悉，一切都感到陌生，因而容易觉得寂寞、孤独。如果大学生一开始就能注意建立和谐的人际关系，尽快与周围的人融为一体，就可以顺利打开局面，融入新的环境。

2. 保持身心健康

有些大学生走上工作岗位后，会出现工作不顺心、心情不愉快、思想包袱沉重的现象，大多是人际关系难于应付造成的。建立和谐的人际关系，可以消除隔阂、增进理解、改变氛围，这有利于促进身心健康，以良好的心境投入工作和生活。

3. 促进工作和生活的顺利进行

和谐的人际关系，可以使人感到工作顺心，生活惬意。当你对工作不熟悉，大家会给你热情指导；工作出现失误，人们会给你理解和安慰；当你在工作中需要同事的配合时，人们也会积极响应；当你在生活中遇到困难时，人们会给予热心帮助；当你取得成绩时，人们会告诫你戒骄戒躁，继续努力。

（三）人际交往的重要法则

美国著名的人际关系学大师卡耐基曾提出有关人际交往的五个重要法则，即互惠互利是人际交往的根基，记住他人的名字，学会真诚地赞美别人，当一名好听众，微笑具有神奇的力量。

1. 互惠互利是人际交往的根基

人与人之间的相处如果没有做到互惠互利的话，就不可能建立和谐融洽的人际关系。如果你从别人那里得到了恩惠，反过来自己也应该给予别人报答，这就是互惠互利的根本所在，也是建立良好人际关系的前提条件。

提到互惠互利这个词，一般会给人一种事务性、功利性的印象。可是，互惠互利并不仅仅指功和利的方面，不是只有在谈到“功”和“利”时才能使用这个词，在日常生活中同样适用。例如，在工作上得到他人的帮助或下班后别人请自己吃饭等，我们就要以某种方式表达感激的心情，这也是互惠互利。只有抱着这样的心态和为人之道，才会同时获取对方的尊重与友好。

2. 记住他人的名字

记住他人的名字是非常实用有效的方法之一。事实上，能否记住名字或面孔本身就是对他人是否尊重和重视的检验。有时候不是你的记性不好，而是没有用心对待。进入工作环境后，毕业生要能够尽快地记住身旁同事和领导的名字与面孔，这样既能避免见面时不知如何应对的尴尬，又能让他人感受到你的平易近人，为建立和谐的人际关系打下良好基础。

3. 学会真诚地赞美别人

每个人都渴望得到别人及社会的肯定和认可，我们在付出了必要的劳动和热情之后，

都期待着别人的赞美。那么，把自己需要的东西，首先慷慨地奉献给别人，这无疑是在给你的人际交往添加润滑剂。毕业生在初进单位时，更多时候容易出现的情况是羞于大胆地夸奖他人，担心别人质疑自己的动机，又或是因为难以发现他人的优点而不愿做表面工作。事实上，并不需要有太多顾虑和担忧，只要懂得和人相处时保持低姿态，就很容易发现别人的长处，从而不得不发自内心地给予赞美。

4. 当一名好听众

人们都喜欢听自己的声音，当他们希望别人能分享自己的思想、感情和经验时，就需要听众。这是一种十分微妙的自我陶醉心理：有人愿意听就感到高兴，有人乐意听就觉得感激。因此，在人际交往中，做一名好听众也不失为一个绝妙的方法，尤其是在领导、同事和自己沟通时。

5. 微笑具有神奇的力量

微笑的力量是我们每个人都深深理解和认识的，虽然看似简单易行，然而真正在日常交际中坚持下来却并非人人都能做到。有的毕业生可能会认为自己是个内向谨慎、沉默寡言的人，本身就不擅长在陌生环境中表现得轻松愉悦。其实发自内心的笑容并不难求，正如对别人的赞美一样，只要真诚就能获取他人的好感。

（四）人际交往的重要意义

1. 人际交往促进个性发展

心理学的研究结果表明，儿童与其照看者之间通过积极交往形成稳定的亲密关系，是其心理乃至身体正常发展不可缺少的条件。与此同时，如果儿童缺乏与成人的正常交往及由此建立起来的亲密关系，不仅性格发展会出现问题，而且智力也可能会出现一些障碍。

交往是人类个性发展与人格健全的必经之路。个体只有通过与其他个体发生联系，才有可能学习社会知识、技能与文化，才能取得社会生活的资格。离开社会的交往环境，离开与他人的合作，个体是无法成为一个合格的社会人的。狼孩由于错过了与他人交往的最佳时期，失去了其作为“人”的成长环境，因而即使后来被其他人类发现，也已经很难成为一个正常的“人”了。“物以类聚，人以群分”，人有交往的需要，有合群的倾向。人生在世，就必须与他人和社会交流信息、沟通情感。处在困境时，他人一句温暖的话语、一个真诚的关怀，会令你倍感亲切、慰藉；当成功时，与他人分享你的快乐与喜悦也会令你开心、畅快。

2. 人际交往完善心理健康

新精神分析学家霍妮认为，神经症是人际关系紊乱的表现。人类的心理病态，主要是由于人际关系失调而引起的。也就是说，人际关系紧张的人，会产生众多心理问题，陷入极大的痛苦之中。

研究表明，如果一个人长期不与别人积极交往，缺乏稳定、良好的人际关系，那么这个人往往有明显的性格缺陷。在心理健康教育实践中，我们也注意到，绝大多数大学生的心理危机是同缺乏正常人际交往和良好人际关系相联系的。在职场里，同事之间的心理交往状况良好与否，往往决定了一个职场人是否对职场环境感到满意。那些生活在没有形成友好、合作、融洽的人际关系的职场中的职场人，常常呈现压抑、敏感、自我防卫意识强、难以合作等特点，情绪的满意程度低。处在融洽的职场环境中的职场人，则以欢乐、注重学习与成功、乐于与人交往和帮助别人为主流。可见，人的心态与性格状况，直接受到个人交往关系状况的影响。

心理学家曾从不同角度做过大量研究，结果表明：健康的个性总是与健康的人际交往状况相伴随。心理健康水平越高，与别人的交往就越积极，越符合社会的期望，与别人的关系也越深刻。心理学家奥尔波特发现，个性成熟的人，都同别人有良好的合作与融洽的关系，他们可以很好地理解别人，容忍别人的不足和缺陷，能够对别人表示同情，具有给人以温暖、关怀、亲密和爱的能力。人本主义心理学家亚伯拉罕·马斯洛发现，高水平的“自我实现者”对别人有更强烈、更深刻的友谊与更崇高的爱。

有的研究结果还表明，那些心理健康、水平高的优秀者，往往来自人际关系良好的家庭，这也是一个充分证明人际交往状况影响个体心理健康的佐证。

3. 人际交往助力个人成才

21 世纪是人才竞争的时代，但对于一个事业成功的佼佼者来说，在人才竞争中脱颖而出，靠的不仅是出众的才华，更在于有良好地适应社会生活的能力、良好的人际协调能力。在科技日新月异的时代，知识的更新换代极为频繁，每个人都需要不断地进行知识的补充与更新。但是，单个人的能力是有限的，仅靠书本上的知识很难适应社会发展的实际需要，而积极的人际沟通与交往，是个人获取新知识的有效途径。“独学而无友，孤陋而寡闻。”对于初入职场的大学毕业生而言，他们思想活跃、成功动机强，但是由于社会经验的不足、知识的局限，他们在看问题时难免会出现偏差。因此，职场人彼此间的畅所欲言、互通有无，将会使他们在思想碰撞中产生新的火花，增长他们对事业、人生、成功的积极看法。纵观科学发展史，不难发现，科学家之间的彼此合作，很有可能出现科学的奇迹。控制论之父维纳，在建立控制论早期，曾组织过一个科学方法讨论班，参加的人有数学家、物理学家、工程师、医生等，他们分别从不同角度对新理论进行发难、质疑、补充、完善，结果使许多问题得以解决。对于初入职场的大学生来说，应该学会与不同层级的同事进行交流，从而在心灵上相互沟通、行为上相互协调，共同促进、共同提高。

（五）建立人际关系的方法

作为一个社会人，每一个个体都不是完全独立封闭的，每时每刻都有机会与他人接触和相处，大学生走出校园、踏入职业社会后更是如此。许多刚刚参加工作的毕业生，甚至是已经入职多年的职业人都发现，在职场这个大集体中，往往并不是简单地做好自己就足够了，学会与周围的人相互沟通与交流，比自己盲目地埋头苦干更有帮助。

有相当一部分初入职场的毕业生都会对如何处理好职场中的人际关系感到困惑和苦

恼。例如，当面对领导时应当如何表现、如何反应，当与同事言语行为接触时又有哪些禁忌和法则。事实上，人与人之间的关系虽然复杂，但是当把握一定的为人处世原则后，人际关系也可以变得很简单。要在职场中建立良好的人际关系，可以采用以下几种方法。

1. 尊重他人

尊重是每个人都有的心理需要。尊重包括尊重自己和尊重他人。尊重自己就是在各种场合自重自爱，维护自己的人格。尊重他人就是尊重他人的人格、习惯与价值，承认人际交往双方的平等地位。尊重是相互的，只有尊重他人的人，才能得到他人的尊重。毕业生到了新单位，尽管每个人秉性各异，爱好不同，但每个人都是自己的老师，因为他们有丰富的工作经验和娴熟的业务技能。因此，要像尊重老师那样尊重他们，尊重他们的劳动成果，尊重他们的人格和感情，尊重他们的习惯和价值。对人的尊重，不以财富的多少、年龄的大小、分工的不同而有所区别。不嘲笑歧视他人，不以己之长比他人之短，谦虚待人。如果自满自大，轻视他人，就会损伤他人的自尊心，造成人际关系的疏远。尊重他人的同时也尊重自己，才容易建立和谐的人际关系。

2. 平等待人

人们在职务、能力、才学、气质、性格诸方面的差别是客观存在的，但人们在人格地位上是平等的。在工作单位，应当以平等的态度对待每一个同事。不要以职务的高低、权力的大小来决定对待他人的态度；不要亲近一部分人，故意疏远另一部分人；不要认为某人对自己有用就打得火热，某人暂时无用就避而远之；不要见了领导就低三下四，满脸堆笑，见了群众就“置之不理，冷若冰霜”；不要卷入是非，拉帮结派搞小团体，而应该注意对领导和同事一视同仁，尽力与所有同事发展平等互助的友好关系。

3. 诚实守信

诚实就是真心实意，实事求是，表里如一，不三心二意，口是心非，不当面一套，背后一套。诚实是做人的基本要求，也是建立良好的人际关系的重要条件。守信，就是恪守信用，言行一致，说到做到，不做语言上的巨人，行动上的侏儒。在人际交往中，只有诚实守信，才能相互理解、接纳、信任，在感情上引起共鸣，使交往得到巩固和发展。即使发生了一些误会和矛盾，只要诚实守信，彼此真诚意善，误解也会烟消云散，矛盾也能冰雪消融，最终互相谅解，和好如初。

4. 律己宽人

律己，就是要严格要求自己，以各种道德规范和行为准则严格约束自己。宽人，就是宽以待人，宽厚包容。在现实交往中，确立了平等友好的人际关系，但仍然存在着矛盾和许多不和谐的地方。“金无足赤，人无完人”，我们正确地对待自己和他人，坚持以严格的规范要求自己，以宽容的态度对待别人，就一定能建立和谐的人际关系。不利于团结的话不说，不利于团结的事不做，不挑拨是非，不猜疑嫉妒，堂堂正正做人，踏踏实实干事。当自己受到委屈或误解时，要胸怀宽广，克制自己的情绪，冷静处理。当工作出现失误或过错时，更要勇于剖析自己，承担责任。别人做错了事或产生一些失误，要善意地指出，多给一些帮助，少一些指责。

第四节　职业生涯的管理

一、职业生涯的相关概念

（一）职业生涯的含义

职业生涯是一个人一生的工作经历，也是一个人一生职业、职位的变动及工作理想实现的整个过程。与职业不同，职业生涯是一个发展的概念，是一个动态的过程。生涯大师舒伯指出：职业生涯是指一个人终生经历的所有职位的整体历程，是生活中多种事件的演进方向和历程。职业生涯是人生中最重要的历程，是追求自我实现的重要人生阶段，是满足人生需求和促进人的全面发展的重要手段。

（二）职业生涯的内涵

职业生涯包括人的一生中所有与工作、职业相联系的行为和活动，以及相关的态度、价值观、愿望等连续性经历的过程。

职业生涯至少包含五个方面的内涵。

（1）职业生涯主要由行为活动与态度、价值观两方面构成。要充分了解一个人的职业生涯必须从主观（职业态度、职业价值观）和客观（职业行为活动）两方面理解。表示职业生涯客观特征的概念是“外职业生涯”，即一个人在工作时期进行的各种活动和表现的各种举止行为的连续体；“内职业生涯”则表示职业生涯的主观特征，涉及一个人的价值观、态度、需要、动机、气质、能力、发展取向等。

（2）职业生涯是一个动态概念。它不仅表示工作时间的长短，还包括职业发展、变更的经历和过程。

（3）职业生涯是一种过程，是一生中所有与职业相关的连续活动或经历。它并不仅仅是指步入社会开始工作才意味着职业生涯的开始，其实也包括从事工作前的职业准备阶段，如职业能力的获得、职业兴趣的培养、职业选择和定位、职业资格证书的获得等。

（4）职业生涯只是表示一个人一生中在各种职业岗位上所度过的整个经历，并不包含成功或失败的内涵，也没有进步快慢的内涵。

（5）职业生涯受多方面因素的影响，如本人对终生职业生涯的设想与计划、组织的需要与人事计划、社会客观环境、教育成长环境、个人发展需求等。

（三）内、外职业生涯的关系

内职业生涯的发展，以外职业生涯的发展或成果为展示；内职业生涯的匮乏，以外职业生涯的停滞或失败来呈现。

内职业生涯的发展，是外职业生涯发展的前提；外职业生涯依赖于内职业生涯的发展而增长。

外职业生涯的发展，又能拉动和促进内职业生涯的发展，如果内职业生涯的发展跟不上外职业生涯的发展步伐，外职业生涯就会停滞不前，甚至还会倒退。

如果职业人员的眼光只盯着外职业生涯的各种因素：底薪是多少、职务有多高、提成比例如何、交通费是多少等，往往会使我们的职业生涯发展方向发生偏差，不能达到预期目标。

在职业生涯早期和中前期，一定要把对内职业生涯各因素的追求看得比外职业生涯更重要。

只有内、外职业生涯同时发展，职业生涯才能一帆风顺。

（四）职业生涯的特点

职业生涯和其他事物一样，有它自身的特征和规律，研究它可以更好地帮助大学生进行职业生涯设计。从总体上看，人的职业生涯主要有以下几个特点。

1. 发展性

职业生涯因其是个体生涯的一部分，所以具备与生涯相匹配的连续不断的发展过程。

2. 差异性

不同的人有不同的职业条件，不同的职业选择，有为实现自己的职业理想所采取的不同行动，从而有着与别人相区别的、独特的职业生涯历程。

3. 规划性

在个人职业生涯发展的过程中，虽然充满着各种偶然因素，但从长远来看，职业生涯的发展是可规划的。其规划性表现在个体对这些偶然因素的把握，以及克服偶然因素导致的盲目性上。

4. 互动性

个体的生涯是个人与他人、个人与环境、个人与社会互动的结果。

5. 整合性

个体所从事的工作或职业与生活之间存在着密不可分的关系，所以职业生涯应具有整合性，包含人生整体发展的各个层面，而非仅仅局限于工作或职位。

6. 不可逆转性

个体的成长是一个自然发展的过程，遵循从生到衰的规律，所以职业生涯发展会表现出不可逆转性。

二、职业生涯规划的相关概念

（一）职业生涯规划的含义

职业生涯规划是指在个人发展与组织发展相结合的基础上，个人通过对职业生涯的主客观因素分析、总结和测定，确定一个人的奋斗目标，并为实现这一目标，而预先进行生涯发展系统安排的活动或过程。每个人都是自己事业和人生的规划者和实施者，职业生涯规划要求根据自身的职业兴趣、性格特点、能力倾向，以及自身所学的专业知识技能等因素，同时考虑到各种外界因素，经过综合权衡考虑，把自己定位在一个最能发挥自己长处的位置，以便最大限度地实现自我价值。实质上，职业生涯规划是追求最佳职业生涯的过程。

典型案例 7-2

案例背景：

有一只可以活 9 世的猫，它曾经历了第一世、第二世、第三世以及第四世，最后它拒绝第五世的生活。

猫的第一世，是皇帝的宠物。它享尽了荣华富贵，却不快乐，因为它整日只能生活在笼子里，没有自由。

猫的第二世，是船长的猫。它游历了整个世界，却不快乐，因为航行是船长的梦想，而不是它自己的。

猫的第三世，是驯兽师的最好搭档。它可以骑脚踏车穿过有火圈的钢丝绳，驯兽师为此非常自豪。猫却不快乐，因为它觉得自己只是主人赚钱的工具。

猫的第四世，是敬老院的宠物。老人们轮流抱它、宠它，它却不快乐，因为这不是它想要的生活。

直到有一天，它遇到了一只普通的小花猫，它才清醒地意识到：自己想要的生活，就是娶这只小花猫，和它共度一生。于是，猫通过种种努力，终于实现了这个梦想，和小花猫组建了一个家庭，并且有了许多孩子。它们全家幸福地生活在一起，直到猫和小花猫一起老去……

这一次猫没有再选择第五世的生活。因为拥有自己的梦想，并为梦想努力拼搏一生，一次就已经足够。

案例分析：

猫的故事寓意着每个人的一生中都要面对的一个重要问题："我要成为什么样的人?"近年来，职业生涯规划已成为一个热门话题。人的一生中，每个人要扮演很多角色，虽然每个角色对我们都很重要，但其中工作者的角色是最占用我们时间与心血的。一个人从 20 多岁参加工作，到 60 多岁退休，职业生涯占用人生近一半的时间，而此段时间正是人生经历最旺盛、最富创造力的一段。因此，如何规划好职业生涯，对我们尤为重要。

（二）职业生涯规划的因素

职业生涯规划主要包含"干什么""何处干""怎么干""以什么样的心态干"四个因

素。可以概括为“四定”，即定位、定点、定向、定心。

1. 定位

定位就是确定自己在职场中的位置。在职业生涯中，定位过低会导致个体的自我价值无法实现最大化，定位过高则容易因无法轻易实现而对自己的职业生涯失望。尤其是大学生更需要准确地把握初入职场的位置，不能眼高手低，要根据自己的实际水平，在初次择业时对职位、薪资、工作内容等做好判断和把握。

2. 定点

定点就是确定职业发展的地点。工作地点的选择是职业生涯规划的一项重要内容。国内各地的经济发展状况和前景都有不同，城乡差距、东西部差距都非常大。最近的一项调查研究显示，国内 80% 的大学应届毕业生在就业地点的选择上偏重中东部等经济发达地区，其实这些地区职位争夺竞争激烈，外地生源还要面临环境、观念、语言、文化等差异带来的困难，而且发展与晋升的空间与机会并不见得比去发展中地区更好。所以，“定点”是要慎重考虑的。

3. 定向

定向就是确定职业发展的方向。职业方向与职业目标有所不同，职业目标是自己拟定的期望达到的一个理想，而职业方向是为达到目标而选择的一种路径。如果职业方向定位错误，则会偏离职业目标，即使做出修正也需要花费更多的时间和精力。对大学应届毕业生来说，职业定向需要冷静的头脑和十足的勇气，根据自身的兴趣、理想、专业去选择职业方向。

4. 定心

定心就是在职业生涯规划中要稳定自己的心态。人在职业生涯中必然会有高低起伏，成功与挫折总是结伴而行，个人的职业生涯也不例外。在职业理想与目标的实现过程中，难免也会有磕磕碰碰和意想不到的困难。对大学应届毕业生来说，需要保持一种平常心态，敢于直视就业过程中的困难和问题，不以物喜，不以己悲，始终坚定地按照自己的正确职业生涯规划去实现理想。

（三）职业生涯规划的意义

在一个人有限的生命中，职业生涯往往占有绝对重要的位置。有统计资料显示，大部分人职业生涯时间占可利用社会时间的 70% ～ 90%。职业生涯伴随我们的大半生，甚至更长远，拥有成功的职业生涯才可能实现完美人生。在生涯规划中，最为重要的是职业生涯规划。

1. 满足人生需求的重要手段

现代人的大部分时间是在社会组织中度过的。大部分人生需求都要通过职业生涯来满足。作为个人生命中投入时间和精力最多的人生组成部分，职业生涯使我们体验到爱与被爱的幸福、受人尊敬、享受美和成功感的快乐。相对而言，人的素质越高，精神需求就越高级，对职业生涯的期望也就越大。

2. 促进人全面发展的重要手段

现代人追求全面发展，随着生活水平的提高，人们的自我意识逐步增强。人们在渴望拥有健康、丰富的知识、能力，良好的人际关系的同时，也渴望在事业上有所建树，并享有幸福和谐的家庭生活和丰富多彩的休闲时光。我们追求成功的职业生涯，最终是要获得个人的全面发展。

3. 大学生急需进行职业生涯规划

在进入劳动力市场之前，很多大学生都不能客观、全面地看待自己，对自己今后的职业生涯很少做出系统而全面的分析，很少认真地思考一些最基本而又最重要的问题，如我想做什么？我会做什么？环境支持或允许我做什么？我的优势是什么？我的不足是什么？我有没有职业与生活的规划？如果有，是什么？

实际上，很多毕业生对这些问题的回答都显得模糊不清，这些毕业生不能正确地、客观地评价自己，不能正确地分析自己的职业兴趣、职业能力、性格气质等特点。因此，在求职的过程中，他们经常碰壁，即使找到工作，也可能发现这份工作根本就不适合自己，不久还得重新进入求职的过程。

三、职业生涯规划的步骤

系统的职业生涯规划包括自我评估、职业生涯机会评估、职业生涯目标的确定与职业生涯路线的选择、职业生涯策略、职业生涯的反馈与修正五个步骤。

1. 自我评估

有效的职业生涯规划应该从自我评估开始。自我评估的目的是认识自己、了解自己。只有认识了自己，才能对自己的职业生涯做出正确的志向选择，才能选定适合自己发展的职业生涯路线，也才能对自己的职业生涯目标做出最佳选择。自我评估包括对自己的性格、兴趣、特长、学识、技能、思维、道德水准以及社会中的自我等进行客观全面的评价。当然，自我评估还要求自我认识和他人评价相结合。通过自我评估可以认识自身的条件，进行比较准确的自我评价，以便根据自身特点设计自己的职业志向和目标。

2. 职业生涯机会评估

所谓职业生涯机会评估，主要是分析内、外环境因素对自己职业生涯发展的影响。人是社会的人，任何一个人都不可能离群独居，都必须生活在一定的环境之中，特别是要生活在一个特定的组织环境之中。通过职业生涯机会的评估，为自己找出一种发展潜力大、在未来若干年中有较高社会需求的职业，对未来的职业发展将产生重要的影响。环境评估主要是评估各种环境因素对自己职业生涯发展的影响，主要分析社会环境、组织环境和行业环境。所以，在制订个人的职业生涯规划时，应注意环境的特点、发展变化情况、自己与环境的关系、环境对自己有利与不利的影响因素等。每一个人都处在一定的环境之中，离开这一环境便无法生存与成长。只有把自身因素和社会条件做最大限度的契合，才能在现实中趋利避害，使职业生涯规划更具实际意义，以便更好地进行职业目标的确定与职业路线的选择。

3. 职业生涯目标的确定与职业生涯路线的选择

职业生涯目标的确定，是职业生涯规划的核心。一个人事业的成败，很大程度上取决于有无正确适当的目标。没有目标的职业生涯如同驶入大海的孤舟，四野茫茫，没有方向，不知道自己走向何方。只有树立了目标，才能明确奋斗方向。目标犹如海洋中的灯塔，引导你避开险滩暗礁，走向成功。有效的职业生涯规划需要切实可行的目标，以便排除不必要的犹豫和干扰，全心致力于目标的实现。在目标设定上，应根据主客观条件来设计，目标不可过高或过低，还要把长远目标和短期目标结合起来，通过不断实现短期目标来最终实现长远目标。注意生涯目标要具体明确、高低适度、留有余地，并与组织目标相一致。

职业生涯路线是指一个人选定职业后从什么方向实现自己的职业目标，并沿着职业生涯路线实现自己的人生目标。职业生涯路线的选择是人生发展的重要环节之一，在进行职业生涯路线选择时，可以从三个方面考虑：一是个人希望向哪一条路线发展，主要考虑自己的价值、理想、成就动机，确定自己的目标取向；二是个人适合向哪一条路线发展，主要考虑自己的性格、特长、经历、学历等客观条件，确定自己的能力取向；三是个人能够向哪一条路线发展，主要考虑自身所处的社会环境、政治与经济环境、组织环境等，确定自己的机会取向，即是走行政管理路线，向行政方面发展，还是走专业技术路线，向业务方面发展等。职业生涯路线选择的重点是对职业生涯选择要素进行系统分析，在对上述三方面的要素进行分析的基础上，确定自己的职业生涯路线。由此可见，职业生涯路线的选择，也是职业生涯发展能否成功的重要步骤之一。大学生对职业的选择，一方面要从社会需要出发，另一方面也要考虑自身的实际情况，扬长避短，只有这样才能做到人尽其才，才尽其用。选择职业生涯路线应把握四条原则：择己所爱、择己所能、择世所需，并在保证了前三个原则的基础上，追求就业收益的最大化，也就是择己所利。

4. 职业生涯策略

在确定了职业生涯目标和选择了职业路线后，要实现职业生涯目标还必须有相应的职业生涯策略做保证。没有达成目标的行动，就不能达成目标，也就谈不上事业的成功。职业生涯策略是指为争取职业生涯目标的实现采取的各种行动和措施。职业生涯策略一般都是具体的、可行性较强的。职业生涯目标实现的内容不仅包括个人在工作中的表现及业绩，还包括现实工作之外的一些前瞻性的准备。此外，职业生涯策略还包括为平衡职业目标与其他目标（如生活目标、家庭目标）等而做出的种种努力，通过这些努力实现个人在工作中的良好表现与业绩。职业生涯策略要明确、具体，以便定期检查落实的情况。这就需要制订一套周密的行动计划，并辅以考核措施，以确保目标的实现。这里所指的行动主要是指落实目标的具体措施，主要包括教育、培训、实践等方面的措施。例如，在职业素质方面，计划学习哪些知识、掌握哪些技能、开发哪些潜能等。

5. 职业生涯的反馈与修正

反馈与修正是指在实现职业生涯目标的过程中，根据实际情况自觉地总结经验教训，修正对自我的认知和定位，弄清自己喜爱并适合从事什么职业。在实现职业生涯规划时，由于对自身及外界环境都不十分了解，最初确定的职业生涯目标往往都是比较模糊或抽象的，有时甚至是错误的。经过一段时间的工作，有意识地回顾自己的言行得失，可以检验自己的职业定位与职业方向是否合适。这样在实施职业生涯规划的过程中自觉地总结经验教训，评估职业生涯规划，员工可以修正对自我的认知，通过反馈与修正，可以极大地增强员工实现职业目标的信心。修订的内容主要包括职业的重新选择、职业生涯目标的修正、职业生涯路线的选择、实施策略计划的变更等。俗话说，"计划赶不上变化"，尤其在现代职业领域，变化是永恒的主题。影响职业生涯规划的因素有的是可以预测的，而有些则难以预料。成功的职业生涯规划需要时时审视内外环境的变化，不断对自己的设计进行评估和修订，并调整自己的前进步伐。由于影响职业生涯规划的因素很多，对职业生涯规划的反馈与修正也很必要。

四、职业生涯的划分

在我国，业内认为人的职业生涯可以分为六个时期。

1. 职业准备期

职业准备期一般从十五六岁开始直到面临就业时止。这一时期是指个体在形成了较为明确的职业意向后，在职业的心理、知识、技能方面做好准备，并等待就业机会。每个择业者在职业准备期都会有一个偏于理想的规划，要实现这个理想的职业，就必须做好充分的准备工作，以便能够顺利地进入职业角色。

2. 职业选择期

职业选择期一般集中在十七八岁到 30 岁。人们在这一时期，需要根据社会需要和自己的能力、愿望来选择职业。俗话说："好的开始是成功的一半。"做好职业选择是非常重要的；该时期的主要特征是从学校走向社会，由学生变成了员工，在身份上发生了变化。这个阶段，人生面临成家立业的压力，好的起点对人生的发展很重要。尤其是立业问题，是人生事业发展的一个起点，起步如何，直接关系到今后的成败。一个人应该如何起步呢？可以参照以下步骤。

（1）选择职业。职业选择成功与否，直接关系到人一生的发展。职业的选择是该时期的一项重要任务，也是人生的一件大事。

（2）确定目标。在确定职业目标之前，首先要确定好人生目标，在人生整体规划中包含合理的职业规划。

（3）树立形象。年轻人步入职业世界，表现如何，对未来的发展影响极大。

（4）坚持学习。这一时期是人生发展的起始阶段，这一阶段的学习对今后的发展至关重要，故能否坚持学习，对一个人未来的发展有着重要的作用及影响。

3. 职业适应期（成年初期）

人们走上职业岗位之后，开始个人职业能力的实际检验。在这一时期，许多人能在一两年时间内顺利适应某一种职业（适应期或长或短）或难以适应又重新选择。这一时期要完成从一个择业者到一个职业工作者的角色转换，需要尽快适应新的角色、新的工作环境、工作方式、人际关系等。

4. 职业稳定期（成年、壮年期）

职业稳定期一般在 30 岁到 50 岁。这一时期占据人的职业生活的绝大部分，是职业生涯中最好的时期，是成就事业、获得社会地位的关键时期，是职业生涯的主要组成部分。该阶段的主要任务包括以下几点。

（1）调整职业，修订目标。

（2）努力展现自己的才能，扩大自己的影响力。

（3）处理好家庭与事业的关系。

5. 职业后期

职业后期一般为 50 岁到 60 岁。这个时期是事业的收获和人生的享受期，但由于人的生理条件改变，人的职业能力会发生缓慢的、不可避免的减退，其职业生涯处于维持状态。在这个时期，也是人生的一个重要阶段，要使该阶段生活得充实有意义，须做好以下几点。

（1）事业成功者，应克服自满情绪，继续前进。

（2）注意锻炼身体，保持身体健康。

（3）继续充电。

（4）注意自己的外表及形象。

6. 职业结束期

60 岁之后为职业结束期，由于年老体衰而结束职业生涯，开始适应退休生活。到了这个年龄，都面临着告别几十年的工作岗位，准备进入退休生活的这一事实。在这个时期，要充分享受职业生涯带来的成果，需要做到以下几点。

（1）调整心态，增加活力。

（2）总结经验，继续前进。

（3）规划晚年，再展蓝图。

综上所述，一个人从职业准备期开始到职业结束期之后就是整个职业生涯。每一个个体受到不同家庭、民族、社会等环境因素的影响，接受的教育不同，会导致思想、观念、素质和价值观等方面的差异。

五、职业生涯规划的误解

大学生在进行职业生涯规划的过程中，往往存在以下误解。

（一）认为职业生涯规划是大学毕业生的事情

不少大学生在谈及职业生涯规划时，都毫不怀疑地认为，这是毕业生的主要任务，而处于其他年级的学生是不必为职业规划而“浪费”时间的，认为计划不如变化快，等到即将毕业时再做职业规划也不迟，其实这是一种误解。如果不从走进大学的第一天开始就接受有关职业规划的理念，并在教师的指导下，逐渐形成自己的职业发展规划，到毕业真正面对就业问题时，就会陷入盲目状态。当意识到自己在专业水平和能力方面存在的不足时，已经无能为力了，出现不知所措的尴尬局面，追悔莫及。

(二) 认为职业生涯规划不是必要的

职业生涯规划观念淡漠，是当代大学生的普遍特点，大学生就业形势严峻，从进校开始就十分紧张，在感到不公的同时，并没有认真规划自己的职业前景。不少大学生认为职业生涯规划不是必要的，反正能否就业不由自己说了算，听天由命。还有大学生认为，自己尚处于学习阶段，未来有太多的不确定因素，所以现在规划自己为时过早。这种想法造成的后果是学习的无目的性，荒废了宝贵的学习时光，错过了职业规划下的有目的、有计划的人生发展的大好时机。

(三) 认为职业生涯规划中的就业、职业、事业始终如一

有些大学生认为就业、职业、事业始终如一，认为就业等同于职业，甚至把就业与一生的事业发展画上等号。因此，在就业问题上优柔寡断，把就业当成一生中带有定格性的事情来对待，既不利于毕业时就业问题的解决，更不利于长远职业生涯的规划，就更谈不上事业发展了。人生职业可以分为三个层次：第一层次就是就业，维持生存；第二层次是职业，从事比较稳定的工作，满足基本的物质需求；第三层次是事业，这个层次不仅有丰富的物质生活，更有精神上的满足感。这三个层次逐步推进，逐步实现，并不能一步到位。

(四) 认为职业生涯规划中的自我定位准确无误

许多大学生没有做好自身的职业规划，错误地认为自我定位准确无误，产生此种问题的原因，首因是对自身认识不清，不知道自己想干什么、适合干什么。在制订自己的职业规划时，最好是面对现实，做一个全面的自我分析。当进行自我评估时，要找出自己的优势和不足。然而，许多大学生在评估过程中看不到自己的优势所在，随之而来的是对自己的过分否定，认为自己一无是处。但过分地否定自己，也容易让自己失去信心。缺乏自信的人，其事业是难以成功的。

六、职业生涯规划的运用

(一) 常用的职业选择理论

1. 帕森斯的职业选择理论

这是用于职业选择、职业指导的经典性理论。最早由美国波士顿大学教授帕森斯提出。1909 年，帕森斯在其著述《选择一个职业》中，明确阐明职业选择的三大要素或条件。

（1）应清楚地了解自己的态度、能力、兴趣、智谋、局限和其他特征。

（2）应清楚地了解职业选择成功的条件，所需知识，在不同职业工作岗位上所占有的优势、不利和补偿、机会和前途。

（3）上述两个条件的平衡。帕森斯的理论内涵即是在清楚认识、了解个人的主观条件和社会职业岗位需求条件基础上，将主客观条件与社会职业岗位（对自己有可能性的）相对照、相匹配，后选择一个与个人匹配的职业。

职业与人匹配，分为因素匹配和特性匹配两种类型。

1）因素匹配。例如，所需专门技术和专业知识的职业与掌握该种特殊技能和专业知识的择业者相匹配；或者脏、累、苦劳动条件很差的职业，需要吃苦耐劳、体格健壮的劳动者与之匹配。

2）特性匹配。例如，具有敏感、易动感情、不守常规、个性强、理想主义等人格特性的人，宜从事审美性、自我情感表达的艺术创作类型的职业。

帕森斯的职业与人匹配论，这一经典性原则，至今仍然正确有效，并影响着职业管理学、职业心理学的发展。

2. 霍兰德的职业兴趣理论

约翰·霍兰德是美国约翰斯·霍普金斯大学心理学教授，美国著名的职业指导专家。他于1959年提出了具有广泛社会影响的职业兴趣理论。他认为人的人格类型、兴趣与职业密切相关，兴趣是人们活动的巨大动力，凡是具有职业兴趣的职业，都可以提高人们的积极性，促使人们积极地、愉快地从事该职业，且职业兴趣与人格之间存在很高的相关性。霍兰德认为人格可分为现实型、研究型、艺术型、社会型、企业型和常规型六种类型。

（1）现实型。

共同特点：愿意使用工具从事操作性工作，动手能力强，做事手脚灵活，动作协调。偏好于具体任务，不善言辞，做事保守，较为谦虚。缺乏社交能力，通常喜欢独立做事。

典型职业：喜欢使用工具、机器，需要基本操作技能的工作。对要求具备机械方面才能、体力或从事与物件、机器、工具、运动器材、植物、动物相关的职业有兴趣，并具备相应能力。例如，技术性职业（计算机硬件人员、摄影师、制图员、机械装配工）、技能性职业（木匠、厨师、技工、修理工、农民、一般劳动）。

（2）研究型。

共同特点：思想家而非实干家，抽象思维能力强，求知欲强，肯动脑，善思考，不愿动手。喜欢独立的和富有创造性的工作。知识渊博，有学识才能，不善于领导他人。考虑问题理性，做事喜欢精确，喜欢逻辑分析和推理，不断探讨未知的领域。

典型职业：喜欢智力的、抽象的、分析的、独立的定向任务，要求具备智力或分析才能，并将其用于观察、估测、衡量、形成理论、最终解决问题的工作，并具备相应的能力。例如，科学研究人员、教师、工程师、电脑编程人员、医生、系统分析员。

（3）艺术型。

共同特点：有创造力，乐于创造新颖、与众不同的成果，渴望表现自己的个性，实现自身的价值。做事理想化，追求完美，不重实际。具有一定的艺术才能和个性。善于表达、怀旧、心态较为复杂。

典型职业：喜欢的工作要求具备艺术修养、创造力、表达能力和直觉，并将其用于语言、行为、声音、颜色和形式的审美、思索和感受，具备相应的能力。不善于事务性工作。例如，艺术方面（演员、导演、艺术设计师、雕刻家、建筑师、摄影家、广告制作人）、音乐方面（歌唱家、作曲家、乐队指挥）、文学方面（小说家、诗人、剧作家）。

（4）社会型。

共同特点：喜欢与人交往、不断结交新的朋友、善言谈、愿意教导别人。关心社会问题、渴望发挥自己的社会作用。寻求广泛的人际关系，比较看重社会义务和社会道德。

典型职业：喜欢要求与人打交道的工作，能够不断结交新的朋友，从事提供信息、启迪、帮助、培训、开发或治疗等事务，并具备相应能力。例如，教育工作者（教师、教育行政人员）、社会工作者（咨询人员、公关人员）。

（5）企业型。

共同特点：追求权力、权威和物质财富，具有领导才能。喜欢竞争、敢冒风险、有野心、抱负。为人务实，习惯以利益得失、权力、地位、金钱等来衡量做事的价值，做事有较强的目的性。

典型职业：喜欢要求具备经营、管理、劝服、监督和领导才能，以实现机构、政治、社会及经济目标的工作，并具备相应的能力。例如，项目经理、销售人员、营销管理人员、政府官员、企业领导、法官、律师。

（6）常规型。

共同特点：尊重权威和规章制度，喜欢按计划办事，细心、有条理，习惯接受他人的指挥和领导，自己不谋求领导职务。喜欢关注实际和细节情况，通常较为谨慎和保守，缺乏创造性，不喜欢冒险和竞争，富有自我牺牲精神。

典型职业：喜欢要求注意细节、精确度、有系统有条理，具有记录、归档、据特定要求或程序组织数据和文字信息的职业，并具备相应能力。例如，秘书、办公室人员、记事员、会计、行政助理、图书馆管理员、出纳员、打字员、投资分析员。

然而，大多数人都并非只有一种人格倾向（比如，一个人的人格倾向中很可能同时包含着社会型、现实型和研究型这三种）。霍兰德认为，这些倾向越相似，相容性越强，则一个人在选择职业时所面临的内在冲突和犹豫就会越少。

3. 佛隆的择业动机理论

美国心理学家佛隆通过对个体择业行为的研究认为，个体行为动机的强度取决于效价的大小和期望值的高低，动机强度与效价及期望值成正比，1964 年，他在《工作和激励》一书中提出了解释员工行为激发程度的期望理论。期望理论的公式为

$$F=V\times E$$

式中，F 为动机强度，是指积极性的激发程度，表明个体为达一定目标而努力的程度；V 为效价，是指个体对一定目标重要性的主观评价；E 为期望值，是指个体对实现目标可能性大小的评估，也即目标实现概率。

员工个体行为动机的强度取决于效价大小和期望值的高低。效价越大，期望值越高，员工行为动机越强烈，也就是说为达到一定目标，他将付出极大努力。如果效价为零乃至负值，表明目标实现对个人毫无意义。在这种情况下，目标实现的可能性再大，个人也不会产生追逐目标的动机，不会为此付出任何积极性，付出任何的努力。如果目标实现的概率为零，那么无论目标实现意义多么重大，个人同样不会产生追求目标的动机。

（二）职业生涯规划的运用

1. 常用简易法

在现实生活中，我们看到相当一部分大学生在进行职业生涯选择时常使用一些很简易的方法，具体如下。

（1）最少努力法。重视结果的获得，选择最容易过关的专业，报考最容易考取的大学，选择最容易获得的职业，只要能确保获得，无须付出太大努力即可。

（2）目前趋势法。跟随现在市场的趋势，盲目地投入新兴的热门行业。例如，认为女生适合做教师，就直接选择教师职业。

（3）刻板印象法。以性别、年龄、社会地位等刻板印象来选择。

（4）薪酬至上法。择业最核心的价值观就是薪酬待遇，往往忽视自我志趣与职业的关系，只要待遇好即可。

（5）橱窗游走法。到各种工作场所走马观花一番，再选择最顺眼的工作。

（6）假手他人法。把自己的职业选择直接或者间接地交由他人来做抉择。做抉择时过于依赖他人：认为父母及长辈拥有丰富的人生经验，足以帮自己做出正确抉择；朋友和同事则是最了解自己志趣的人，无疑可以对自己职业抉择产生重要作用；师长则被认为是专家，可以给自己专业的建议。

2. 五“What”法

对于许多大学毕业生来说，职业生涯规划也许是一个比较模糊的概念，但只要对自己有一个基本认识，同时掌握一定的方法，也能对自己进行职业生涯规划、为自己的职业生涯发展画一个蓝图。许多职业咨询机构和心理学家进行职业咨询和职业规划时常常采用五步法模式，即关于五个“What”的归零思考的模式：从问自己是谁开始，然后顺着一路问下去，共有五个问题：What are you？ What do you want？ What can you do？ What can support you？ What can you be in the end？回答了这五个问题，找到它们的共同点，你就有了自己的职业生涯规划。

（1）What are you？“我是谁?”应该对自己进行一次深刻的反思，有一个比较清醒的认识，优点和缺点都应该一一列出来。在这一问题中主要是找出你的人生坐标、你的“核心竞争力”，拿自己的长处和别人竞争。

（2）What do you want？“我想干什么?”对自己职业发展的一个心理趋向的检查。每个人在不同阶段的兴趣和目标并不完全一致，有时甚至是完全对立的。但随着年龄和经历的增长而逐渐固定，最终锁定自己的终生目标。

（3）What can you do？“我能干什么?”则是对自己能力与潜力的全面总结，一个人职业的定位最根本的还要归结于其能力，而职业发展空间的大小则取决于自己的潜力。对于一个人潜力的了解应该从几个方面着手去认识，如对事的兴趣、做事的韧性、临事的判断力，以及知识结构是否全面、是否及时更新等。

（4）What can support you？“环境支持或允许我干什么？”这种环境支持在客观方面包括本地的各种状态，比如经济发展、人事政策、企业制度、职业空间等；人为主观方面包括同事关系、领导态度、亲戚关系等，两方面的因素应该综合起来看。有时我们在做职业选择时常常忽视主观方面的东西，没有将一切有利于自己发展的因素调动起来，从而影响了自己的职业切入点。而在国外通过同事、熟人的引荐找到工作是最正常也是最容易的。当然，我们应该知道这和一些不正常的“走后门”等歪门邪道有着本质的区别。这种区别就是这里的环境支持是建立在自己的能力之上的。

（5）What can you be in the end？“自己最终的职业目标是什么？”明晰了前面的四个问题，就会从各个问题中找到对实现有关职业目标有利和不利的条件，列出不利条件最少的、自己想做而且又能够做的职业目标，那么自然就有了一个清楚明了的框架。

3. 三段式分析法

三段式分析法的模式：认知自我、确定目标、实施方案。认知自我即进行自我优、劣势分析；确定目标即以自我条件为前提，确立职业目标；实施方案即实现目标的具体行动措施。

典型案例 7-3

案例背景：

张某是一名体育专业的大学生，他对未来充满自信，他给自己做了一份职业生涯规划书。

1. 自我分析

（1）优势分析。通过学校网站“职业规划测评”模块，我初步了解认识了自己。我爱好体育运动，喜欢唱歌、绘画，善于同别人交流沟通，属于比较活泼的人。我小时候对体育、音乐、美术都十分感兴趣，并接受过专门的基础训练。我有扎实的专业知识和运动技能。我的运动技术专项是篮球，已获得二级运动员证书。我将用 3 年时间钻研体育理论，并认真参加教学实习，提高自身的知识水平和教学实践能力，进一步提高与学生交流的能力，具备做教师的基本素质。

（2）劣势分析。英语的听、读、写、译的能力较差，难以适应教师这一职业对外语的要求；写作科研能力较为欠缺；不善于在会议上或公众面前发言，演讲能力欠缺，这对教学是不利的。

2. 目标确定

我的职业发展目标：在大学或中学当一名体育教师。

3. 实施策略

（1）每天确保学习英语 2 个小时，记忆 10 个英语单词、2 个句型，练习听力和口

语。争取在大二上学期通过英语四级考试。

（2）学好大学语文课程，努力提高写作能力，坚持每节课记课堂笔记和每个学期写一篇学习心得短文，并请教师指导。

（3）为了提高和锻炼自己的口才，抓住班会、集会、演讲会、课堂发言等机会积极主动发言，并请要好的同学点评，只要自己有信心，只要坚持实际锻炼，不利于做教师的劣势一定能消除。

（4）在大二下学期，获得普通话二级乙等合格证书。

（5）在大三上学期，努力获得篮球一级运动技术等级证书，获得教师资格证书。毕业后，无论是当中学教师或大学教师，提高学历是必需的，所以争取在毕业生后两年左右考取体育运动训练学的研究生，以适应教师的岗位要求。

案例分析：

三段式分析法具有简洁清晰、使用方便等优点，缺点也显而易见，环节相对简化，难免不够严密。

本章小结

通过对本章内容的学习，了解大学毕业生在初入职场时所需要的转变。无论是角色转换、职业能力的培养，还是人际关系的建立、职业生涯的管理，都是大学生在职场上所需要面对的问题。本章旨在帮助大学生更好地认识自己，并对未来有更清醒的认知。

课后习题

1. 指出角色的分类有哪些？划分的依据是什么？
2. 学生角色与职业角色都有哪些差异？
3. 如何进行角色转换？
4. 职业的发展趋势有哪些？
5. 大学生应具备的基本职业素养有哪些？如何提升职业素养？
6. 查阅资料，找寻党的二十大代表中由学生转变成职场人的杰出人物，并简述其优秀事迹。
7. 结合自己兼职及实习经验，谈谈职场基本功的实际运用。
8. 如何提高职业适应力？建立人际关系的方法有哪些？
9. 分别采用五“What”法、三段式分析法，给自己做一份职业生涯规划书。

第八章
大学生创业指导

学习目标

知识目标：

1. 了解创业的相关知识与大学生创业的模式及类型。
2. 了解大学生创业的现状与政策。

能力目标：

能够熟悉大学生创业的基本程序。

素养目标：

培养大学生具备创新思维的意识、勇于创业的精神。

第一节　大学生创业概述

一、创业的概念

“创业”一词在《辞海》中被解释为“开创基业”的意思。其实“创业”一词可以在包含它的一句成语中得到更生动的理解，这句成语就是“创业垂统”。垂：流传；统：指一脉相承的系统。合起来理解，即为“开创基业，传给子孙”。这一词源自《孟子·梁惠王下》中“君子创业垂统，为可继也”一语。而古代文献中最被大家所熟知的“创业”还数诸葛亮的《出师表》：“先帝创业未半而中道崩殂……”

创业，古时的含义多指创造世代相传的帝王基业。汉代张衡在《西京赋》中提道：“高祖创业，继体承基。”至清代昭梿在《啸亭杂录·洛翰》中有“高皇帝创业之初，有洛翰者，本刘姓，中原人。”这些“创业”都是指创建帝王基业。这与现代汉语中大家对创业的理解可以说是大相径庭，但是创业所包含的另一个重要的特点则流传至今没有改变——创业的可继承性。不管是创建古代的帝王基业还是现在的企业事业，只有“为可继

也”，才是成功的创业。

创业一词在英文中常表述为“enterprise”，类似的表达还有“become self-employed”，“start an new business”等，泛指开创事业，具体地说则多指创建企业，自我雇佣，努力实现自身理想和自身价值的过程。

创业学的研究起源于美国，在20世纪70年代末80年代初，美国的大工业经济在经历了第二次世界大战给其带来的繁荣之后逐渐走向平淡，经济增长开始减缓。第二次世界大战后由于其他资本主义国家经济的复苏，美国的传统工业受到了巨大的冲击，社会失业率开始上升。硅谷的创业型企业开始受到关注，创业逐渐成了经济与管理学者的研究重点。

随着时间的推移，创业的概念逐渐被广泛应用，不仅仅只局限于创办一个企业，它被赋予了越来越多的新内涵，如创新、变革、创造价值、企业结构、业务重组等。

创业的定义很难界定，因为创业是由管理变革、技术创新、环境动荡、新产品开发、小企业管理、个人或行业革命等一系列错综复杂、交叉重叠的事情纠结在一起形成的一种社会现象。创业所涉及的内容如此之多、学科领域如此之广，以至于很难形成一个公认的定义和清晰的研究范围。

广义的创业定义为“创造新的事业的过程”，即“创建一番事业”。这里的含义不单指创造财富。创业既包括营利性组织，也包括非营利性组织；既包括官方设置的部门和机构，也包括社会组织、个人；既包括大型的事业，也包括小规模的个人或家庭事业。

狭义的创业定义为“创建一个新企业的过程”。创业者个人或者创业团队转变择业观念白手起家，以资源所有者的身份，利用知识、能力和社会资本，通过自筹资金、技术入股、寻求合作等方式创立新的社会经济单元，即不做现有就业岗位的填充者，而是为自己、为社会更多人创造就业机会。

国内外学者对创业这一概念进行了广泛的研究，不同的学者有不同的看法。

熊彼特认为，创业的过程也就是创新的过程，创业者就是创新者，创业者通过创新能够克服市场经济的内在矛盾，促进经济增长。

荣斯戴特认为，创业是创造并实现财富增长的一个动态过程。创业者在创造财富的同时，也承担着各种风险，即资产价值风险、时间承诺风险、提供产品服务风险。

斯蒂文森认为，创业是独立的个人或者一个组织追踪和追捕机会的过程，这个过程与当时所控制的资源无关。在这一过程中，觉察机会、追逐机会的意愿和所获得成功的信心是对创业很重要的因素，这一观点为学术界广泛接受。

蒂蒙斯认为，创业是动机促使下的思索与行为。它影响着价值的产生与升值，最终为创业个人及相关参与者带来利益。

郁义鸿认为，创业是发现和捕捉机会并且由此创造出新的产品或服务的过程，最终实现其潜在的价值。这一观点目前在国内较为流行。

库拉特科认为，创业是憧憬、改变、创造的一个动态过程，需要投入精力及热情去创新并把新想法、新方案转变为现实。创新和创业过程的实现主要基于四个维度——个人、组织、环境、过程，并需要得到政府、教育界及相关机构的协作与支持。

综合国内外学者的观点，创业可定义为：创业者在不确定的环境中，通过发现、识别和捕捉创业机会并有效整合资源，获取商业利润，创造个人价值与社会价值的过程。对创业概念，可以从以下五个方面进行理解。

（1）创业需要面对资源难题，设法突破资源束缚。一般情况下，创业者可以直接控制的可用资源往往很少，创业几乎都会经历白手起家、从无到有的过程。因此，创业者只有努力创新资源整合手段和资源获取渠道，才能真正摆脱资源约束的困境。

（2）创业是一个复杂的创造过程——它创造出某种有价值的新事物。这种新事物必须是有价值的，不仅对创业者本身有价值，而且对社会也要有价值。价值属性是创业的重要社会性属性，同时也是创业活动的意义所在。

（3）创业必须贡献必要的时间和大量的精力，付出极大的努力。要完成整个创业过程，要创造新的有价值的事物，就需要大量的时间，而要获得成功，也更需要坚韧不拔、坚持不懈的努力，而且很多创业活动的创业初期是在非常艰苦的环境下实现的。当然，创业的渐进和成功也会带来分享不尽的成就感。

（4）创业要承担必然的风险。创业的风险可能有各种不同的形式，取决于创业的领域和创业团队的资源。但通常的创业风险主要有人力资源风险、市场风险、财务风险、技术风险、外部环境风险、合同风险、精神方面的风险等几个方面。创业者应具备超人的胆识，甘冒风险，勇于承担多数人望而却步的风险事业。

（5）创业需要寻求有效机会。创业通常离不开创业者识别机会、把握机会和实现机会的有效活动。创业者从创业起始就需要努力识别商业机会，只有发现了商业机会，才有可能更好地整合资源和创造价值。因此，一般认为寻求有效机会是产生创业活动的前提。

典型案例 8-1

案例背景：

有一天，农夫的一头驴子不小心掉进一口枯井里，农夫绞尽脑汁想把它救出来，但几个小时过去了，驴子还在井里痛苦地哀号着。最后，农夫决定放弃，他想这头驴子年纪大了，不值得大费周折去救它出来。不过无论如何，这口井还是得填起来，免得再发生类似的事情。于是，农夫便请来左邻右舍，人手一把铲子，开始将泥土铲进枯井中。

这头驴子刚开始叫得很凄惨。但出人意料的是，一会儿，这头驴子就安静下来了。农夫好奇地探头往下一看，景象令他大吃一惊，当铲进井里的泥土落在驴子的背上时，驴的反应令人称奇——它将泥土抖落一旁，然后站到铲进的泥土堆上面。

就这样，驴子将大家在它身上的泥土全抖落在井底，然后再站上去，很快这头驴子就得意地上升到井口，然后在众人惊讶的表情中快步跑了出来。

案例分析：

如同那头驴子一样，创业过程中，我们难免会陷入“枯井”里，各式各样的“泥沙”会倾倒在我们身上，而要想从这些“枯井”中脱困，唯一的办法是：首先镇定下来认清形势，然后再冷静地将“泥沙”抖落掉，站到上面去。如果我们能经常把身上的泥沙变成脚下的垫脚石，那么离成功就不会太远了。

二、创业的要素

有人说，创业是一种能力；有人说，创业是一种行为；还有人说创业就是创办一个新企业。对于创业可谓是众说纷纭。但是对于创业，人们也存在着一定的误解。主要有以下几种误解：任何人都能创业；只要注册了企业就是创业；创业者是自己的老板，他们可以完全独立；创业需要付出更多的劳动时间；只要拥有足够的启动资金，成功的概率就会加大；创业企业都是小企业等。创业主要包括以下几个要素。

1. 创业者

人们一般都认为创业要冒极大的风险。但是，对于大多数创业者而言，并不存在很多危言耸听的风险。但是，为什么会有许多创业失败者呢？德鲁克认为：“事实上，因为少数所谓的‘创业者’的无知，缺乏管理方法、违反管理规律，从而给创业精神的发挥蒙上了风险的色彩，高技术创业者尤其如此。”现代风险投资资本的奠基人乔治·多里奥认为：“宁可考虑向有二流主意的一流人物投资，决不向有一流主意的二流人物投资。”创业不仅需要好的技术，更需要好的素质与能力。

2. 技术

技术是将知识运用到实践中的手段、途径、工具或方法。创业者要寻找能够满足社会需要的技术，并不完全等同于科学家眼中的科学技术。技术的选择，比较合适的是选择成长阶段的技术。

3. 人脉关系

人不是孤立的个体，而是生活在各种社会关系当中。许多创业者的成功往往是靠亲戚朋友的借款，赚了自己的“第一桶金”。前世界首富比尔·盖茨的第一笔生意就是由其在 IBM 当董事的母亲介绍与 IBM 合作做成的。创业成功 =30% 的技术 +70% 的人脉。

4. 资本

要想创业，除了具备创业家的素质和选择合适的项目，还需要具有一定的资金。否则，也只是空谈而已。从创业的角度，创业资本是创业的关键要素。正如人云，不是有钱就有了一切，但是，没有钱什么事也做不成。

5. 市场

企业的存在就是因为能够满足市场的需求，如果没有市场需求，新创企业就没有存在的价值，自然也就不能生存。

三、创业的一般特征

1. 创新性

创新性是创业的本质属性。创新是企业发展的内在推动力。作为创业推动力的创新可以是多方位的，既可以是技术方面的创新活动，也可以是生产工艺、原材料、分销渠道、商业模式等环节的创新。

创新是一种有效的市场竞争手段。为了实现创业的成功，一个有效的方法不是与现有的企业直接实施竞争，而是通过创新开辟新的市场需求，或者占领已有的市场空白。

创业是创新成果不断叠加的过程。创新是绝大多数商业活动成功的关键因素，是将新的构想体现到新产品、新服务、新流程中，获取消费者支持，进而创造和实现新的价值。除此之外，创新的执行方式方法是降低风险系数的有效措施。而新构想的产生，实施、实现及商业化，在进一步细化之后，创业过程其实质就是各个阶段技术、产品成果的累加过程。

2. 风险性

创业过程中会遇到很多的风险。环境风险，由于环境变化而给创业带来的利益损失。政策风险也是环境风险的一部分。市场风险是指在创业过程中由于市场需求变化、市场的价格变化等原因给创业带来的不确定性或利益损失。筹资风险是指在创业过程中由于筹集资金具有一定难度和负担而给企业带来的不确定性或利益损失。管理风险是指创业者的组织、决策不到位而给企业带来的不确定性或损失。创业风险是多方面的，是客观存在的。创业者对创业风险要有正确的认识。创业者在创业之初，最关键的是要有防范风险的意识。

3. 收益性

所有的创业活动都有为了获取回报收益才开展的特性。创业是创业者运用创新手段对价值的创造和累积过程。创业的主体是创业者，通过创业者对商业的洞察、判别和把握，通过自身素质及创业者个人能力与组织效能的有效融合，不断激发发展潜力，逐步在实现个人价值最大化的基础上完成个人和社会财富的创造和积累。创业者承担了创业活动的风险，为个人和社会的一部分群体创造了价值，对社会产生了推动和影响。依据风险和收益的规律，这种过程伴随着创业活动的风险性，必然会相应地产生效用和收益。创业获得的收益包括创业活动个人的收益，也包括社会的收益，如减轻就业压力、增加就业岗位、提升国家创造力等。这种收益可以是经济性的收益，也可能是非经济性的收益，如社会声誉和地位。获得收益是创业者从事创业活动应得的回报。创业活动的收益状况与整个社会创业的密集程度、创业活动类型及创业活动本身的科学性有着很大的关系。

4. 艰难性

创业是一项艰难的经济活动过程，是创业者与创业机会的结合体。变化的经济、技术和社会条件可以产生创业机会，具有创业精神的人能够将具有潜在价值的机会同价值不大的机会区别开来，并积极利用这些有价值的机会。创业是个过程，是个随着时间而展开的

过程。在这个过程中，一些因素与创业者相关，一些因素同其他人（如合作伙伴、顾客、风险投资家）相关，一些因素与整个社会相关（如政府调控、市场条件），还有其他因素，包括技术变化、社会革新等许多其他条件。任何一个创业过程都是逐渐成长的过程，在成长的过程中，不见得所有的创业都能走向最后的成功，因为太多的因素可以导致创业走向与原来预料的不同。创业者个人的原因、合作伙伴的分离、找不到投资者，以及融资的种种困难、资金的回笼等，最后所有这些都可能导致创业失败。如何避免失败则成为创业者永远关心的话题。

四、大学生创业的意义

当前，我国经济社会发展进程中自主创新需要提倡大学生创业。一方面，社会与高校针对这一现实需要，有意识地对大学生进行创业意识、创业能力、创业知识的培养，并与创业实践相结合，这符合培养人的全面发展的教育思想，与实施素质教育的要求是相一致的；另一方面，国家重视创业行为，重视对创业进行教育推广与鼓励，发展小企业的经验表明，有效地组织实施大学生创业活动，既可以直接促进经济发展，又对优化社会劳动力结构具有重要作用。大学生创业是新时期一个不可阻挡的趋势。学校通过指导大学生创业推行以人为本的教育理念，以人的科学发展为主导，强调人的全面自由发展，能够很好地帮助大学生成人、成才，实现人生价值，获得社会效益，对个人与社会发展都具有重要意义。

1. 创业可以帮助大学生拥有积极的创业心态

积极的创业心态有助于大学生发现潜能、激发潜能、拓展潜能和实现潜能，进而帮助大学生获得事业的成功。积极的创业心态应包括高昂的创业热情，内心面对创业障碍的勇气和毅力，克服困难的智慧和能力，创造条件变不可能为可能。

2. 创业能够帮助大学生树立坚定的创业信念

首先，树立创业成功的自信。人相信有什么结果，就会有什么作为。如果连自己都不相信能成功创业，是不可能去争取和追求创业的。其次，培养在逆境时永不言败的创业精神。虽然身处逆境，却能全力抗争，不断追求，这样才能造就壮丽的创业人生。

3. 创业能够塑造大学生鲜明的创业个性

但凡创业成功者，一般都有鲜明独特的个性品质，其一是敢于冒风险。创业的价值就在于创造出自己独特的东西，要敢于冒风险，敢于走前人和别人没走过的路。敢于冒风险是在理智基础上的大胆决断，是自信前提下的果敢超越，是新目标面前的不断追求。其二是对创业情有独钟。对目标如痴如醉，全身心融进创业行动之中。其三是独立自主。独立自主地解决困难和问题，不受各种外来因素的干扰。通过创业个性的塑造帮助大学生摆脱被动性、模仿性、依赖性，形成主动性、创新性、自主性的品质，形成独立思考、敢于怀疑、勇于探索、求真务实的特质。只有具备鲜明创业个性的人，才能有主动学习、探索、思考、创新的行为，才能成长为开创型人才。

4. 创业可以使大学生具备顽强的创业意志

创业意志是指个体能百折不挠地把创业行动坚持到底以达到目的的心理品质。它可以使大学生形成优秀品质：独立、勇气、毅力、责任感、适应性、道德感、信用、乐观、缜密及接受失败挫折的心理素质等。引导大学生树立科学的世界观、人生观和价值观，培养乐观向上、勇于创新、乐于奉献的精神，形成健康的身心素质，特别是心理上能够正确地对待挫折困难。综合培养大学生创业品质，使之成为独立、坚韧、乐观、讲信用、有社会责任感、心理健康的社会人，有助于整体提高大学生的思想道德品质，完善大学生自身综合素质。

5. 创业可以加强大学生的创业知识结构

创业知识包括专业知识、经营管理知识、市场经济理论知识、综合性知识等。随着我国市场经济的稳步发展、知识经济的快速推进，经济体制改革不断深化，改革开放初期那种仅靠胆识、勇气、运气就可以创业赚钱的时代已经过去了。具有良好的创业意识、创业精神、创业能力的创业者还需要吸收更多的创业知识。在创业中可以学习到系统的创业知识，可以为创业者的成功增加砝码，也可以为大学生更好地实现自己的职业理想添砖加瓦。

6. 创业能够提升大学生的创业能力

创业能力的形成和发展是通过后天的培养和实践活动锻炼得来的。创业能力可以包含很多内容，如观察能力、创造能力、文字写作能力、表达能力、人际交往能力、管理能力、专业能力及综合性能力。创业能力的高低直接关系到创业是否能够成功。创业能力的获得一定要通过实践活动的锻炼，要充分利用创业实践活动综合培养大学生的各方面能力。

7. 创业能够帮助大学生实现人生的价值

社会需要创新，人生需要实现价值。创造精神是创业精神的基础，创新精神是创业精神的核心，创优精神是创业精神的归宿。为实现人生价值，成为一名成功的创业者，一定要有坚定的决心，有迎接挑战的勇气，有不断创新的进取心，对国家、对社会、对他人、对自己拥有使命感和责任感，并自觉地履行这种责任。创业能够帮助大学生形成自信、自强、自主、自立的创业精神，更加有利于他们坚定创业理念，完善个人精神追求。要鼓励大学生敢于去偏远地区、冷门行业创业，也要支持他们敢于自主创业，学会自我发展，培养他们具有创业的胆量、勇气和开拓精神以实现自己的人生价值。

五、创业者的内涵

（一）创业者的含义

从词源上看，“创业者”这一概念的英文“entrepreneur”和“企业家”的英文是同一个词，意为在没有或拥有较少资源的情况下，锐意创新，发掘并实现潜在机会价值的个体。

1880 年，法国经济学家让·巴蒂斯特·萨伊首次对“创业者”进行定义，他认为创业者是将“劳动、资本、土地”这三项生产要素结合起来进行生产的第四项要素，是把经济资源从生产效率较低、产量较少的领域转移到生产效率较高、产量较大的领域的人。管理大师德鲁克认为，创业者就是赋予资源以生产财富的人，他们善于创造或发现机会，然后抓住机会，并创办起有高度发展潜力的企业，其思想和行为与众不同。在企业界，创业者通常被定义为组织、管理一个企业并承担其风险的人。法国经济学家坎蒂隆认为，创业者或企业家要承担以固定价格买入商品并以不确定的价格将其卖出的风险；创业者的本质是承担风险；创业者是一种无回报定数的自我就业。因而，“创业者”具有两个基本含义：一是指企业家，即在现有企业中负责经营和决策的领导人；二是指创始人，指的是即将创办企业或刚刚创办企业的领导人。

创业倾向测评

（二）创业者的划分

1. 根据创业内容划分

根据创业内容划分，可分为管理型创业者、市场型创业者、科技型创业者、金融型创业者和生产型创业者五种类型。

（1）管理型创业者。管理型创业者是指那些综合能力较强的创业者，他们对专业知识并不十分精通，但能够通过各种有效的管理手段带动企业前进。

（2）市场型创业者。市场型创业者注重市场研究，善于把握机会。

（3）科技型创业者。科技型创业者多与高校和科研机构密切相关，以高科技为依托创办企业。

（4）金融型创业者。金融型创业者实质上是一种风险投资家，他们向企业提供的不仅仅是资金，更重要的是专业特长和管理经验。他们不仅参与企业经营方针的制定，还参与企业营销战略的制定、资本运营乃至人力资源管理。

（5）生产型创业者。生产型创业者是指通过创办企业、推出产品的创业者，这种产品通常科技含量较高。

2. 根据创业动机划分

根据创业动机划分，可分为被动型创业者和主动型创业者。

（1）被动型创业者。被动型创业者是指创业者由于没有好的工作机会，迫于生存压力而进行的创业。这类创业者的直接动机是解决自己的基本生活条件或养家糊口的问题，因此较少考虑社会责任、企业价值及长远发展。

被动型创业者大多为下岗工人、失去土地或因为种种原因不愿困守乡村的农民，以及刚刚毕业找不到工作的大学生。这是我国数量最大的创业人群。

现代大学的目标是把大学建设成为创业型大学。大学作为社会的发动机、服务站，是创业的孵化器。美国式的创业型大学是和高科技的公司联系在一起的。教授作为高科技公司的顾问，学生从事高科技工作；欧洲式大学则是教师教学生如何去创业，但是教师本身并不参与到创业中去。

（2）主动型创业者。主动型创业者又可以分为两种：一种是盲动型创业者，另一种是冷静型创业者。盲动型创业者大多极为自信，做事冲动，大多是博彩爱好者，喜欢买彩票喜欢赌，而不太喜欢检讨成功概率。这样的创业者很容易失败，但一旦成功，往往就会成就一番大事业。冷静型创业者是创业者中的精华，其特点是谋定而后动，不打无准备之仗，或是掌握资源，或是拥有技术，一旦行动，成功的概率通常很高。

主动型创业者的个性就喜欢创业，也适合创业，他们有强大的创业激情和冲动，甚至把创业作为一种生活方式，结果如何反而不是很重要，属于主动式创业。他们清楚地意识到自己的长处，也知道自己的人生目标是什么，因此，他们毫不犹豫地去做了。这些人是创业者中的极品，成功的可能性最大，很多人可以把事业做得很大。当然，这种人可能不会很多，那么退而求其次，有些人可以没有多少文化、多少经验，可以暂时不知道自己的目标和自己的长处，可以没有创业的初始资源，但是他们有激情、有勇气、有胆魄、敢实践、能吃苦，这就够了，再加一点创业的理性，他们同样能取得很大的成功。

（三）创业者的素质

时代呼唤创业者，环境造就创业者。但是，面临飞速发展的时代和纷繁复杂的环境，创造者必须具有特定的素质。概括起来，创业者要有良好的心理素质，人格品质素养，强健的身体素质，强烈的创业意识，自信、自强、自主、自立的创业精神，丰富的知识水平和管理素质以及竞争意识。

1. 良好的心理素质

创业的成功在很大程度上取决于创业者的心理素质。因为创业之路不会一帆风顺，在创业的过程中难免会遇到诸多的挫折、压力甚至失败，这就需要创业者具有非常强的心理调控能力，能够持续保持一种积极、沉稳、自信、自主、刚强、坚韧及果断的心态，即有健康的创业心理素质。如果不具备良好的心理素质、坚韧的意志，一遇挫折就垂头丧气、一蹶不振，那么在创业的道路上是走不远的。宋代大文豪苏轼说："古之成大事者，不惟有超世之才，亦必有坚韧不拔之志。"只有具备处变不惊的良好心理素质和愈挫愈勇的顽强意志，才能在创业的道路上自强不息、竞争进取、顽强拼搏，才能从小到大、从无到有，闯出属于自己的一番事业。

2. 良好的人格品质素养

（1）使命、责任。使命感和责任心是驱动创业者勇往直前的力量源泉，成功的创业者具有高度的使命感和强烈的责任意识。创业活动是社会性活动，是各种利益相关者协同运作的系统，只有对自己、对家庭、对员工、对投资人、对顾客、对供应商以及对社会拥有高度的使命感和责任心的创业者，才可能赢得人们的信任、尊重和支持。

（2）真诚、诚信。真诚、诚信是创业者必备的品质，它体现了成功创业者的人格魅力：讲信誉，守诺言，言行一致，身体力行，胸襟广阔，厚人薄己，敢于承担责任，勇于自我否定，尊重人才，以人为本，倡导团队合作和学习，帮助团队成员获得成就感，坚持顾客价值、公司价值和社会价值的创造。具有良好的口碑可以帮助创业者凝聚人心，鼓舞士气，赢得更多合作者的信任和支持。

（3）坚韧、执着。创业是对人的意志力的挑战。面对险境、身处逆境能否坚持信念、承受压力、坚持到底常常决定创业的成败；最后的成功往往就在于再坚持一下的努力之中。

（4）冒险精神。创业的开创性需要有冒险精神，需要有胆略和胆识。同时，在创业实践中也要有风险意识，要注意冒险精神和风险意识的平衡，保持理性思维，降低风险损失。

3. 强健的身体素质

俗话说“身体是革命的本钱”。几乎所有的企业家都认为良好的身体素质是成功创业的第一大前提。在创业之初，受资金、环境等各方面条件的限制，许多事都需创业者亲力亲为，他们要不断地思考来改进经营，加上工作时间长、巨大的风险与压力，若无充沛的体力、旺盛的精力、敏捷的思路，必然力不从心，难以承受创业重任。

4. 强烈的创业意识

要想取得创业的成功，创业者必须具有自我实现、追求成功的强烈的创业意识。强烈的创业意识，可以帮助创业者克服创业道路上的各种艰难险阻，将创业目标作为自己的人生奋斗目标。创业的成功是思想上长期准备的结果，事业的成功总是属于有思想准备的人，也属于有创业意识的人。

5. 自信、自强、自主、自立的创业精神

自信就是对自己充满信心。自信心能赋予人主动积极的人生态度和进取精神，不依赖、不等待。要成为一名成功的创业者，必须坚持信仰如一，拥有使命感和责任感；信念坚定，顽强拼搏，直到成功。信念是生命的力量，是创立事业之本，是创业的原动力。要相信自己有能力、有条件去开创未来的事业，相信自己能够主宰自己的命运，成为创业的成功者。

自强就是在自信的基础上，不贪图眼前的利益，不依恋平淡的生活，敢于实践，不断增长自己各方面的能力与才干，勇于使自己成为生活与事业的强者。

自主就是具有独立的人格和独立的思维能力，不受传统和世俗偏见的束缚，不受舆论和环境的影响，能自己选择自己的道路，善于设计和规划自己的未来，并采取相应的行动。自主就是要有远见、有敢为人先的胆略和实事求是的科学态度，能把握住自己的航向，直至达到成功的彼岸。

自立就是凭自己的头脑和双手，凭借自己的智慧和才能，凭借自己的努力和奋斗，建立起自己生活和事业的基础。

典型案例 8-2

案例背景：

十四届全国人大一次会议闭幕后，国务院总理李强出席记者会并回答中外记者提问。一个多小时的答问中，国务院总理李强集中回答了10位记者关于中国经济、对外开放、乡村振兴、政府自身建设等一系列问题。

当谈及民营经济发展时，他说："我不由想起当年江浙等地发展个体私营经济、发展乡镇企业时，创造的'四千'精神，走遍千山万水、说尽千言万语、想尽千方百计、吃尽千辛万苦。虽然现在创业的模式、形态发生了很大的变化，但是当时那样一种筚路蓝缕、披荆斩棘的创业精神，是永远需要的。"

案例分析：

创业过程不可能一帆风顺，没有克服困难、战胜逆境的艰苦奋斗，就不可能有创业的成功。迎难而上的决心和韧劲是取得成功的关键。同时，创业过程是一个长期坚持努力奋斗的过程，很少有立竿见影的事情。创业者在方向目标确定之后，就应朝着既定的目标一步一步走下去，纵有千难万险，也不轻易改变初衷、半途而废。

6. 丰富的知识水平和管理素质

知识水平是管理和决断的基础，管理素质是团队进行有效工作的保障。随着知识经济的发展，信息量和知识量以前所未有的速度增长，市场的日益动态化、复杂化使得管理更加需要人性化、个性化和专业化。

（1）知识水平。知识经济时代的创业者需要复合型的知识结构，包括两方面的内容：一是指知识的广博性，二是指知识的专业性。

1）人文知识。人文知识内容十分广泛，包括哲学、历史、文学、社会、政治、艺术等。作为一名21世纪的大学生，作为一个即将开创自己事业的创业者，基本的人文素养有利于开阔思维、活跃思维、激发创新灵感，并能够升华人格、提高境界、振奋精神。加强文化素质教育是学会做人的关键。只有学会了做人，才能学会做好生意。这就是所谓的"商道即人道"。

2）法律知识。创业的过程难免会出现这样那样的纠纷，也会遇到形形色色的法律问题。在法制社会中，了解基本的法律知识，对于创业活动是大有裨益的。现在的学生可能不缺乏法律意识和观念，但是很多人对于具体的法律知识却知之甚少。因此，创业者要对工商注册登记、经济合同、税务、劳动等方面的法律知识有所了解，以免盲目经营。

3）管理知识。在创业的过程中，经营管理水平是决定创业成败的关键。只有对人力资源管理、生产管理、物资管理、财务管理和营销管理等方面进行全面的学习，才能改进管理方法，丰富管理经验，不断提高管理水平，真正做到管理出效益。

4）经济知识。任何一种创业活动都离不开市场，经济利益和价值增值都要借助市场才能实现。要想在创业中取得成功，必要的市场经济基本知识是不可缺少的。要对商品生产、商品流通、价值规律、市场调节和市场运行机制等方面的内容有所掌握，从而更好地在市场竞争中发展自己的创业项目。

5）专业知识。专业知识是大学生创业的起点，在创业知识结构中处于核心的地位。对于从事科技创业的学生来说，专业知识和才能是创业之源。如果没有丰富的专业知识作为基础，很多创业项目就成了“无源之水、无本之木”。只有掌握专业知识，才可以把握技术研发的内容、进程和关键环节，形成自己企业的核心竞争力，从而在商战中占据主动地位。近年来，一些学生创业之所以失败，根本原因就在于企业的知识含量不高，没有核心技术作为支撑。

（2）管理素质。管理素质既包括战略决断的素质，又包括日常管理的素质。

1）战略决断的素质。实施创业的第一步就是找准方向严密论证，进而做出战略决策。在创业环境中，政治、经济、文化等要素相互联系、错综复杂，任何方案都不是完备和确定的，这就需要创业者具有全局性的战略眼光和决断素质。古人云：“不谋万世者，不足谋一时；不谋全局者，不足谋一域。”在当今新生事物层出不穷的时代，创业者需要正确认识社会发展规律，敏锐分析市场发展变化，准确把握国家的政策法规，分析主次矛盾，评估效益与风险，正确地评判创业机会和制订创业方案，以便做出正确的决策。错误的决策可能导致惨重的失败，而发展的机遇又稍纵即逝，创业者的决断素质是非常重要的。

2）日常管理的素质。日常管理的素质主要包括以下几点。

①协调能力。协调能力能够化解创业团队与竞争者之间、创业团队与客户之间的矛盾，能够使创业团队获得良好的形象，提高可信度，为合作打好基础。协调能力还可以融洽相关主体之间的感情，增加合作的愿望和机会。良好的协调能力有利于信息的沟通，对于加强相互理解和利益共享有着切实的好处。协调能力体现在团队内部就是如何促使团队能够积极、高效地开展工作。总之，协调能力一方面能够使团队成员之间关系融洽、相互支持；另一方面使整个团队的工作有序，配合协调，工作效率达到最高。

②亲和力。亲和力是一种个人魅力，富有亲和力的创业者可以更好地团结同事和朋友，为交际、协调等带来方便。一个人的亲和力一方面来自其观点、主张和处事原则，使得人们感觉到此人可以被信任和依赖；另一方面来自其行事作风和气质风范，能够给人一种莫名的亲切感。

③交际能力。交际能力包括表达能力和反应能力。表达能力是充分、有效地将自己的观点阐释给对方的能力。作为管理者，对客户进行充分有效地表达，能够使客户充分理解企业的产品情况和企业文化，有利于推销自己；对本团队进行充分有效地表达，能够使团队成员领悟企业的目标、面临的环境，以及所要采取的对策，使团队成员更加有效地为完成共同的目标而努力。反应能力是交际能力的另一个方面，是表达能力的补充。在交际过程中，良好的反应能力能够帮助表达者随时领会和把握表达对象的需求和其对表达内容的理解，有效调整表达的方式和内容。

④应变能力。应变能力是对客观环境的敏感反应能力，是处事不惊、沉着应对的把握能力。创业的环境是动态变化的环境，创业过程中的策略和措施必须根据具体环境的变化做出调整。创业者要善于观察形势，能够认识和把握客观环境中变与不变的东西，抓住矛盾的主要方面，把握事物的主流。创业者只有按照事物发展的主流把握和调整战略方向，

针对具体的变化形式提出应对措施，才能在变化的环境中趋利避害，化被动为主动，最终赢得胜利。

⑤判断能力。判断是管理和决策的基础。面对复杂多变的环境，如果没有判断能力就不可能形成认识。判断能力首先是把握事物发展主流所必需的能力。判断能力是风险运作的基础。在创业过程中，收益和风险总是并存的，不同的决策者对风险有不同的偏好。但不论创业者对风险是什么态度，都需要对收益和风险做出判断，没有判断的风险运作是盲目的，是注定要失败的。

7. 竞争意识

竞争是市场经济重要的特征之一，是企业赖以生存和发展的基础，也是立足社会不可或缺的一种精神。人生即竞争，竞争本身就是提高，竞争的目的只有一个——赢得市场。随着我国社会主义市场经济从低级向高级发展，竞争愈来愈激烈。从小规模的分散竞争发展到大集团集中竞争；从国内竞争发展到国际竞争；从单纯产品竞争发展到综合实力的竞争。因此，创业者如果缺乏竞争意识，实际上就等于放弃了自己的生存权利。创业者只有敢于竞争，善于竞争，才能取得成功。创业者创业之初面临的是一个充满压力的市场，如果创业者缺乏竞争的心理准备，甚至害怕竞争，就只能是一事无成。

第二节　大学生创业与创新

一、大学生创业现状及政策

（一）大学生创业现状

目前，我国的大学生创业处于逐步发展的过程中。国家的政策扶持改善了大学生创业的环境，让更多的大学生投身创业并获得了成功。但是，仍有很多大学生在创业中遭遇了失败，其失败原因主要包括以下几点。

（1）缺乏经验和技能。大学生长期处在校园中，对社会缺乏较深入的了解和认识，特别是在市场运作、企业运营等领域缺乏相关的知识和经验。此外，大学生由于缺乏社会经验，对创办企业的各种流程不熟悉，社会交往、沟通能力也不够，对可能遇到的问题缺乏预见性，难以主动发现并解决问题。

（2）市场竞争激烈。服务业是大学生创业的首选领域。近年来，大学生自主创业较为集中的行业主要是互联网、综合餐饮、零售业等。但这些行业的市场饱和度高，竞争比较激烈，大学生又缺乏社会经验，很容易在激烈的市场竞争中败下阵来。

（3）未做好充分的创业准备。现阶段有一部分大学生在加入创业队伍时，只是为了盲目寻求一条就业途径，并非已经有了明确的创业理想和充分的创业准备。在这种情况下踏上创业之路的大学生，独立性不强，抗挫折能力弱，但市场竞争是激烈的，大学生在创业过程中难免会遇到各种挫折和打击。在创业初期，生意惨淡的情况时有发生，这会给未做好创业准备的大学生带来沉重的打击，不少大学生甚至就此悲观消沉，最后选择退出创业，导致创业失败。

（4）资金不足。很多大学生都有不错的创业项目或设想，但由于资金匮乏难以付诸实践。启动资金及后续经营资金不足也是大学生创业面临的一大难题。

虽然很多大学生因以上种种原因导致失败。但大学生创业对其自身和社会发展的裨益也十分明显。

（1）大学生创业符合素质教育的方向，从总体上有利于大学生的长远发展。大学生创业能激发青年学子们在学习中的想象力与创造力，因为创业的过程实际上就是全面提高大学生面对社会、面对挫折、面对商业操作的综合素质与能力的大课堂。

（2）鼓励大学生创业对推动科研市场化、教育产业化有深远的意义。大学生创业有利于促进教育现代化进程，大学生创业的潮流有利于推进高校教育理念的转变。

（3）大学生创业促进知识成果向生产力转换。大学生创业往往具有对新发明、新创造最旺盛的活力，对高新科技最敏锐的触觉，以及强烈的开拓进取意识，而这些正是加速科技发展市场过程中不可或缺的动力。

（4）大学生创业毫无疑问有利于缓解就业压力。大学生利用自己在大学时所学到的知识、才能和技术，以自筹资金、技术入股、寻求合作等方式创立新的就业岗位。这不仅是大学生成才的重要模式，更是缓解就业压力的新途径。

（二）大学生创业政策

为了给大学生创业提供更好的环境，国家相继出台了许多优惠政策，涉及融资、开业、税收、创业指导等诸多方面，鼓励和支持大学生创业。2022 年，《国务院办公厅关于进一步做好高校毕业生等青年就业创业工作的通知》（国办发〔2022〕13 号）指出，高校毕业生等青年就业关系民生福祉、经济发展和国家未来。其中，有关大学生创业的相关事项通知摘录如下。

（1）扩大企业就业规模。支持中小微企业更多吸纳高校毕业生就业，按规定给予社会保险补贴、创业担保贷款及贴息、税费减免等扶持政策，对吸纳高校毕业生就业达到一定数量且符合相关条件的中小微企业，在安排纾困资金、提供技术改造、贷款贴息时予以倾斜。

（2）支持自主创业和灵活就业。落实大众创业、万众创新相关政策，深化高校创新创业教育改革，健全教育体系和培养机制，汇集优质创新创业培训资源，对高校毕业生开展针对性培训，按规定给予职业培训补贴。支持高校毕业生自主创业，按规定给予一次性创业补贴、创业担保贷款及贴息、税费减免等政策，政府投资开发的创业载体要安排 30% 左右的场地免费向高校毕业生创业者提供。支持高校毕业生发挥专业所长从事灵活就业，对毕业年度和离校 2 年内未就业高校毕业生实现灵活就业的，按规定给予社会保险补贴。

（3）精准开展困难帮扶。要把有劳动能力和就业意愿的脱贫家庭、低保家庭、零就业家庭高校毕业生，以及残疾高校毕业生和长期失业高校毕业生作为就业援助的重点对象，提供“一人一档”“一人一策”精准服务，为每人至少提供 3 ～ 5 个针对性岗位信息，优先组织参加职业培训和就业见习，及时兑现一次性求职创业补贴，千方百计促进其就业创业。

（4）落实实名服务。深入实施离校未就业高校毕业生就业创业促进计划，强化教育、人力资源社会保障部门离校前后的信息衔接，持续跟进落实实名服务。

（5）健全青年就业服务机制。强化户籍地、常住地就业失业管理服务责任，允许到本地就业创业的往届高校毕业生、留学回国毕业生及失业青年进行求职登记、失业登记，提供均等化基本公共就业服务，按规定落实就业创业扶持政策。实施青年就业启航计划，对有就业意愿的失业青年开展职业素质测评，制订求职就业计划，提供针对性岗位信息，组织志愿服务、创业实践等活动。对长期失业青年，开展实践引导、分类指导、跟踪帮扶，提供就业援助，引导他们自强自立、及早就业创业。

《关于实施“创业齐鲁十大推进行动”的通知》的政策解读

除此之外，全国各个地市也相继出台大学生创业政策，下面以山东省为例。

《关于实施“创业齐鲁十大推进行动”的通知》指出，为深入贯彻党中央、国务院“双创”工作决策部署和省委、省政府工作要求，推动“创业齐鲁·乐业山东”行动提档升级，促进大众创业万众创新纵深发展，最大限度释放全社会的创新创造潜能，决定在全省实施“创业齐鲁十大推进行动”。

1. 实施“创业环境优化行动”

全面落实金融财税、产业生态等创业政策，继续执行重点群体就业创业税收优惠政策至 2025 年 12 月 31 日。优化政府鼓励创业、社会支持创业、个人勇于创业的创业环境，遴选省级创投优秀团队和创业投资品牌领军企业，对企业中符合条件的人才颁发“山东惠才卡”。进一步优化涉企服务，推动降低市场主体办事成本，建立健全高效便捷、优质普惠的市场主体全生命周期服务体系，全面提高线下“一窗综办”和线上“一网通办”水平，实现涉企事项集成化、场景化服务。在山东广播电视台《乐业山东》栏目开设“创业之星”专栏，引导创业者树立正确创业观，营造“敢闯敢创”的社会氛围。

2. 实施“重点群体培育行动”

支持高校毕业生创业，组织开展创业训练营、创业实训等活动，梳理发布大学生创业政策包，引导入驻创业孵化基地，享受优惠政策，促进创意设计成果落地转化。支持农民工返乡入乡创业，强化培训、资金、场地、用工等扶持。开展创业导师黄河流域基层行、革命老区基层行、东西协作基层行等专项活动。支持就业困难人员创业，鼓励发展夜经济、后备箱经济、网络直播经济等特色经营，引导其创办投资少、风险小的创业项目。支持事业单位专业技术人员按照有关规定创新创业。支持各类人才创业，依托“山东—名校

人才直通车”、山东创业服务网等平台，畅通创业者引才和用工渠道。

3. 实施“创业政策扶持行动”

完善创业扶持政策，降低创业融资成本，加大对初创实体、小微企业支持力度。完善创业担保贷款管理办法，将新市民纳入政策扶持范围。支持各市制定符合实际的创业担保贷款政策。鼓励各市实施“政策找人”“免申即享”新模式，符合条件的小微企业可申领不低于 1.2 万元的一次性创业补贴，有条件的市可将一次性创业补贴政策放宽到符合条件的新注册个体工商户，补贴标准不低于 2 000 元。符合条件的小微企业可按照申请补贴时创造就业岗位数量和每个岗位不低于 2 000 元的标准申领一次性创业岗位开发补贴。

4. 实施“重点企业领创行动”

支持浪潮、海尔等重点企业成立创新创业中心等孵化器、加速器平台，借助企业优势，通过在重点行业领域建立垂直孵化器、设立天使投资基金等方式，共享内部资源，链接外部资源，带动优质项目孵化、优质企业加速。强化供需对接，在企业技能人才自主评价、典型人物选树、职业技能培训等方面提供专业化、精准化指导服务。开展观摩交流，提供对口项目，搭建企业、载体、项目资源共享、合作交流平台。

5. 实施“创业载体升级行动”

制定新一轮的创业孵化基地（园区）管理办法，健全监督管理制度和考核体系，定期开展绩效评价。政府投资开发的创业载体安排 30% 左右的场地免费向大学生和高校毕业生创业者提供。有条件的市，可对毕业 5 年内的高校毕业生给予创业场所租赁补贴。整合政府各部门政策资源，分类打包进载体并指导其高效使用。为创业载体提供优势产业类、新兴产业类等各类创业资源，实现政府既给“创业政策”又给“创业机会”。鼓励发布优质创业项目名录。鼓励创业载体聚焦本地产业发展技术痛点和难题，在全国重点城市或知名高校设立“创业飞地”，在飞地孵化成功后回流转化及产业化，为创业平台赋能。

6. 实施“创业培训赋能行动”

加强创业培训，鼓励开展有针对性的个性化培训，力争年度培训 20 万人次以上。选拔有持续发展和领军潜力的“鲁菜师傅”“山东手造”等小微企业和初创企业经营者，开展创业训练营活动。举办中青年企业家培训班，每年培训 100 名以上优秀青年企业家。定期开展创业培训讲师、创业咨询师培训。推进“鲁菜师傅”创业能力，提升培训试点工作，打造“鲁菜师傅”培训品牌升级版，促进创业者扩容提质，带动更多技能人才就业创业。

7. 实施“金融产品助力行动”

进一步改善融资环境，落实国家和省金融支持优惠政策，拓宽初创企业融资渠道。加大对天使投资的支持力度，省级引导基金出资比例由原来最高可出资 30% 提高至 40%，省、市、县（市、区）级政府共同出资比例由最高可出资 50% 放宽至 60%。支持中国银行山东省、青岛市分行推出稳岗扩岗专项贷款，单户企业授信额度最高 3000 万元，贷款利率原则上不超过 4%。发挥好普惠小微贷款支持工具作用，鼓励金融机构稳定普惠小微贷款存量，扩大增量。人民银行分支机构要用好再贷款再贴现政策，引导金融机构重点支持小微企业。持续释放贷款市场报价利率（LPR）改革效能，推动小微企业融资成本稳中有降。支持市场化转型完成后的地方政府融资平台公司拓展创业投资业务，发起设立创业投资企业。

8. 实施“灵活就业保障行动”

优化新就业形态就业供需匹配，以进城务工人员、有转移就业意愿的农村劳动力、离校未就业高校毕业生等群体为重点，提供就业、创业、培训、维权等全方位服务。鼓励包括从事农业生产的灵活就业人员以个人身份在就业创业地或户籍地参加企业职工基本养老保险、职工基本医疗保险。落实新就业形态灵活就业意外伤害保险补贴，补贴标准每人每年不高于 100 元。深化“一县一家”公益性零工市场高质量发展，鼓励各市结合实际发展线上零工市场，依托全省 500 余个线上线下零工市场，免费向灵活就业人员提供零工信息登记发布和“即时快招”服务。

9. 实施“创业服务护航行动”

鼓励各类创业平台突出自身特点和优势，创新载体模式，广泛开展创新创业大赛、公共创业服务系列活动，构建良好创新创业生态。鼓励各市开展“创业服务一件事”试点工作，为创业者提供全生命周期创业场景模拟。升级山东创业服务网，推动实现各类创业信息全省共享和联网发布。研究制定创业导师管理办法，参照省级技能大师工作室标准，试点建立省级创业导师工作室。

10. 实施“创业典型示范行动”

举办好山东省创业大赛、“十大返乡创业农民工”大赛、“中国国际‘互联网 +’大学生创新创业大赛”“山东大学生创业之星”“山东青年创新创业大赛”，承办第十届“创青春”中国青年创新创业大赛（乡村振兴专项）等竞赛活动，选择好创业典型。支持在省级创业大赛获得优异成绩的团队或个人，推荐申报“山东省五一劳动奖章”“山东青年五四奖章”“山东省技术能手”。定期举办创业论坛、创业沙龙等活动，为创业典型搭建交流学习、分享经验、拓展合作的平台，形成“互联互通、互补互助”的良好交流机制。对创业典型的创新创业故事、典型经验做法进行宣传报道，培育推广创客文化，充分发挥创业典型示范带动作用。

二、大学生创业的模式

选择是创业成功的关键。选择创业模式，即创业者为保障自身的创业理想与权益，对各种创业要素的合理搭配，包括创业方式的确定、创业行业的选择等。对创业者来说，选择一个适合自己的创业模式，可以避免创业过程中不必要的麻烦。常见的创业模式包括以下几种。

1. 个人独资经营

采用独资的方式，创业者可以对所创办的事业拥有完全的掌控权。因此，这是最简单的事业结构，因为所有权就代表企业，从某种意义上说，它不算是真正的“组织”。在法律上，所有权与企业是同样的个体。

设立独资企业所要做的事项比较简单：申请一份企业登记证，并到当地税务、工商等政府部门进行审批和登记。

经营独资企业，必须面对诸如负债、资金筹措、产品生产、质量和生产管理、客户投诉、销售或资金往来纠纷、各类事情引起的诉讼案件等，都必须亲自处理。独资的主要缺点，除了个人责任，就是所有者必须把事业的获利，合并到自己一个人的直接所得中去申报个人所得税，这可能会使其付出比公司组织还要多的税。

2. 法人股份制的小型公司

法人股份制的小型公司是指大学生以股份形式合资从事的创业活动，多数由家长、亲戚作为后盾，提供资金支持。这种创业模式也是我国高校就业的一条途径，广泛存在于大学里的高年级或者刚刚毕业的大学生创业团队中。在高年级学生中意识到就业的压力，更多的学生会选择合作创办企业解决自己的工作问题。这些创业团队往往选择较高科技含量的行业开展业务，更多走的是 IT、高科技的路子。

这种创业模式的特点有以下几点。

（1）企业组织等模式相对稳定。

（2）资金投入较多，风险较大，直接面对市场的机遇和挑战。

（3）大学生创业者在管理、人事、财务等方面缺少经验，对各项政策法规的了解不够。

（4）技术人员少，思维能力有限，因而产品技术含量较低，多数还属于低层次竞争。

（5）信息流通慢，辨别能力差，对于市场上的情况较难做出迅速反应。

（6）研发资金投资周期长，不利于初创型企业发展。

3. 合伙经营模式

合伙的概念既可以从法律行为的角度给出，也可以从组织形态的角度给出。就法律行为的角度而言，合伙是指两个以上的民事主体共同出资、共同经营、共负盈亏的协议；就组织的角度而言，合伙是指两个以上的民事主体共同出资、共同经营、共负盈亏的企业组织形态。由此可知，无论是从法律行为角度还是从组织形态角度，都强调合伙的主要特征是共同出资、共同经营、共负盈亏、共担风险。合伙企业是指由自然人、法人和其他组织设立的组织体，包括普通合伙企业和有限合伙企业两种类型。普通合伙企业的所有合伙人对合伙企业的债务都承担无限连带责任。有限合伙企业则包括普通合伙人和有限合伙人，前者对合伙企业债务承担无限连带责任，后者则只以其认缴的出资额为限对合伙企业债务承担责任。合伙经营模式的主要优点：共担风险，缺少盲目决策；资金来源充足，较多人手帮忙；有更多的企业资产提高保障；企业成长的速度比一般独资的要快；决策上可以获得有效的绩效。合伙经营模式的主要缺点：容易产生意见分歧，产生摩擦问题。合伙创业的合伙人都是“出钱老板”；若有合伙人发生意外，企业容易受到影响。

4. 进驻大学生创业园

国家和各地政府部门都推出了针对大学生的创业园区，以此鼓励大学生自主创业。部分高校也创立了自己的创业园，为学生创业提供支持，学生有项目和成果可以转化为现实生产力的，创业园给予资金、合作伙伴、市场营销等方面的帮助和指导。

这一创业模式通常呈现出以下特点。

（1）得到政府政策的支持和创业园区的各项帮助。

（2）风险小，但各个细节要考虑周密。

（3）凭借专业创业，使理论联系实际，加速知识向生产力转换。

（4）受地方政府保护。

（5）信息来源好，流通快。

5. 加盟模式

加盟创业是采用加盟的方式进行创业，一般方式是加盟开店。加盟创业的关键是选择加盟商。因为加盟创业并不是根据创业者自己的产品、品牌和经营模式创业，而是借助和复制加盟商的产品、品牌和经营模式，所以加盟商的质量直接决定了创业者的创业前景。一般来说，选择加盟商应该从行业、品牌等方面进行考虑。

（1）选择有活力的行业。一般来说，有活力的行业才具有发展的空间，才能提供持续的市场需求。目前较为活跃的加盟代理行业有很多，主要为家居建材、餐饮美食、服装饰品、汽车销售、汽车美容、洗衣、美容美体等行业。

（2）选择有生命力的品牌。品牌是企业产品质量和内在品质的象征，一个好的品牌是受到消费者认可和推崇的，因此创业者在选择加盟品牌时要有清晰的定位，以保障加盟店稳步发展与持续赢利。

6.“互联网＋”模式

“互联网＋”是当代社会一种全新的生产力，助力各个行业和领域取得令人瞩目的成就。“互联网＋”中的“互联网”是指互联网信息技术，互联网是“互联网＋”的依托、重心和出发点；“互联网＋”中的“＋”则代表着“添加、联合、融入、更新升级、创新”。“互联网＋”即“互联网＋各传统行业”，但这并不是两者简单地相加，而是利用信息通信技术及互联网平台，使互联网与传统行业进行深度融合，创造新的发展形态。

“互联网＋”可以充分发挥互联网在社会资源配置中的优化和集成作用，将互联网的创新成果深度融合各领域，提升全社会的创新力和生产力。目前，比较常见的“互联网＋”金融、“互联网＋”服务、“互联网＋”医疗、“互联网＋”教育、“互联网＋”农业等行业中都诞生了众多创新成果和商机。大学生作为新生代力量，对“互联网＋”有更深入的学习和理解，因此更容易挖掘出依托互联网的商机进行创业。

三、大学生创业的类型

创业根据其对市场和个人的影响程度，可分为模仿型创业、复制型创业、安定型创业和冒险型创业。

1. 模仿型创业

模仿型创业，对于市场来说虽然也无法带来新价值的创造，创新的成分也很低，但与复制型创业的不同之处在于，创业过程对于创业者而言还是具有很大的冒险成分。例如，某一纺织公司的经理辞掉工作，开设一家当下流行的网络咖啡店。这种形式的创业具有较高的不确定性，学习过程长，犯错机会多，代价也较高昂。这种创业者如果具有适合的创业人格特性，经过系统的创业管理培训，掌握正确的市场进入时机，还是有很大机会可以获得成功的。

2. 复制型创业

复制型创业是复制原有公司的经营模式，创新的成分很低。例如，某人原本在餐厅里担任厨师，后来离职自行创立一家与原服务餐厅类似的新餐厅。新创公司中属于复制型创业的比率虽然很高，但由于这类型创业的创新贡献太低，缺乏创业精神的内涵，不是创业管理主要研究的对象。这种类型的创业基本上只能称为“如何开办新公司”，因此很少会被列入创业管理课程中作为学习的对象。

3. 安定型创业

安定型创业，虽然为市场创造了新的价值，但对创业者而言，本身并没有面临太大的改变，做的也是比较熟悉的工作。这种创业类型强调的是创业精神的实现，也就是创新的活动，而不是新组织的创造，企业内部创业即属于这一类型。例如，研发单位的某小组在开发完成一项新产品后，继续在该企业部门开发另一项新产品。

4. 冒险型创业

冒险型创业，除了对创业者本身带来极大改变，个人前途的不确定性也很高；对新企业的产品创新活动而言，也将面临很高的失败风险。冒险型创业是一种难度很高的创业类型，有较高的失败率，但成功所得的报酬也很惊人。这种创业类型如果想要获得成功，必须在创业者的能力、创业时机、创业精神的发挥、创业策略的研究拟定、经营模式的设计、创业过程的管理等各方面，都有很好的搭配。

四、大学生创业的基本程序

创业是创新的过程，创业过程中所涉及的知识与技能是创业者必须事先掌握的。创业者必须能够发现、评估新的市场机会，并进一步将其发展为一个新创企业，在这一过程中有很多对现存企业进行管理时所未予以重视或不那么重要的知识与技能。一般来说，创业过程包含以下四个阶段。

（一）识别与评估市场机会

在识别市场机会时，创业者应当注意到实物选择的两个方面：实际上能够被提供的工作（产品或服务）；想要购买它的群体（市场）。因此，市场机会的搜寻结果可以被分成两部分：为了拥有能力以完成一项有价值的工作而进行的活动和为了识别未满足的需求而进行的活动。在搜寻过程中可以使用各种各样的方法来得到信息。虽然越来越多的人采用商讨的搜寻策略建立他们的创意库。许多人的创业构想来源在其特定行业中的第一次经历，他们在这个行业具有丰富的经验，能够将提供一种特定产品或服务的方法和工序相结合，发现新的市场缺口或者找到更好的经营方法。

识别与评估市场机会是创业过程的起点，也是创业过程中一个具有关键意义的阶段。许多很好的商业机会并不是突然出现的，而是对“一个有准备的头脑”的一种“回报”，或是当一个识别市场机会的机制建立起来之后才会出现。虽然大多数情况下并不存在正式的识别市场机会的机制，但通过某些来源往往可以有意外的收获，这些来源包括消费者、营销人员、专业协会成员或技术人员等。无论市场机会来源何处，都需要经过认真细致的评估。对市场机会的评估应该是整个创业过程的关键步骤。

评估市场机会其实就是对创意的审查。审查的目的就是在实际撰写创业计划书前更加全面地评估其创业计划，以便满足那些由于交易成本的原因而无法得到满足的市场需求。创意审查主要需要进行可行性分析，步骤如下。

1. 趋势分析

趋势分析包括监测那些短期内企业无法控制，但是能够显著影响企业所在行业的环境及企业可持续性的因素，如政治因素、经济因素、社会因素、技术因素。

2. 行业分析

行业分析包括评估企业所在的行业是否对其他行业的企业具有吸引力，因而导致后者进入该行业，主要因素有替代者的威胁、购买方的讨价还价能力、供应商的讨价还价能力、已有的竞争者之间的竞争，以及新进入者的威胁等。

3. 内部分析

当一个企业已经经营了一段时间后，通常需要思考企业的竞争力所在，以增强拟创建的企业的核心竞争力。

4. 盈利分析

（1）行业中类似公司的分析。它需要观察业内主要经营者的财务报表及其经营状况。

（2）预计市场份额。它分析业内主要竞争者的相对市场份额，以及企业在该行业中的发展前景。这可以通过市场盈利分析和主要竞争者分析获得的数据来完成。

（3）利润分析。它预测企业能够获得的利润。

（4）盈亏平衡分析。它使用利润分析中的数据来确定实现盈亏平衡所需要的产品销售量和销售额。

（5）预估分析。它预测获得上述收入时，企业的收入和资产。

（6）投资回报率预测。它预测经营企业能够获得的投资回报率。

（二）准备并撰写经营计划

一个好的经营计划对创业者来说是非常重要的。经营计划不仅是对市场机会做进一步分析的必要步骤，同时还是真正开始创业的基础，是说服自己更是说服投资者投资的重要材料。经营计划所包括的内容主要有商务活动描述、行业描述、营销计划、财务计划、生产计划、组织计划以及运营计划等。

（三）确定并获取创业所需资源

确定创业者现有资源是获取创业所需资源的开始。事实上，对资源状况还需进行分析，尤其是要把对创业十分关键的资源与其他非关键的资源加以区分。需要注意，创业者不应低估其所需创业资源的数量及其多样性，还应对缺乏资源或资源不适合造成创业风险所带来的影响做出清醒的估计。

紧接着的问题是，如何在适当的时机获得适当的所需资源，并在整个过程中尽可能地对创业进行控制。一个创业者应尽量保持对所有权的最大限度控制，特别在起步阶段更是如此。随着企业的成长，就可能需要更多资金的投入，但对于创业者来说，只有在其他方法均已无效，万不得已的时候，才应考虑放弃一部分股权来换取新的投资。创业者应有效地组织交易，以最低的成本来获取所需的资源。

（四）管理新创企业

在获取所需资源之后，创业者就需按照经营计划建立起新创企业，此时就需考虑企业的运营问题。这里既包括企业管理的方式问题，也包括确定企业成功的关键因素并加以把握的问题。同时创业者还应建立起一套控制系统，对企业运作的各个环节进行有效监控。

从企业发展的生命周期来说，新创企业一般都要经过初创期、早期成长期、快速成长期和成熟期几个阶段。创业者所面临的管理问题因其发展阶段的不同而不同。因此，创业者就需要根据每一阶段的特点，考虑并采取不同的管理措施与对策，以便有效地控制企业成长的节奏，保持企业的健康发展。

五、大学生创新的内涵与方法

（一）创新的内涵

创新（innovation）一词起源于拉丁语。它有三层含义：一是更新；二是创造新东西；三是改变。创新是指人们根据一定目的，针对所研究对象，运用新的知识与方法或引入新事物，产生出某种新颖、有社会或个人价值成果的活动。这里的成果是指以某种形式存在的创新成果，它既可以是一种新概念、新设想、新理论，又可以是一项新技术、新工艺、新产品，还可以是一个新制度、新市场、新组织。这一定义是根据成果来判别创新性的，判别标准有两种，即成果是否新颖，是否有社会或个人价值。“新颖”主要是指对现有的事物进行变革，使其更新，成为新的事物，即除旧布新，不墨守成规。“有社会价值”是指对人类、国家和社会的进步具有重要意义，如重大的知识创新、技术创新和产品创新等。“有个人价值”则是指相对于个体发展有意义。

（二）创新思维的常见障碍及训练

1. 创新思维的常见障碍

创新思维是创新能力的核心和基础，创新人才的发展主要是创新思维的发展。前人的误区往往提供了智者的创新起点。要想以创新思维在未来的竞争中取胜，就要善于突破经验思维的误导，突破思维定式的束缚，突破对寻常事物的成见，遇事不轻易凭经验下结论、做决定，学会清醒地从全盘看问题，做到全局在胸，胜券在握。

在现实生活中，为什么越是简单的问题越容易让人掉以轻心，并由此出错？因为急于求成的人总是容易先从自己的经验定式和主观愿望出发，习惯于按常规思维办事，进入思维障碍的陷阱。在现实中，人们常见的思维障碍包括以下几条。

（1）习惯性思维。习惯性思维，即定式思维，是指人们在面对新事物、新问题时习惯用之前的思维方式，对新事物、新问题不加分析、不加思考，麻木重复，其主要特征是对问题的思考总是按照第一次的方向和次序进行。习惯性思维对人们解决问题，既有积极作用，也有消极作用。从积极的一面看，习惯性思维可以极大地节约时间和精力，提高人们解决问题的效率；从消极的一面看，习惯性思维容易使人们走进思维的死角，钻牛角尖，不利于解决问题。对于立志于创新的人来说，应打破习惯性思维障碍的约束，进一步优化自己做事的方式和方法，充分发挥主观能动性以寻找更新更好的思维方法。

（2）权威性思维。权威常常是在某领域内有力量、有威望、有地位的人，权威之所以成为权威，是因为他们在某领域很有建树，他们的意见和建议能使他人事半功倍，人们常常对学识、能力比自己强的人产生尊敬和崇拜，不敢去质疑他们的观点。这种不敢质疑、过分相信权威将极大地阻碍人们的创新思维，因为他们思考的领域，就只能是在权威限定的框架里。爱因斯坦说，“因为我对权威的轻蔑，所以命运惩罚我，使我自己竟也成了权威”，这句话很好地阐释了人们应该如何面对权威。

（3）刻板性思维。所谓刻板，是指呆板、机械、缺乏变化。刻板性思维是指思考的过程中不懂变通，思路单一。人们在解决简单问题时，刻板性思维通常能解决问题。但当问题稍微复杂时，刻板性思维不但无济于事，甚至会导致错误。刻舟求剑的故事深刻阐述了这个道理。如何打破刻板型思维呢？韩非的《五蠹》里说“世异则事异，事异则备变”，意思是世界改变了，事情也就随之改变，事情改变了，那就需要对新变化做准备。在思维活动中，常常会发生一些新情况，面对新情况我们应打破刻板，随机应变，迅速做出反应，从而摆脱困境，顺利达到理想的目的。

（4）从众性思维。从众是指放弃独立思考，盲目相信大众，一切跟在别人后面，不出头，不冒尖的心理。这种从众包括学习从众，如高考的热门专业；消费从众，大家都喜欢买的热门商品；恋爱从众，我们喜欢大家都觉得好的人；作弊从众，因为他们都作弊，所以我也跟着作弊了。殊不知，必须有与众不同的想法，才能有与众不同的机会，得到与众不同的收获。

每个人都是独立的个体，也是社会中的一员。作为社会的成员，面对外在的世界，应

该通达和顺应，顺应规则、遵从法度、与人交往，这一切都是外化的东西。但是一个人之所以成为自己，更应该是坚持自己的秉性而不要随波逐流，有自己独特的价值观，有自己独特的风格，有自己内心的秉持。在现实生活中，人们总有一些从众心理，似乎有了不同的意见想法就成了不合群的人，我们因怕听到反对的声音而放弃自己独特的想法，与此同时也放弃了改变生活的大好时机。只有那些敢于表达他们与众不同想法的人，才能变得与众不同。

2. 创新思维的训练

（1）要解放头脑，敢想。世界上许多发明创造都是从“想”开始的。俗话说，“不怕办不到，就怕想不到”，从某种意义上说，“想”比“办”更为重要。人们认为“不可能”完成的事，往往不是由于缺乏金钱和力量，而是由于缺乏想象。合情合理的想象往往寓含着创造性思维。古希腊哲学家亚里士多德指出：“我们的思维是从与正在寻求的事物相似的事物、相反的事物或与它相接近的事物开始进行的。以后，便追寻与它相关联的事物，由此产生联想。”联想的作用在于寻求规律、发现真理，预见解决问题的方法和思路，是属于创造性想象。实际上，人们的创造思维和创造活动都离不开联想。联想是创造思维的重要品质之一，联想不是一般的思考，而是一种由此及彼的扩展，是使不同概念相接近，并从中引出结论的能力。新奇的联想，可使问题别开生面，妙趣横生，并给人以美感。它是一种较好的创造性思维的训练方法。

典型案例 8-3

案例背景：

世界上第一个“盾构施工法”，就是联想思维的产物。

19 世纪 20 年代，英国要修一条穿越泰晤士河的地下隧道。如果采用传统的支护开掘法，松软多水的岩层就很容易塌方。法国工程师布伦诺尔为此一筹莫展。

一天，他无意中发现有只小虫使劲儿往坚硬的橡树皮里钻。细心的布伦诺尔注意到，那只小虫是在其硬壳保护下进行“工作”的，此情此景使他恍然大悟：河下施工为什么不能采用小虫的掘进技术呢？

循着这条思路，布伦诺尔发明了“盾构施工法”，也就是先将一个空心钢柱打入岩层中，而后在这个“盾构”的保护下进行施工。采用了这样的方法后，他顺利地完成了对松软岩层的施工。100 多年来，“盾构施工法”得到了很大发展，已经应用于各种岩层条件。

在这里，那只以壳护身、敢钻橡树皮的小虫成了“创新源”，使得工程师联想到了水下隧道施工技术，两者的共同点是“壳”。通过这样的联想，盾构代替了支护，是一项了不起的创新。

案例分析：

联想是一种创造性思维活动，对事物进行对比、同化，把多种事物联系起来思考，加深对事物之间联系的认识，并由此形成新的构想和方案。大学生要想提升联想思维能力，就要广泛实践，接触并了解事物，再结合思维训练等方法，将大脑中存储的经验与知识联系起来，达到产生创造性思维的目的。

（2）要解放双手，敢做、会做。手使脑得到发展，使它更加明智。如果严重忽视动手能力的培养，只注重理论知识的灌输，结果就会培养出许多“高分低能”的“高才生”。要加强自己动手操作能力的培养，可以在学习新知识时让自己动手去探索、发现，要让自己在“知其然”的同时去主动探索其“所以然”。

（3）解放束缚，敢说、敢问。学起于思，思源于疑。爱因斯坦说过，“提出一个问题往往比解决一个问题更重要”。法国大作家巴尔扎克曾说，打开一切科学的要素都是毫无疑义的问号，我们大部分的伟大发现，都应归功于“如何”，而生活的智慧大概就在于问个“为什么”。质疑是创造性学习的一种表现，心理学研究表明，怀疑易引起人的定向探究反射，有了这种反射，思维便应运而生。所以要培养创造性思维能力，首先要打破思维上的老框子，鼓励自己多发问。而发现问题和解决问题的过程，通常会锻炼人的思维。

（三）创新的方法

创新的方法来源有三个：一是来自创新思维，二是来自创新实践，三是来自科学理论。人们对科学理论及规律融会贯通，由科学理论转变成创新方法。

创新的方法包括头脑风暴法、逆向思维法、联想法、移植法、组合法、元素类比法、焦点小组访谈法等。

1. 头脑风暴法

头脑风暴法是一种激发大量创意和快速解决问题的方法，即当人们聚在一起，参与到一个小组的讨论中时，思维往往会被刺激而产生更多、更大的创造力。与焦点小组访谈法相比，头脑风暴法讨论通常也需要一组人，但不同的是，头脑风暴法中的小组讨论一般没有明确限制的专题，而只有一个大致的、相对较宽泛的领域，这会十分有利于参与者发挥他们的想象力。尽管在此方法中产生的大多数创意都不可能取得进一步的开发并转化为市场上的产品，但创业企业往往会从大量海阔天空的想象中归结出一些好的创意，其中不乏会转变成真正创业机会的点子。当头脑风暴法相对集中于某个特定的产品或市场时，产生好的创意的概率也就会比较大。所以，这种方法常常被用来激发新产品的创意。

那么，要让头脑风暴法得到较好的运用，一般应遵循如下几个基本规则。

（1）禁止批评。任何小组成员都不允许对其他成员的观点进行负面的评论。

（2）鼓励任意自由的想象。小组讨论中应形成一种鼓励随心所欲的氛围，即思维越放任，构思越精巧，观点越出奇。

（3）讨论进程追求快速。采用此方法的目标是希望产生大量的构思，因为构思越多，好的构思出现的概率就越大。

（4）鼓励跳跃交叉式思维。鼓励对构思进行组合和改进，也就是在讨论中，其他人的创意可以被用来促进产生新的创意。

（5）勿以优劣标准对创意结果进行任何评价。头脑风暴活动专注于创造力的激励与开发而非做出评估，因为任何成员的参与及其所迸发出来的观点对创意的形成都是有价值和贡献的。

总之，头脑风暴法的过程应该有无穷乐趣，突出参与者思想和观点的碰撞和启发，不存在某个所谓的控制局面的人。正因如此，这种方法得到了越来越广泛的应用，现实中成功的例子更是不胜枚举。

二十大速递

一门心思把港口科技创新做好

生于1960年的张连钢是山东省港口集团有限公司高级别专家。他带领平均年龄34岁的团队，破解了十几项世界级难题，建成了世界上自动化程度最高、作业效率最快的全自动化集装箱码头，并先后9次刷新世界纪录。2022年，张连钢当选为党的二十大代表。

1983年，张连钢从武汉水运工程学院（现为武汉理工大学）毕业后，扎根港口一线，参与开发或主持了一系列港口技术创新项目，获得多项重要成果。

随着青岛港集装箱码头业务逐步发展，张连钢从一名技术人员逐步成长为负责码头生产的管理者。

“我一门心思就想把港口科技创新做好。”张连钢这样对记者说。

2013年，青岛港集团启动全自动化集装箱码头建设项目，拥有丰富技术功底和管理经验的张连钢被选中“挑大梁”。

“我们先是成立了IT组、土建组、桥吊组等9个攻关小组，分兵出击、协同作战。”张连钢说。他带领团队进行流程再造，规划设计、建设集成和商业运营“三位一体”，自主研发了机器人自动拆装集装箱扭锁技术及系统等多项全自动化码头核心技术。

在青岛港前湾港区南岸一个闲置的库房里，没有人计算过，这个团队熬过了多少不眠之夜。见证那段艰难历程的，是几十万字的分析论证报告，3 000多份技术讨论会记录，以及每周都要清走的数个方便面大包装箱。

最终，张连钢率队用15个月的时间，完成了国外至少需要3年的设计周期；仅用3年半，完成了国外需8年到10年的建设周期。

“我们全自动化码头的1台桥吊，可以干出国外同类码头2台桥吊的作业量，但投资成本远低于国外。船长和货主现在抢着来我们这里靠泊。”张连钢说。

2018 年 6 月，青岛港全自动化码头二期建设项目启动，张连钢继续带领团队投入其中。他们定下“全面超越一期，引领世界全自动化码头发展潮流”的目标，推出自主研发、集成创新的“氢 +5G”“全球首创机器视觉 + 自动化技术”等多项科技成果。

随着全球领先的智能空轨集疏运系统（示范段）在青岛港竣工，实现港区交通由单一平面向立体互联的突破；全球首个顺岸开放式全自动化集装箱码头在日照港落地，为全球港口提供传统码头改造升级为全自动化集装箱码头的“中国样本”……张连钢和团队站在了更高的平台上不断开展科技创新。

如今，年逾六旬的张连钢仍奋战在码头建设第一线，向着全自动化码头三期关键核心技术的自主可控奋力攻关。

“我们建设世界一流的海洋港口，应该竖起‘中国样本’。这是我作为一个港口科技工作者的理想。”张连钢说。

2. 逆向思维法

逆向思维是相对于正向思维而言的，通常认为，正向思维是顺着人们的习惯性思维路线去思考的方式；而逆向思维则是指将人们通常思考问题的思路反过来，用对立的、看上去似乎不可能的办法解决问题的思维方式。逆向思维法包括以下三种类型。

（1）反转型逆向思维法。反转型逆向思维法，是从已知事物的相反方向进行思考，产生发明构思和途径的方法。一般会从事物的功能、结构和因果关系三个方面做反向思维。

（2）转换型逆向思维法。转换型逆向思维法是指在研究问题时，由于解决这一问题的手段受阻，而转换成另一种手段或思考角度，以使问题得以顺利解决的思维方式，如“司马光砸缸”就是一个典型的例子。

（3）缺点逆向思维法。缺点逆向思维法是一种利用事物的缺点，化弊为利，化被动为主动的思维方法。例如，金属腐蚀看似是一种坏事，但人们利用其原理进行金属粉末的生产，或进行电镀等其他用途，无疑是缺点逆向思维法的一种应用。

3. 联想法

联想是创意的关键，是形成设计思维的基础，是指由某事某物而想起其他相关的事物的思维过程，客观事物之间是通过各种方式相互联系的，这种联系正是联想的桥梁。通过这座桥梁，可以找出表面上毫无关系，甚至相隔甚远的事物之间的内在关联性。想象，心理学上是指在知觉材料的基础上，经过新的配合而创造出新形象的心理过程。对于不在眼前的事物想出它的具体形象。想象是比联想更为复杂的一种心理活动，这种心理活动能在原有感性的基础上创造出新的形象，这些新形象是在已积累的知觉材料上经过加工改造形成的，人们虽然能想象从未感知过的实际上并不存在的事物形象，但想象归根到底还是源于客观现实。它能有力地提高我们的创造性思维能力。

4. 移植法

移植的原意是指把播种在苗床或秧田里的幼苗连土掘起，然后移种在大田里。从创意

思维的角度来说，移植法是指把某一事物的原理、结构、方法、材质等移植到新的载体，用以变革和创新事物的创新方法。

5. 组合法

组合法包括异类组合及重组组合两种方法。异类组合是将两种或两种以上的不同种类的事物组合，产生新事物、新形态的方法。任何事物或形态都可以看作由若干要素构成的整体。有目的地改变事物或视觉形态内部结构要素的次序，并按照新的方式进行重新组合，以促使形态发生变化，并产生新的信息和感觉，这就是重组组合。

6. 元素类比法

元素类比法就是应用比较的方法，把陌生的概念和形态与熟悉的对象相对比，将未知的与已知的相对比，这样由此及彼、由表及里，可以起到启发思路、触类旁通的作用。类比包括异中求同及同中求异。

7. 焦点小组访谈法

焦点小组访谈法又称为小组座谈法，自 20 世纪 50 年代以来就被广泛地使用。具体而言，这种方法就是采取小型座谈会的形式，由受过训练的主持人带领一群专门挑选的、有代表性的人，共同对某一感兴趣的论题进行公开的、深入的讨论，从而了解为什么人们做特定事情的时候会有特定的感受，主持人则以直接或间接的方式来集中该小组的讨论。从创业企业的角度看，这种方法是一种了解消费者或客户动机的较为理想的方法。

六、大学生创业与创新的关系

创新是时代的主题，创业是时代的潮流。熊彼特在《经济发展理论》中提出的“创新是在生产体系中引进一种生产要素和生产条件的新组合”，包括五种情况：引进新产品、引用新的生产方法、开辟新的市场、控制原材料的新来源、建立企业的新组织。这些新的组合能够使原来的成本曲线不断更新，由此会产生超额利润或潜在的超额利润。创新活动的这些本质，体现着它与创业活动在性质上的一致性和关联性。

1. 创新是创业的基础，而创业推动着创新

从总体上说，科学技术、思想观念的创新，正在促进人们物质生产和生活方式的变革，引发新的生产、生活方式，进而为整个社会不断地提供新的消费需求，这是创业活动之所以源源不断的根本动因。创业在本质上是人们的一种创新性实践活动。无论是何种性质、类型的创业活动，都有一个共同的特征，那就是创业是主体的一种能动的、开创性的实践活动，是一种高度的自主行为，在创业实践的过程中，主体的主观能动性将会得到充分的发挥和张扬，正是这种主体能动性充分体现了创业的创新性特征。

2. 创新是创业的动力与源泉

经济学家熊彼特曾提出，创业包括创新和未曾尝试过的技术。创业者只有在创业的过程中具有持续不断的创新思维和创新意识，才可能产生新的富有创意的想法和方案，才可能不断寻求新的模式、新的思路，最终获得创业的成功。

3. 创新的价值在于创业

从一定程度上讲，创新的价值就在于将潜在的知识、技术和市场机会转变为现实生产力，实现社会财富的增长，造福人类社会。而实现这种转化的根本途径就是创业。创业者可能不是创新者或发明家，但必须具有能发现潜在商机的能力和敢于冒险的精神；创新者也并不一定是创业者或企业家，但是创新的成果则是经由创业者推向市场，使其潜在的价值市场化，才能将其转化为现实生产力。这也侧面体现了创新与创业的相互关联。

4. 创业推动并深化创新

创业可以推动新发明、新产品或新服务的不断涌现，创造出新的市场需求，从而进一步推动和深化各方面的创新，因而也就提高了企业或是整个国家的创新能力，推动经济的增长。

通过以上对于创业与创新关系的论述，我们知道创新与创业两者之间是紧密联系的。一个成功的创业者必须具备在技术上和管理上的创新能力，创业者首先是创新者，创新意识是创业者的核心精神。创新贯穿于创业的全过程，创业活动是创新精神的重要表现形式。

本章小结

通过对本章内容的学习，大学毕业生对创业有所了解，可以令大学生对创业产生兴趣，判断自身是否具备创业的潜质。

课后习题

1. 创业的要素和一般特征分别是什么？
2. 大学生创业的意义有哪些？除此之外，你还能想到哪些意义呢？
3. 创业者应具备哪些素质？
4. 大学生创业模式有哪些？简要说一下大学生创业的基本程序。
5. 创新思维的常见障碍有哪些？如何训练创新思维？
6. 创新方法有哪些？简要说一下大学生创业与创新的关系。

参考文献

[1] 麦可思研究院 .2022 年中国高职生就业报告 [M]. 北京：社会科学文献出版社，2022.

[2] 陈永，石锦澎 . 大学生就业与创新创业教程 [M].2 版 . 北京：人民邮电出版社，2022.

[3] 丛立，陈伟 . 大学生就业指导 [M]. 北京：北京理工大学出版社，2021.

[4] 赵秋，黄妮妮，姚瑶 . 大学生就业指导 [M]. 北京：北京师范大学出版社，2020.

[5] 曲振国 . 大学生就业指导与职业生涯规划 [M].2 版 . 北京：清华大学出版社，2020.

[6] 吴亚梅，龚丽萍 . 大学生创新创业教程 [M]. 重庆：重庆大学出版社，2018.

[7] 肖辉，周海，吴计生 . 大学生就业指导 [M]. 北京：中国水利水电出版社，2018.

[8] 胡楠，郭勇 . 大学生创新创业指导 [M]. 北京：人民邮电出版社，2017.

[9] 张兵 . 大学生创新创业基础 [M]. 北京：高等教育出版社，2016.

[10] 李纲，张胜前 . 大学生创业指导 [M]. 北京：国防工业出版社，2010.

[11] 方伟 . 大学生就业工作教师培训教程 [M]. 北京：高等教育出版社，2009.